Gabriel Mandel:
Das Reich der Königin von Saba

Archäologen graben im Paradies
und enträtseln die Frühgeschichte Arabiens

Mit 48 Abbildungen

Droemer Knaur

Über dieses Buch

Vor 2700 Jahren regierte die Königin von Saba ein blühendes Reich,
das sich über die Fläche des Jemen am Golf von Aden erstreckte – das
ist nach dem Bericht antiker Geographen das Gebiet des biblischen
Garten Eden. In diesem sagenumwobenen Reich soll es der arabischen
Überlieferung nach Städte aus Silber und Paläste aus Gold gegeben
haben. Daß die Königin von Saba, die den Prunk und das politische
Abenteuer liebte, König Salomo mit einem spektakulären Staatsbesuch
zu beeindrucken wußte, berichtet die Bibel. Aber ihr Volk ereilte – so
sagt der Koran – das Gericht Gottes. Und ihre Nachfahren, die Jemeniten, wachen getreu der Weisungen des Korans über die im Sand begra-
benen Zeugen einer ruhmreichen Vergangenheit.
Gabriel Mandel, Archäologe und Orientalist von internationalem Ruf,
berichtet, was er und seine Kollegen von dem frühgeschichtlichen
Staat Saba vorfanden. Die Inschriften auf rund 4000 Steintafeln, die
man bis jetzt entziffert hat, und archäologische Funde bestätigen zum
Teil das, was man aus der Überlieferung weiß – und vieles spricht
dafür, daß dieses blühende Reich im Garten Eden lag.

Oktober 1978
Vollständige Textausgabe
Droemersche Verlagsanstalt Th. Knaur Nachf.
München/Zürich
Lizenzausgabe mit freundlicher Genehmigung des
Scherz Verlages, Bern und München
Titel der Originalausgabe
»Il regno di Saba ultimo paradiso archeologico«
Aus dem Italienischen von Helga M. Wegener
© by Sugar editore & Co., Milano
Alle Rechte vorbehalten durch Scherz Verlag, Bern und München
Umschlaggestaltung Franz Wöllzenmüller, München
Umschlagfoto Thamm/Mauritius
Satz IBV Lichtsatz KG, Berlin
Druck und Bindung Ebner, Ulm
Printed in Germany
ISBN 3-426-00562-X

Inhalt

Der Garten Eden

> *»Im Sand der Wüste liegt eine Pyramide mit der Spitze nach unten*
> *begraben; in ihr ist die Wahrheit über das Menschengeschlecht*
> *beschlossen. Die Wahrheit ist im Sand der Wüste begraben;*
> *so wird denn ein jeder, der sie durch Zufall findet, von den*
> *Menschen für einen Narren gehalten werden, dessen Hirn von der*
> *Einsamkeit der Wüste und der Glut der Sonne verbrannt ist.«*

So heißt es in einem alten jemenitischen Gesang, der von Hassan ibn Ahmad al Hamdani überliefert wurde, einem arabischen Archäologen, der im Jahre 945 in Sanaa als Gefangener starb. Sind die Worte dieses Liedes wahr, oder entsprangen sie der Phantasie eines vor vielen Jahrhunderten umherziehenden Nomaden? Eines ist sicher – das riesige arabische Reich gehört auch heute noch zu den am wenigsten erforschten Gebieten der Erde; und es ist nicht ausgeschlossen, daß unter seinen zerklüfteten und von der Sonne verbrannten Felsen, unter dem Geröll des harten Bodens oder dem Sand der stillen, weiten Wüsten zahllose Kult- und Gebrauchsgegenstände sowie unbekannte Denkmäler vergangener Zeiten ruhen, die uns viel über diese weit zurückliegenden Epochen der Geschichte erzählen könnten.

Vielleicht gelänge es mit ihrer Hilfe, die Geheimnisse zu entschleiern, die über den ältesten Völkern der Erde liegen, den sagenhaften »verschwundenen« Völkern, von denen die Sagen und Lieder der Beduinen zu berichten wissen. Nach islamischen Quellen waren diese Stämme die Nachfahren Sems, Hams oder Adams selbst; die moderne Anthropologie betrachtet diese Völker jedoch als nicht-semitisch und absolut autochthon. In den Sagen heißen sie Ad, Abil, Amaliq, Djadis, Djurhum, Thasm, und es werden Wunderdinge von ihnen berichtet: Sie waren von riesigem Wuchs und erreichten ein methusalemisches Alter; sie wohnten in Städten mit tausend Säulen und besaßen paradiesische Gärten; sie eroberten das blühende Mesopotamien, das mächtige Ägypten und noch viele andere, weit entfernte Länder. Der *Koran* behauptet, daß diese Völker auf furchtbare Weise vernichtet wurden, denn Gott sprach:

»Und alle erfaßten wir in ihren Sünden, und zu den einen von ihnen sandten wir einen Steine mit sich führenden Wind; andere erfaßte der Schrei; und wieder andere verschlang die Erde, und andere ertränkten wir. Und nicht Allah tat ihnen Unrecht an, sondern sie selbst übten Unrecht wider sich.« (Sure 29, 39.) »...und viele sündige Städte vertilgten wir, und sie liegen wüst auf ihren Fundamenten da! Wie viele Brunnen sind verlassen und wie viele hohe Burgen!« (Sure 22, 44.)

Und schenkt man den alten südarabischen Legenden Glauben, so sollte man sich auch fragen, was man von der silbern schimmernden Stadt halten soll, die auf vier riesigen Metallsäulen in der Wüste emporragte: Kaum hatte der Vater der Königin von Saba sie erblickt, da verschwand sie gleich darauf spurlos. Die Könige der Thasm und der Djadis besaßen angeblich erstaunliche Instrumente, mit denen sie Bilder näherrücken und hören konnten, was ihre Feinde in weiter Ferne sprachen. Das soll der Sage nach im 4. Jahrhundert v. Chr. gewesen sein; die jemenitischen Schriften, die darüber berichten, wurden zwar beträchtlich später, im 11. Jahrhundert n. Chr., verfaßt, doch zu einer Zeit, die weder Ferngläser noch Mikrophone kannte.

Um diese Rätsel vielleicht einmal lösen zu können, sind wir auf die »stummen« Zeugen der Vergangenheit angewiesen, denn wie der italienische Historiker Sabatino Moscati sehr richtig feststellt: »Die Nomaden können ja selten schreiben, und so erfahren wir über ihr Leben nur dann etwas, wenn sie in Kontakt mit seßhaften Völkern kommen und womöglich selbst seßhaft werden. Daher ist die Geschichte der Arabischen Halbinsel in der Hauptsache die ihrer äußeren Ränder, wo die günstigeren Bodenverhältnisse und das Klima die Bildung fester Siedlungen erlauben.

Die Quellen der umliegenden Staaten geben uns zeitweilig Nachrichten über die Völker der Halbinsel. Wir könnten sogar sagen, sie geben sie immer; denn der Kampf gegen die auf die Grenzen drückenden Nomaden ist ein ständiger geschichtlicher Faktor und geht dadurch in die Urkunden ein. Unter der Bezeichnung Araber sind diese Völker zum ersten Male bei Salmanassar III. erwähnt, im 9. Jahrhundert v. Chr. Doch der Name bedeutet wenig; denn es sind immer dieselben Völker. Interessant sind im 7. Jahrhundert die Nachrichten Assurbanipals und zu ihrer Ergänzung die Reliefs: Da sieht man die Assyrer auf Kamelen nahen, um Zelte der Araber in Brand zu stecken. In diesen wie in den gleichzeitigen hebräischen Quellen treten die Araber als Nomaden auf. Nicht überall jedoch: Wie wir gesehen haben, gibt es in den Randgebieten feste Niederlassungen; und hier beginnen die unmittelbaren Quellen.

Das Gebiet, in dem wir das älteste und vollständigste seßhafte Leben finden, weil dort die Bodenverhältnisse am besten sind, ist die südwestliche Küstenregion, der Jemen. Die klassischen Schriftsteller, die hier als Quellen in Frage kommen, beschrieben den Reichtum seines Bodens und die Gesundheit seines Klimas.«*

---

* Die genauen bibliographischen Angaben der erwähnten oder zitierten Werke sind dem Literaturverzeichnis am Ende des Buches zu entnehmen.

Ein so weitgereister und umfassend gebildeter Mann wie der Geschichtsschreiber Diodor von Sizilien – er war zum Beispiel in Ägypten Hausleh-
rer und Erzieher des Sohnes von Ptolemäus II. und verfaßte im Land der
Pharaonen damals bedeutende Werke über Landvermessung und Astro-
logie – schreibt im 1. Jahrhundert v. Chr. über Südarabien:

»Der Teil Arabiens, der an das wüste und wasserlose Land stößt, unterscheidet sich von diesem so sehr, daß es wegen der Menge der hier gedei-
henden Früchte und sonstiger Schätze Arabia Felix, das Glückliche Arabien, genannt wird. Rohr und Binsen nämlich und das andere Holzwerk
sind hier wohlriechend, in so großer Menge sie auch wachsen, und überhaupt verbreiten Blätter aller Art und das Harz, das der Rinde enttropft,
mannigfaltige Wohlgerüche; und an den äußersten Grenzen dieses Landes wächst auch die Myrrhe und der von den Göttern so geliebte Wohlgeruch, der Weihrauch, der über alle Welt versendet wird. Auch Kostos und
Kasia* und Zimt wachsen hier in so hohen Stengeln und so dichten Bü-
schen, daß man, was anderswo nur sparsam auf die Altäre der Götter ge-
streut wird, hier zum Heizen der Öfen gebraucht; und was an anderen
Orten nur in kleinen Stücken als Seltenheit gezeigt wird, hier in den Häusern zur Streu für die Sklaven dient. Neben dem sogenannten Zimte**,
der zum Gebrauche ganz ausgezeichnet ist, gedeiht hier auch das Gummi
und eine wohlriechende Terebinthenart von außerordentlicher Größe.
Auf den Gebirgen wachsen nicht nur die Tanne und die Pechfichte in großer Menge, sondern auch Zedern- und Wacholderbäume von ungemei-
nem Umfang und das sogenannte Boraton***. Aber auch noch vielen anderen fruchttragenden Gewächsen entfließt duftendes Harz und läßt
einen den sich Nahenden entzückenden Wohlgeruch entströmen. Ja sogar
der Boden selbst atmet von Natur einen Dunst, der süßen Wohlgerüchen
gleicht, weshalb denn auch in einigen Gegenden Arabiens, wenn man in
die Erde gräbt, wohlriechende Adern gefunden werden, bei deren An-
bruch unerschöpfliche Steinbrüche zum Vorschein kommen. Aus solchen
Steinen baut man dort auch die Häuser, und wenn Regentropfen fallen,
löst sich ein Teil durch die Feuchtigkeit auf und rinnt in den Fugen der
Steine zusammen und verkittet, wieder hart geworden, die Mauer aufs
festeste.

In Arabien gräbt man auch das sogenannte feuerlose Gold, das nicht wie

* Kostos, eine im Geschmack dem Pfeffer ähnliche Wurzel; Kasia, eine dem Zimt
ähnelnde Rinde.
** Zimt wächst bekanntlich in Arabien nicht.
*** Eine Zedernart.

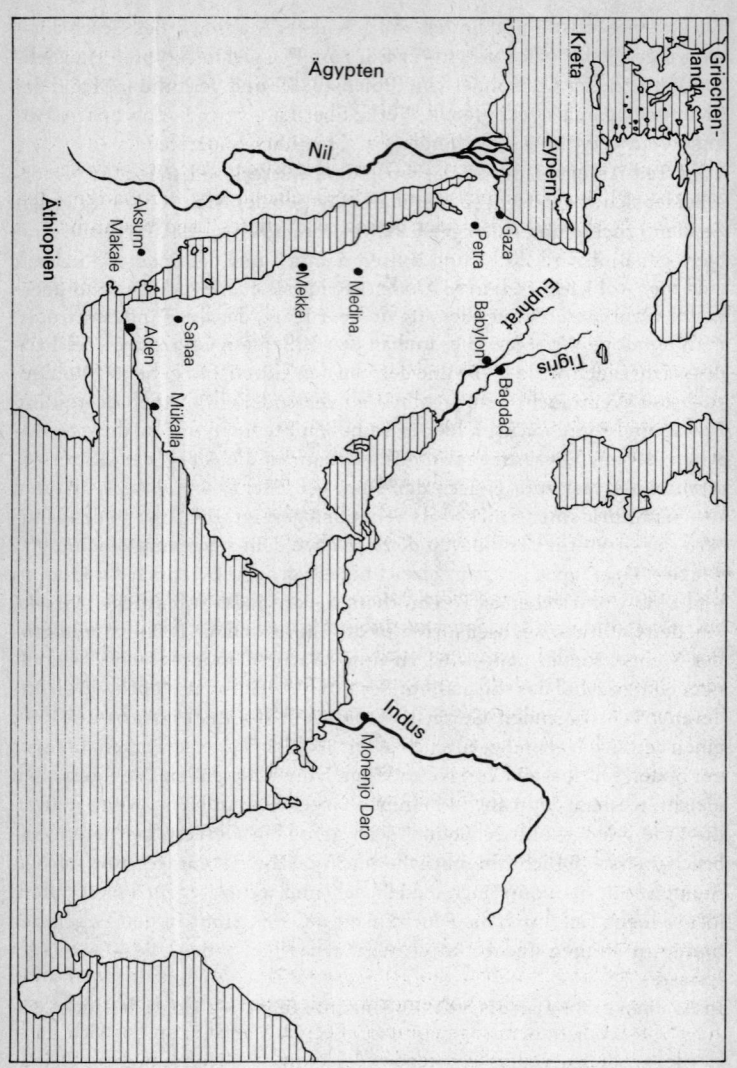

anderwärts aus Stufen ausgeschmelzt, sondern schon gediegen aus der Erde gegraben wird, in Stücken so groß wie eine Kastanie und von so leuchtendem Glanze, daß es als künstliche Einfassung edler Steine diese zum herrlichsten Schmucke macht.«

Wenn man diese Schilderung Diodors liest, dann wundert es eigentlich nicht mehr, daß sich das Gerücht, hier sei einst das Paradies gewesen, so hartnäckig hält. Doch auch wenn in Südarabien nicht *der* Garten Eden lag – *ein* Garten Eden ist, oder besser: war, dieses Land bestimmt.

Arabien, die größte Halbinsel der Welt, besitzt die Form eines gewaltigen Quadrats, das bis heute noch zu drei Vierteln als wissenschaftliche Terra incognita bezeichnet werden muß. Es sieht so aus, als ob der Erforschung dieses Gebietes mehr als nur ein Hindernis im Wege steht; zweifellos gibt es materielle und sachliche Schwierigkeiten, vor allem aber sind es psychologische und religiöse Probleme, mit denen jeder Besucher – ob er nun als Wissenschaftler oder als interessierter Tourist kommt – fertig werden muß. Und so wissen wir von diesem nahezu drei Millionen Quadratkilometer großen Land – ein Viertel der Gesamtfläche Europas – und seinen zwölf Millionen Einwohnern sehr viel weniger als von allen anderen Teilen Asiens.

Überfliegt man die Arabische Halbinsel, so ist man betroffen von der Vielfalt und den großen landschaftlichen Unterschieden dieser gewaltigen Wüste, die nur im Inneren des Landes und in wenigen besiedelten Zonen längs der Küsten spärliche Oasen aufweist. Im äußersten Süden sind hohe Bergkuppen und tiefe Bodeneinschnitte erkennbar, so als ob sich die Erde hier im Augenblick der eruptiven Abtrennung von Afrika einst gewaltsam zusammengezogen habe. Daran anschließend erstrecken sich zahllose, scheinbar nicht endenwollende Hügelketten, deren höchste Erhebungen von erstaunlich geometrisch geformten Steinblöcken übersät sind. Es folgen weite Ebenen und wieder Hügelgruppen, die von breiten Sandstreifen durchzogen sind. In lebhaften Farben leuchtende, zerklüftete, hoch aufgetürmte Felsblöcke erheben sich parallel zu den breiten Sandeinschnitten des Bodens. Diese abwechslungsreichen Berg- und Felsenlandschaften umschließt ringförmig eine zentrale Zone im Landesinneren, die etwa zur Hälfte von einer ausgedehnten Sandwüste bedeckt ist, dem Rub al Khali, dem sogenannten »Leeren Viertel«, an das sich nach Norden zu die ausgedörrten Steppen des Negd, des Nefud und der Dahna anschließen.

Der Sauerstoffgehalt der Luft im Landesinneren Arabiens ist aufgrund der extremen Trockenheit dieser kargen Region außerordentlich niedrig;

zu den Küstengebieten hin finden sich immer häufiger Anzeichen von Wasser – ein unschätzbares Gut in der Wüste. Mit dem Wasser wächst Leben, und die von Bächen und kleinen Flüssen durchzogenen Täler weisen eine üppige Vegetation auf. Zuweilen stürzen in diesen Zonen nach zwei oder drei Jahren der Dürre heftige Regengüsse vom Himmel. Doch nur im Jemen und im Asir, einer Landschaft im Südwesten von Saudi-Arabien, genügen die Regenfälle für eine regelmäßige Bodenbewirtschaftung, dort findet sich auch eine reiche Auswahl immergrüner Pflanzen, Sträucher und Bäume. Die Hauptstadt des Jemen, Sanaa, liegt 2133 Meter über dem Meeresspiegel und gilt als die Stadt mit dem mildesten, angenehmsten Klima in ganz Arabien. Die Gebiete von Hadramaut und Oman im äußersten Süden sind ebenfalls regenreich und fruchtbar – daher leben in diesen Ländern der Arabischen Halbinsel auch die meisten Menschen. Der einzige weitere bewohnbare Landstrich Arabiens ist die Mittelmeerküste im Norden des Landes – ein Teil des sogenannten »Fruchtbaren Halbmondes« im Mittleren Orient.

Die Vegetation dieser Länder wird nicht nur von der Trockenheit, sondern auch von dem salzhaltigen Boden bestimmt. Unter derartigen Bedingungen vermögen sich nur wenige Pflanzenarten zu entwickeln – niedrige Dornensträucher, einige Akazienarten, vor allem aber Dattelpalmen, deren Früchte oft das einzige Nahrungsmittel für Mensch und Tier bilden. In Arabien kommen nicht weniger als hundert verschiedene Palmenarten vor. In früheren Zeiten wuchs die Palme nur im Jemen, heute finden sich die Bäume jedoch dank rationeller Bewässerungsmethoden auch im Norden Arabiens. Im Süden gedeihen die berühmten Weihrauchbäume, im Asir der Gummibaum; Kaffeesträucher jedoch, der Reichtum der Länder am Roten Meer, wurden erst im 14. Jahrhundert aus Abessinien (Äthiopien) nach Südarabien gebracht. (Nach Europa gelangte die Pflanze erst im Jahre 1683 anläßlich der Belagerung Wiens durch die Türken.) Von Südarabien aus wurden zahlreiche andere Pflanzen und Bäume im ganzen Lande verbreitet: Sennabäume, Tamarisken, Granatapfel- und Apfelbäume, Aprikosen-, Mandel-, Orangen- und Zitronenbäume, Melonen, Bananen- und Zuckerrohrstauden.

Zu den am häufigsten vorkommenden Tieren gehören Panther, Leoparden, Hyänen, Wölfe, Füchse und viele Eidechsenarten. Früher einmal gab es in Arabien auch Löwen, doch heute sind sie dort ausgestorben. Im Jemen und im Süden Saudi-Arabiens finden sich auch hin und wieder kleinere Affenarten; außerdem sieht man Esel, Hirtenhunde, Windhunde, Ziegen, Schafe und zahllose Katzen. Doch so wie die Dattelpalme die ungekrönte Königin im Reich der Flora ist, gilt das Kamel als der absolute Herrscher im Reich der arabischen Fauna. Ohne dieses Tier als unersetzliches Transportmittel in der Wüste hätten sich die südarabischen Staaten nicht entwickeln können; das Kamel ist in diesen Ländern der verläßliche Begleiter und Helfer des Menschen im Kampf gegen eine unerbittliche Natur.

Arabien weist als eine Art Schnittpunkt zwischen drei Kontinenten sowohl europäische wie auch afrikanische und asiatische Eigenheiten und Merkmale auf. Geologisch betrachtet war Arabien früher einmal sogar mit Afrika und Asien verbunden. Eine Spaltung des Roten Meeres nach vulkanischer Erdbewegung und das ständige Vordringen des Persischen Golfes trennte die Kontinente im Laufe der Jahrtausende. Die Bewohner dieser drei Kultur- und Machtbereiche haben immer wieder Kriege gegeneinander geführt und Eroberungszüge unternommen, die jedoch stets an der Unwirtlichkeit und Unzugänglichkeit Arabiens scheiterten. Keinem von Arabiens Nachbarn ist es – jedenfalls in den uns bekannten Epochen der Geschichte – gelungen, das (ganze) Land gewaltsam zu erobern. Und auch die arabischen Völker sind immer wieder aufgebrochen, um in ihre Nachbarländer einzufallen – mit wechselndem Erfolg.

Die Arabische Halbinsel gilt als die Wiege der semitischen Rasse und bildet so ein gewaltiges Sammelbecken verschiedener Völker. Der Begriff »semitisch« stammt aus der Bibel: »Und die Söhne Noahs verließen die Arche, ihr Name war Sem, Ham und Japhet... und sie verbreiteten sich über die Erde und bevölkerten sie.« (*Genesis* 10.) Von Sem stammten die Semiten ab, von Ham die Hamiten und von Japhet die Japheter. Außerdem wissen wir aus der Bibel, daß Aram, Assur und Eber von Sems Stamme waren – die heutigen Aramäer, Assyrer und Hebräer. Es war und ist jedoch äußerst schwierig, unter den verschiedenen Völkern des Mittleren Orients eine anthropologische Ähnlichkeit festzustellen. Heute gelten alle Völkerstämme als semitisch, deren gesprochene Sprachen sich von einer gemeinsamen Muttersprache, dem Proto-Semitischen, ableiten.

So ist es verhältnismäßig einfach gewesen, eine gemeinsame sprachliche Basis zu finden für Akkadier (Assyrer-Babylonier), Chaldäer, Aramäer, Kanaanäer (Phönizier und Hebräer), Araber und Äthiopier; die historische Entwicklung dieser Völker nahm jedoch einen unterschiedlichen Verlauf.

Die semitische Sprache wird durch uralte Zeugnisse belegt: durch mesopotamische Keilschrifttexte des 5. Jahrtausends v. Chr. und kanaanäische Texte aus dem 3. Jahrtausend v. Chr. Diese semitischen Sprachen werden in zwei große Gruppen eingeteilt: einmal die östliche oder akkadische

(Akkadier, Assyrer, Babylonier), zum anderen die westliche oder kanaanäische (Ugariten, Phönizier, Punier, Hebräer, Moabiter), zu der auch die arabische, aramäische und südarabische Sprache sowie ihre Ableitungen Äthiopisch und *geez* – die abessinische Kirchensprache – gehören.

Die grammatikalische Struktur der semitischen Sprachen ist grundverschieden von der Struktur der indoeuropäischen Sprachen; außerdem wird das reiche Vokabular aus Begriffen gebildet, die meist von einem aus drei Konsonanten bestehenden Stammwort ausgehen. Die hinzugefügten Vokale dienen zur Differenzierung der Wortbedeutung, die Vor- und Nachsilben den grammatikalischen Variationen. Ein Beispiel: Im Arabischen stellt die Drei-Konsonanten-Wurzel KTB den Begriff des Schreibens dar. Daraus ergibt sich KiTaB: Buch; KuTuB: schreiben; maKTuB: geschrieben (geschrieben heißt gleichzeitig bestimmt, Bestimmung, Schicksal); KaTaBa: er schreibt; KuTiBa: es wurde geschrieben; KaTuB: Buchhändler, Bibliothekar; KiTaBat: Inschrift; muKaTiB: Korrespondent; maKTaBat: Bibliothek, Buchhandlung; maKTaB: Büro, Grundschule.

Es gibt nur einen einzigen, undeklinierbaren Artikel (al oder el, il, i – entsprechend Geschlecht, Singular oder Plural). Substantive und Adjektive werden dekliniert, und zwar auf drei verschiedene Endungen (eine für den Nominativ, eine für den Akkusativ und die dritte für alle anderen Fälle). In der gesprochenen Sprache werden diese Endungen im allgemeinen vernachlässigt und entfallen. Außer dem männlichen und dem weiblichen Geschlecht gibt es das Neutrum, neben Singular und Plural wird der Dualis gebraucht.

Dieses Beispiel soll genügen, um zu zeigen, wie einfach es für Sprachwissenschaftler ist, Zusammenhänge zwischen geographisch weit voneinander entfernten Völkern herzustellen, deren Kulturen sich auf ganz verschiedene Art entwickelt haben.

Einst glaubte man, daß die Semiten von der Armenischen Hochebene stammten und dort auszogen, um sich zuerst in den Tälern Mesopotamiens anzusiedeln, später dann an den aus der Geschichte bekannten Orten. Im 19. Jahrhundert herrschte bereits die Meinung, daß das Zentrum der Entstehung und Entwicklung dieser eindeutig vom Leben in der Wüste geprägten Rasse Arabien war. Heute setzt sich mehr und mehr die Überzeugung durch, daß diese Völkerstämme aus Südarabien stammen, aus dem Gebiet zwischen Asir und Oman, ohne jedoch bei diesen Erwägungen Afrika als mögliches Ursprungsland auszuschließen. Eine Reihe von Wissenschaftlern ist aufgrund verschiedener Forschungsergebnisse gerade der jüngsten Zeit sogar geneigt, mit dem amerikanischen Anthropologen

ca. 400 v. Chr.

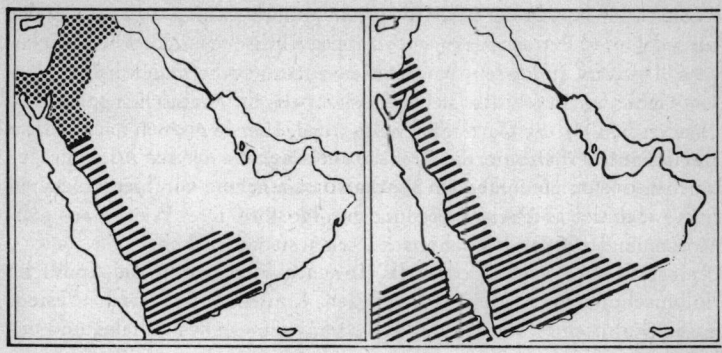

▨ Südarabische Kultur ◤ Südarabischer Einflußbereich

▩ Aramäisch-südarabische
Kultur

ca. 300 n. Chr.   ca. 500 n. Chr.

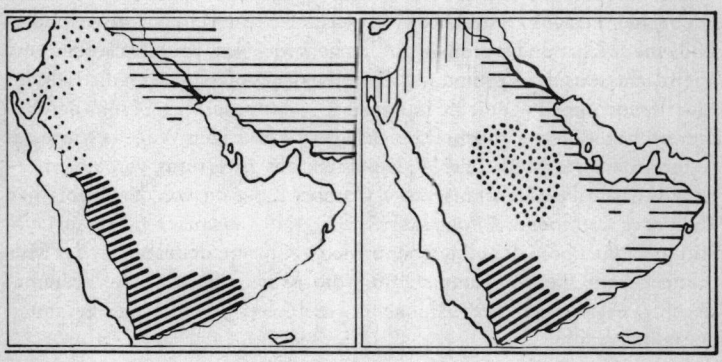

◤ Südarabische Kultur mit   ◤ Äthiopischer Einfluß
   griechisch-römischem Einfluß
                                  ⦚ Byzantinische Kultur
⠿ Griechisch-römische Kultur
                                  ☰ Iranischer Einfluß
☰ Iranische Kultur
                                  ▩ Byzantinisch-iranischer
                                     Einfluß; Kinda-Reich

Robert Ardrey zu behaupten, daß »Adam aus Afrika kam«, während Südarabien eher infolge der biblischen Schöpfungsgeschichte als Wiege der Menschheit in Betracht gezogen wird. Das »Irdische Paradies« der *Genesis* soll sich im äußersten Norden Mesopotamiens befunden haben; diesem Gebiet entspricht das heutige Aden (was im Arabischen soviel wie Paradies heißt!), der Garten Eden der Bibel. Hier liegt auch nach uralter arabischer Überlieferung die Grabstätte Kains, von der aus Adam aufgebrochen ist, um die Kaaba* in Mekka zu bauen; und von hier aus haben sich – auch der arabischen Legende zufolge – die Drei Weisen aus dem Morgenland auf den Weg gemacht, um Jesus zu suchen.

Um 3500 v. Chr. verließ jedenfalls ein semitischer Stamm die Arabische Halbinsel und zog zunächst gen Norden, vom Nildelta ab nach Westen. Später vermischten sie sich mit den Ureinwohnern des Niltales und begründeten damit die ägyptische Rasse. Soweit man heute weiß, waren die Ägypter die ersten Menschen, die Häuser aus Stein bauten und einen Kalender besaßen. Wir sollten jedoch nicht vergessen, daß sich unsere Kenntnisse auf Völker und Kulturen beschränken, deren Erbe wir archäologisch untersuchen konnten und von denen wir schriftliche Zeugnisse und Überlieferungen besitzen.

Etwa zur gleichen Zeit wanderte ein anderer Volksstamm in das damals von Sumerern bewohnte Mesopotamien ein. Die Sumerer stammten wahrscheinlich aus Zentralasien, sie besaßen bereits ein eigenes Alphabet und eine Schrift und betrieben auf hochentwickelter Stufe Ackerbau und Viehzucht. Aus der Verbindung dieser beiden Völker gingen die Babylonier hervor, denen wir die Erfindung des – wahrscheinlich bereits den Sumerern bekannten – Bogenschießens, des vierrädrigen Wagens sowie das differenzierteste Meß- und Wiegesystem des Altertums verdanken.

Um die Mitte des 4. Jahrtausends v. Chr. besetzten die von der Arabischen Halbinsel stammenden Amoriter Syrien, die Kanaanäer fielen in Palästina ein. Die Phönizier bildeten um 2000 v. Chr. Stadtstaaten an der Mittelmeerküste. Sie bemühten sich um die zwar langsame, aber systematische Verbreitung des Alphabets und der Schrift im gesamten Mittelmeerraum.

Zwischen 1500 und 1200 v. Chr. erschienen die Hebräer in Palästina und die Aramäer in Syrien. Um 500 v. Chr. traten zahlreiche kleinere Volksstämme ins Licht der Geschichte; unter ihnen die Nabatäer, die sich in Petra ansiedelten und aus dem östlichen Palästina ein reiches und blühendes Land machten.

* Haupttheiligtum des Islam.

In den ersten Jahrhunderten nach Christus verlassen weitere Stämme den Jemen – die Djasaniden gelangen bis nach Syrien, die Lachmiten bis nach Hira am unteren Euphrat.

Im 7. Jahrhundert kommt es zur größten uns bekannten semitischen »Völkerwanderung«: Die zum Islam bekehrten Araber erobern große Teile Afrikas, Europas und Asiens.

So kann man sagen, daß in immer wiederkehrenden Zyklen von etwa tausend Jahren die Arabische Halbinsel nicht mehr imstande war, ihre eigenen Kinder zu ernähren und sie ziehen lassen mußte. Über den Alltag und die Entwicklung dieser Völker in ihrem eigentlichen Ursprungsland wissen wir nichts; die Geschichte berichtet uns jedoch von ihrem Leben und Treiben in den neuen, großen Städten und Siedlungen der Ägypter, der Babylonier und Assyrer, der Phönizier und Hebräer. Schließlich einten die Araber die Kulturen dreier Kontinente unter dem grünen Banner Allahs und machten sich so zu Herren zahlreicher Völker.

Heute wird die Arabische Halbinsel von seßhaften Bauern und von Nomaden bewohnt, den Beduinen, in deren Lebensweise sich noch jahrhundertealte Sitten und Gebräuche widerspiegeln. Der Beduine ist ein freier Mann; stolz und unabhängig fühlt er sich Gesetzen verpflichtet, die kein Kodex verzeichnet, die er selbst jedoch peinlich genau beachtet. Als oberstes Gebot gilt die Blutrache.

Jedes Zelt steht für eine Familie, jedes Lager für einen kleineren Stamm, mehrere kleine Stämme bilden schließlich den Großstamm. Die Rauheit und Feindseligkeit der Umgebung trägt dazu bei, daß sich der Stamm stärker als nur durch Blutsbande miteinander verbunden fühlt; jeder Fremde wird zunächst voller Mißtrauen als Feind betrachtet. Wer sich gegen den Stamm wendet, stellt sich damit gegen alle, er wird zu einem Ausgestoßenen, dem niemand mehr hilft. Das älteste und weiseste Stammesmitglied, der Scheich (das heißt im Arabischen soviel wie »der Alte«), repräsentiert den ganzen Stamm; im Grunde jedoch ist ein Beduine stets nur sein eigener Herr. Zu den höchsten Tugenden des Beduinen gehört außer Gastfreundschaft, Männlichkeit und körperlicher Kraft auch die Kunst des Überfalls auf in Stammesnähe siedelnde Wüstenbewohner, nicht verwandte Nomaden oder leichtsinnige Touristen – entsprechend seinem Ehrenkodex eine ganz legale Art und Weise, zu Waffen oder Geld zu kommen.

Diese betrübliche Erfahrung mußte zum Beispiel auch der *Stern*-Reporter Peter-Hannes Lehmann machen, der im Oktober 1975 die Arabische Republik Jemen bereiste. Eine angebliche »Abkürzung« durch das Wadi Raqwan erweist sich als gefährliche Falle:

»Die Steine im Wadi Raqwan sind größer, die Löcher tiefer als auf allen Wegen bisher, und unser Toyota schlägt lebensgefährlich hin und her. Daß er diese Tortur überhaupt aushält, ist ein Wunder und spricht für Material und Technik. Nach zwei Stunden kann keiner von uns mehr richtig sitzen, so zerschlagen sind wir. Müde und verwirrt nehmen wir die falsche Abbiegung, und es dauert eine Dreiviertelstunde, ehe wir am Sonnenstand feststellen – da hilft uns die Riesenmaßstabkarte nichts! –, daß wir uns statt auf dem Weg nach Sanaa wieder auf dem Weg nach Marib befinden. Dieselbe Piste, die wir schon vor drei Tagen befahren haben!

So kommt es, daß wir entgegen unseren Plänen doch noch bei anbrechender Dämmerung unterwegs sind. An einer Wegbiegung werden wir plötzlich von drei Männern mit Gewehren gestoppt. Die tennisballgroße Ausformung in ihren Backen zeigt, daß sie Qat-Blätter kauen, das hier übliche Rauschgift. Ihre Augen sind glasig und rot unterlaufen. Eine kitzlige Situation. Denn dies sind ›Männer mit treffsicheren Argumenten, denen man besser nicht widerspricht‹ – wie Hans-Dieter Bollinger, unser Fotograf, die Bewaffneten so treffend charakterisiert. Sie taxieren die Gepäckstücke auf dem Wagendach mit so wieselflinken Augen wie Schlachter auf dem Viehmarkt ihre künftigen Wurstlieferanten. ›Mai!‹ verlangen sie, ›Wasser‹. Johannes, unser Reiseführer, öffnet die hintere Wagentür und schöpft Wasser aus dem Kanister. Da schlägt der Älteste plötzlich mit der flachen Hand auf die Piste. ›Dies ist unsere Straße‹, sagt er drohend, ›dies ist allein unsere Straße. Wir rollen die Steine vom Weg, damit ihr fahren könnt. Verflucht sei die Republik!‹ Und dann herrisch: ›Los, gib Geld her!‹ Hussein, unserem einheimischen Fahrer, gelingt es, uns aus dieser heiklen Situation zu befreien – ein Onkel des einen Wegelagerers ist ein Bruder einer Schwägerin von Hussein oder so ähnlich –, und am nächsten Mittag sind wir wieder in Sanaa, total verdreckt, aber sonst unbeschadet.«

Die Nomaden bewohnen zumeist den oberen Teil der Arabischen Halbinsel, ihre Sprache ist das Arabisch des Korans, eine Verfeinerung und Differenzierung des ursprünglichen Semitisch. Die seßhaften Wüstensöhne und -töchter bevölkern vor allem den Süden des Landes; sie sprechen ein älteres Arabisch, das mit Brocken der Muttersprache Sabäisch und Himjaritisch und sogar mit äthiopischen Worten durchsetzt ist.

Alle Araber jedoch, Seßhafte und Nomaden, scheinen aus jener Region zu stammen, die im allgemeinen mit Südarabien bezeichnet wird. Es bleibt nur noch das Problem der Urabstammung zu lösen – denn bis zum

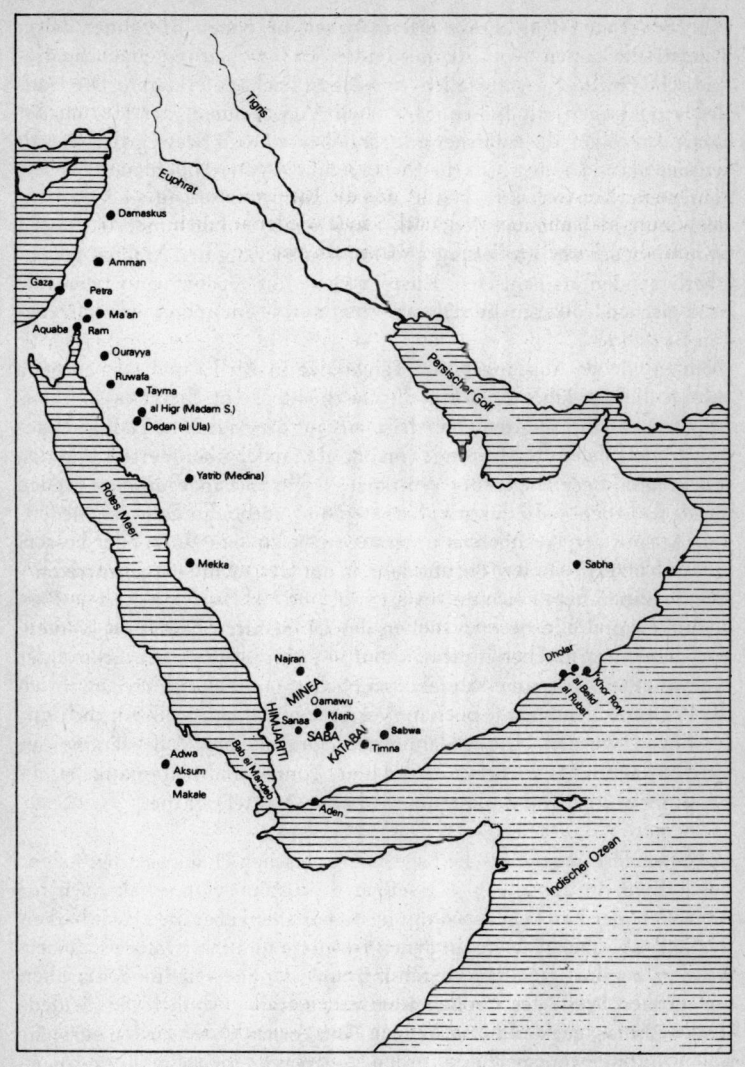

19

heutigen Tage ist die Frage offen, woher die ersten Bewohner dieser Landstriche kamen. Noch heute sind bei der Bevölkerung eindeutig drawidische Einflüsse festzustellen, und das ist leicht zu erklären: Die Handelsbeziehungen mit Indien, vor allem Vorderindien, der Heimat der Drawida-Völker, die einfacher und schneller auf dem Seeweg abgewickelt wurden als zu Lande durch die Steppen und Wüsten, überdauerten viele Jahrhunderte. Auch äthiopische Abstammungsmerkmale sind vorhanden, denn die südarabischen Völker brachen über Jahrhunderte hinweg immer wieder zur Eroberung und Kolonialisierung der Arabien gegenüberliegenden afrikanischen Küstengebiete auf. Später dann fielen die äthiopischen Völker in die südarabischen Reiche ein und unterwarfen deren Bewohner.

Wählen wir als Ausgangspunkt Tanganjika in Afrika und blicken etwa zwei Millionen Jahre zurück in die Geschichte, so erscheint es durchaus möglich, daß die Semiten von Afrika aus auf die Arabische Halbinsel gelangten und dabei die Meerenge von Bab el Mandeb überquerten. Auf den fruchtbaren Berghängen der Westküste sowie im Landesinneren fanden sie ideale Lebensbedingungen; Heiraten und Verbindungen verschiedenster Art mit den Nachbarstämmen ließen sie zu dem Volk, oder besser: zu den Völkern, werden, die uns dann in der Geschichte entgegentreten.

Die Beduinen haben sich noch stärker als die Hebräer eine gewisse Rasseneinheit und alle Besonderheiten der Ur-Semiten bewahren können, vor allem aufgrund des isolierten und in sich geschlossenen Lebens der Nomaden, die fast ohne Kontakte zu Nicht-Stammesangehörigen durch die Wüste ziehen und die noch nie von einem anderen Volk wirklich unterworfen wurden. Die südarabische Sprache der Volksstämme im Landesinneren nähert sich in Vokabular, Tonfall und grammatikalischer Struktur weitgehend der alten semitischen Muttersprache.

Die besondere geographische Lage der Arabischen Halbinsel, die Bodenbeschaffenheit, die sowohl für seßhafte Wüstenbewohner als auch für Nomaden gleichen Lebensbedingungen, vor allem aber die Fruchtbarkeit der südarabischen Gebiete, in denen Gewürze und Duftstoffe produziert wurden, begünstigten die Entstehung einer der ältesten Handelsstraßen der antiken Welt, der Großen Karawanenstraße. Ähnlich der Seidenstraße Chinas, auf der die Waren aus dem Fernen Osten zu den europäischen Märkten transportiert wurden, zogen auf der Großen Karawanenstraße die arabischen Kaufleute mit den Lasten auf dem Rücken ihrer Dromedare durch Steppen und Wüsten, vorbei an Siedlungen und Oasen bis nach Ägypten und Mesopotamien, zu den Griechen und Römern, die

Weihrauch für ihren Opferkult sowie Salben und Essenzen zum Einbalsamieren der Verstorbenen benötigten. Aus Indien kamen fein gewebte Stoffe, kostbares Kunsthandwerk und seltene Gewürze, die besonders die Byzantiner zu schätzen wußten.

Auf der Großen Karawanenstraße wurden die Warenballen aus den Häfen der Südküste Arabiens transportiert, Häfen wie Salalah, Saihun, Bhir, Mukalla und Aden, wo Kostbarkeiten aus Indien und dem Fernen Osten eintrafen – Spezereien, von denen die Griechen glaubten, sie kämen aus den Hauptstädten der alten südarabischen Reiche, aus Shabwa, Zafar (heute Dhufar), Marib und Ma'in. Die Große Karawanenstraße verlief parallel zur Küste in nördlicher Richtung über Mekka, Medina und Petra, jedoch nicht entlang der glutheißen Route am Roten Meer, sondern unterhalb der Berghänge des Hinterlandes, bis sie schließlich im Hafen von Gaza am Mittelmeer endete.

Nach schriftlicher und mündlicher Überlieferung waren die Sumerer die ersten, die Metall bearbeiteten, und zwar Kupfer. Dieses Metall stammte vor allem aus Oman, und sein notwendiger Transport führte zur Verlängerung der Großen Karawanenstraße vom Golf von Oman über Zafar bis nach Shabwa.

Der größte Weihrauchlieferant war Hadramaut, zu dem im Altertum auch die Küstengebiete von Mahrah und Shir gehörten. Das Zentrum des Weihrauchhandels war die Hauptstadt Zafar, deren Küstenbezirk nominell dem Sultan von Oman unterstand. Auch heute noch wird in dieser Gegend der beste Weihrauch der Welt produziert.

Der griechische Geograph und Geschichtsschreiber Strabo (64 v. Chr.–21 n. Chr.) berichtet, daß die arabischen Karawanen die Strecke von Minäa nach Älana (Marib-Aquaba) in siebzig Tagen zurücklegten. Je reicher und dekadenter nun die Völker des Mittelmeeres wurden, um so stärker entwickelte sich ihr Bedürfnis nach dem Besitz der Güter Südarabiens, bis die jemenitischen Kaufleute zu den reichsten Handelsherren der Erde gehörten. Diese Reichtümer erregten den Neid aller Nachbarvölker, doch die Araber waren aufs beste geschützt durch die Wüste und durch die Stärke und Macht ihrer Handelspartner.

Doch es gab noch andere Handelswege, die das Interesse der Welt des klassischen Altertums erregten. Bereits zur Zeit des Ersten Thebanischen Reiches hatten die Ägypter eine Handelsstraße in den Süden angelegt, die durch das Wadi Hammamat an der Biegung des Nils vor Theben führte und bei Quasir das Rote Meer erreichte. Während der Herrschaft der Zwölften Dynastie (etwa 2000 – 1785 v. Chr.) verband ein Kanal oberhalb von Bilbays den Nil mit dem Roten Meer – eine Art Vorläufer des

Suezkanals. Als Ägypten unter den Ptolemäern noch einmal zur Weltmacht aufstieg, widmeten sich seine Kaufleute dank der Unterstützung der angriffslustigen, verbündeten griechischen Nachbarn voller Eifer der Schiffahrt, um die Handelserfolge der Großen Karawanenstraße auf See zu übertrumpfen. Ptolemäus II. (285 – 246 v. Chr.) eröffnete aufs neue den bereits eintausendsiebenhundert Jahre früher von Sesostris angelegten Kanal vom Nil zum Roten Meer. Nachdem die Römer das ptolemäische Ägypten unterworfen hatten, setzen sie ihrerseits die Versuche fort, auf dem Seeweg mit Hilfe der Monsunwinde Indien zu erreichen. Dem Seemann Hippalus, von dem wir heute nicht mehr wissen, ob er ein Grieche oder ein Römer war, gelang schließlich die Überquerung des Indischen Ozeans: Er hatte die regelmäßige Wiederkehr der Monsunwinde und den periodischen Ablauf der Gezeiten entdeckt. So konnte die römische Flotte über den Indischen Ozean hinweg direkte Beziehungen mit den Handelsplätzen Asiens aufnehmen, und schon bald standen die römischen Niederlassungen in Indien in voller Blüte. Im heutigen Arikamedu an der Küste von Pondicherry wurden im Jahre 1945 bei archäologischen Ausgrabungen zahlreiche Fragmente arretinischer Keramik – so benannt nach ihrem Herkunftsort, dem etruskischen Arrentium, heute Arezzo, in der Toskana – aus dem 1. Jahrhundert n. Chr. gefunden, außerdem Kleinbronzen, Gold- und Silbermünzen sowie Gläser.

Erinnerungen an den direkten Handel zwischen Rom und Indien sowie an die Beziehungen der Gesandtschaften beider Länder finden sich noch in großer Zahl in den indischen Chroniken jener Zeit, in denen häufig die »Yavana« erwähnt werden, Menschen des Westens, die sich als bewaffnete Söldner verdingten. Doch auch auf künstlerischem Gebiet bestand ein reger Austausch zwischen Römern und Indern.

Das Ende kam für die südarabischen Handelsplätze, als Kaiser Trajan im Jahre 105 n. Chr. die Stadt Petra dem Römischen Reich einverleibte: Damit waren die Südaraber von ihren Absatzmärkten im Norden abgeschnitten. Sie versuchten zunächst, Unterstützung bei den Persern zu finden – zuerst bei den Parthern, später dann bei den Sassaniden –, ohne sich klar darüber zu sein, daß diese neuen, aufstrebenden Mächte ihrerseits nach sicheren Seewegen für den Handel im Persischen Golf und den Euphrat entlang bis nach Palmyra suchten.

Der Zerfall der großen Reiche am Mittelmeer, die fehlenden Ausfuhrmöglichkeiten, die fortschreitende politische Verselbständigung von Asien, Afrika und Europa sowie die Erschließung weiterer, neuer Handelswege zu Lande und zur See trugen das ihre zum Niedergang der südarabischen Reiche und Sultanate bei, die mittlerweile auch mehr und mehr in große politische Auseinandersetzungen und kleinere regionale Kämpfe verwickelt waren. Für die zunehmende Versteppung und Verödung des Landes, die von vielen Fachleuten nach wie vor bestritten wird, finden sich noch heute so augenscheinliche Beweise, daß es sinnlos erscheint, überhaupt darüber zu diskutieren.

Die Große Karawanenstraße wurde jedoch niemals vollständig zerstört – noch zu Zeiten des Propheten Mohammed, zu Beginn des 7. Jahrhunderts, herrschte auf diesem großen Handelsweg reges Leben.

Die alten griechischen und römischen Schriftsteller, die noch etwas mehr von den »versunkenen« Welten und »verschollenen« Völkern wußten als wir heute, unterteilten die Arabische Halbinsel in drei Gebiete: das Verlassene Arabien im Nordosten mit der syrisch-mesopotamischen Ebene und der arabischen Stadt Badiya, der Hauptniederlassung der Beduinen; das Steinerne Arabien im Nordwesten mit der Halbinsel Sinai und dem Reich der Nabatäer; das Glückliche Arabien im Süden, das die restlichen Gebiete der Halbinsel umfaßte. Das Beiwort »glücklich« geht wahrscheinlich auf die üppige Vielfalt aromatischer Pflanzen und Sträucher zurück, die im Süden Arabiens wuchsen, sowie auf die großen Reichtümer, die seine Bewohner aufgrund ihres blühenden Handels mit anderen Ländern erwerben und genießen konnten. Auch der Name Jemen erinnert an das Wort *jumm* – »Glück«.

Den Völkern Mesopotamiens war Arabien seit der Zeit Sargons des Großen bekannt, also etwa seit Ende des 3. Jahrtausends v. Chr. Sargons Neffe und Nachfolger, Naram Sin, eroberte um 2175 v. Chr. die Stadt Magan, deren Lage und Größe zwar heute nicht mehr zu ermitteln sind, von der die Wissenschaft aber glaubt, sie habe sich im Landesinnern von Arabien befunden. Doch aus jener Zeit sind uns bis heute keinerlei Texte oder Zitate bekannt, erst sehr viel später treten die verschiedenen Reiche dieses Gebietes in die (überlieferte) Geschichte ein.

Die älteste sichere Erwähnung der Araber findet sich, wie bereits erwähnt, bei Salmanassar III., einem assyrischen König, der von 858 bis 824 v. Chr. regierte. Er unternahm einen siegreichen Feldzug gegen den aramäischen König von Damaskus und dessen Verbündete Ahab und Djundub: »Ich habe zerstört«, so ist auf einem schwarzen Obelisken eingemeißelt, »und verheert, ich habe Karkar in Flammen gelegt, seine Königsstadt. 1200 Wagen, 1200 Edle, 20000 Soldaten des Hadadezer von Aram . . . 1000 Kamele des Arabers Djindibu . . .«

Aus dem 9. Jahrhundert v. Chr. stammt auch die erste Erwähnung der glücklichen südarabischen Reiche: In der Bibel steht, daß König Salomo von Aquaba aus seine Heerscharen bis nach Oman schickte, wo es Gold gab, und nach Zafar, das im *Buch Jakob* »Land des Goldes« genannt wird. Die Südaraber selbst gelangten damals bis an die Grenzen des judäischen Reiches und überfielen König Joram; und ihre Königin, die berühmte »Königin von Saba«, reiste gar mit großem Gefolge zu dem weisen König Salomo, wie die Bibel zu berichten weiß:

»Und die Königin von Saba hörte von dem Ruhme Salomos, und sie kam, Salomo in Jerusalem durch Rätsel zu erproben, mit sehr großem Gefolge und mit Kamelen, die Spezerei, Gold in Menge und Edelsteine trugen. Und als sie zu Salomo kam, fragte sie ihn alles, was sie sich vorgenommen hatte, und Salomo gab ihr auf all ihre Fragen Bescheid; es war dem Salomo nichts verborgen, daß er ihr nicht hätte Bescheid geben können.
Als aber die Königin von Saba die Weisheit Salomos sah und den Palast, den er gebaut hatte,
und die Speisen auf seinem Tische, die Tafelordnung für seine Beamten, die Aufwartung seiner Diener und ihre Gewänder, seine Trinkeinrichtung und auch sein Brandopfer, das er im Tempel des Herrn darzubringen pflegte, geriet sie vor Staunen außer sich
und sprach zum König: Volle Wahrheit ist es, was ich in meinem Lande über dich und deine Weisheit gehört habe.
Ich habe es den Leuten nicht glauben wollen, bis ich hergekommen bin und es mit eignen Augen gesehen habe. Wahrlich, nicht die Hälfte deiner großen Weisheit ist mir berichtet worden; du hast mehr, als das Gerücht sagt, das ich gehört habe.
Glücklich deine Frauen und glücklich diese deine Diener, die allezeit vor dir stehen und deine Weisheit hören!
Gepriesen sei der Herr, dein Gott, der Wohlgefallen an dir gefunden, so daß er dich auf seinen Thron gesetzt hat als König des Herrn, deines Gottes. Weil dein Gott Israel liebhat, so daß er ihm für immerdar Bestand geben will, darum hat er dich zum König über sie eingesetzt, daß du Recht und Gerechtigkeit übest.
Und sie gab dem König 120 Talente Gold und Spezerei in großer Menge und Edelsteine; nie wieder hat man so viel Spezerei gesehen, wie die Königin von Saba dem König Salomo gab.
Auch brachten die Knechte Hurams und die Knechte Salomos, welche Gold aus Ophir holten, Sandelholz und Edelsteine.
Und der König ließ aus dem Sandelholz Treppen machen für den Tempel und für den Königspalast und Lauten und Harfen für die Sänger, dergleichen im Lande Juda vorher nie gesehen war.
König Salomo aber gab der Königin von Saba alles, was sie begehrte und erbat, außer dem, was sie dem König gebracht hatte. Darnach kehrte sie um und zog in ihr Land samt ihrem Gefolge.« (1. Könige, 10. Kap.)

Auch in der Folgezeit finden sich immer wieder mesopotamische Texte mit Hinweisen auf die Araber. Von König Tiglat Pileser III., dem Begründer des Zweiten Assyrischen Reiches (745 – 727 v. Chr.), heißt es: »...im dritten Jahr seiner Regierungszeit erhob er Steuern von Zabibi, der Königin der Araber; im neunten Jahre empfing er den Tribut von Shamsiyya, Königin der Araber, die er zuvor unterworfen hatte.« Im Jahre 728 v. Chr. berichten des Königs Annalen von einem Tribut an Gold, Kamelen und Spezereien vom Stamm der Masai, von der Stadt Tema und von den Sabäern. Die Historiker sind heute geneigt, in diesen Volksstämmen nicht die Bewohner Südarabiens zu sehen, wie lange Zeit angenommen wurde, sondern die Siedler und Vorposten bei den Karawanenstraßen. Auch Sargon II., der von 722 bis 705 v. Chr. regierte, erhielt »Zölle und Tribut in Gold, Edelsteinen, Elfenbein und Weihrauch, Kostbarkeiten sowie Waren und Erzeugnisse aus den Bergen« – und zwar von der arabischen Königin Shamsiyya und von Yatha amar, einem sabäischen Anführer. Hier kann es sich nicht mehr nur um Siedler und Vorposten in der Wüste gehandelt haben. Aus südarabischen Schriften wissen wir, daß Yatha amar der *Mukarrib*, der Priesterkönig, eines der größten Reiche Südarabiens war.

Eine weitere in diesem Zusammenhang wichtige Nachricht findet sich in den Annalen des assyrischen Königs Sennacherib, wo etwa um 688 v. Chr. »Adumu, die Festung Arabiens« erwähnt wird (heute die Oase von Dumat al Djandal), deren Königin Telkhun, die mit den Babyloniern und den Palmyra-Arabern verbündet war, in Ninive in Gefangenschaft geriet. Sennacherib erpreßte auch Tribut von Karibil von Saba, einem weiteren König, der in sabäischen Textquellen erwähnt wird. In beiden Fällen mag es sich jedoch weniger um Zölle und Steuern als um spontane Gastgeschenke und Unterstützung für die Kriegszüge gegen die arabischen Nomaden gehandelt haben, die die Karawanenstraßen im Nordwesten unsicher machten.

Ein genaueres Bild der südarabischen Reiche haben uns jedoch erst die griechischen Geschichtsschreiber und Geographen vermittelt, deren detaillierte Schilderungen geradezu eine Märchenwelt mit all ihren Glanz- und Schattenseiten vor den Augen des Lesers entstehen lassen.

Griechenland und das Rom des Altertums waren die Hauptabnehmer für die südarabischen, indischen und chinesischen Waren aus dem Orient, die auf den großen Karawanenstraßen bis zum Mittelmeerbecken transportiert wurden. Die erste Erwähnung Arabiens in der griechischen Literatur findet sich im Jahre 472 v. Chr. in den *Persern* des Äschylos; dort bezieht sich der Verfasser auf einen tapferen arabischen Helden aus Xerxes' Heer. Weitere Zitate finden sich bei Herodot, der im 5. Jahrhundert v. Chr. lebte. Herodot, der ausgedehnte Reisen im Orient, in Ägypten, Griechenland und Italien unternahm, gilt als »Vater der Geschichtsschreibung«. In seinen *Historien* berichtet er über Südarabien:

»Das äußerste bewohnte Land im Süden ist Arabien. Dort einzig und allein von allen Ländern wächst Weihrauch, Myrrhe, Kasia, Kinamomon und Ledanon. Die Araber gewinnen alle diese Dinge außer der Myrrhe recht mühsam. Den Weihrauch sammeln sie, während sie Storax [ein Harz] verbrennen, den die Phönizier nach Griechenland einführen. Die Weihrauchbäume werden nämlich von geflügelten Schlangen bewacht, die klein und buntfarbig sind und sich in Mengen in der Nähe jedes Baumes aufhalten. Diese selben Schlangen ziehen nach Ägypten. Nichts anderes kann sie von den Bäumen vertreiben als der Rauch des Storax. Die Araber meinen auch, die ganze Welt wäre bald voll von diesen Schlangen, wenn es mit ihnen nicht genauso ginge wie mit den Nattern…

Wenn sie nach ihrer gewöhnlichen Natur erzeugt würden, könnten die Menschen nicht mehr leben. Wenn sie sich paarweise begatten und das männliche Tier gerade seinen Samen entleert, faßt das Weibchen bei der Entleerung seinen Hals und läßt ihn, angewachsen, nicht eher los, als bis es ihn durchgebissen hat. So kommt das Männchen in der angegebenen Art ums Leben. Das Weibchen aber muß für das Männchen büßen, indem die Jungen in seinem Leib den Vater rächen, die Gebärmutter fressen, die Bauchwand durchbeißen und sich so den Weg ins Freie bahnen. Die anderen, dem Menschen nicht gefährlichen Schlangen legen Eier und brüten sehr viele Junge aus. Nattern gibt es auf der ganzen Welt, geflügelte Schlangen dagegen nur in Arabien, dort aber scharenweise, so daß man meint, sie seien zahlreich. Die Araber gewinnen den Weihrauch also in der angegebenen Weise, die Kasia folgendermaßen: Sie hüllen den ganzen Körper und das Gesicht mit Ausnahme der Augen in Rindshäute und andere Felle ; dann gehen sie auf Kasiasuche. Diese wächst in einem seichten See. In und um den See nisten geflügelte Tiere, die den Fledermäusen ähnlich sind. Sie schwirren sehr laut und wehren sich sehr stark. Diese Tiere muß man sich von den Augen fernhalten ; und so ernten sie Kasia. Das Kinamomon sammeln die Araber auf noch wunderlichere Weise. Sie wissen selbst nicht, wo es wächst und welches Land es hervorbringt. Sie sagen nur, mit aller Wahrscheinlichkeit gedeihe es in den Gegenden, in denen Dionysos aufgewachsen ist. Große Vögel bringen diese Zweige, die wir mit phönizischer Bezeichnung Kinamomon nennen, so erzählen sie. Die Vögel tragen die Zweige in ihre Nester, die, aus Lehm gebaut, an schroffen Felsen kleben, wohin die Menschen keinen Zugang finden. Da hatten sich die Araber folgendes ausgedacht: Verendete Ochsen, Esel und andere Zugtiere zerhacken sie Glied für Glied und bringen sie in möglichst großen Stücken dorthin. Sie legen sie in die Nähe der Nester und gehen dann weit weg. Die Vögel fliegen herab und tragen die Fleischstücke in ihre Nester. Weil die Horste aber das Gewicht nicht tragen können, fallen sie auf die Erde. Dann eilen die Menschen herbei und sammeln so das Kinamomon. Dieses Produkt führen sie dann in andere Länder aus.

Das Ledanon, die Araber sagen Ladanon, ist noch seltsamer. Es ist von köstlichem Duft und entsteht an einem übelriechenden Ort. Es findet sich im Bart der Ziegenböcke, wo es wie Harz abträufelt. Man verwendet es für viele Salben; die Araber benutzen es besonders zum Räuchern.

Das mag über die Räuchermittel genügen. Arabien ist voll wunderbarem Dufte. Zwei merkwürdige Schafarten findet man dort, die es sonst nirgends gibt. Die eine hat lange Schwänze, kaum kürzer als drei Ellen. Wenn man es zuließe, daß die Schafe die Schwänze nachziehen, würden sie diese auf der Erde wundreiben. Aber jeder einzelne Hirt versteht sich auf das Zimmerhandwerk so weit: sie fertigen Wägelchen an und binden sie unter die Schwänze, indem sie jedes einzelnen Tieres Schwanz an dem Wagen befestigen. Die andere Schafart hat breite Schwänze, sogar etwa eine Elle breit.«

Man muß sagen, daß das schon ein sehr merkwürdiger Zoo ist, den Herodot da schildert. Von geflügelten Schlangen fand sich zwar in der Wüste niemals eine Spur, es ist jedoch anzunehmen, daß Herodot in seinen Beschreibungen Heuschrecken oder, noch wahrscheinlicher, die großen Gottesanbeterinnen gemeint hat. Außerdem ist zu berücksichtigen, daß im Altertum die Berichte über arabische Karawanen nicht immer sehr genau ins Griechische übersetzt wurden – mag dies nun am fehlenden adäquaten Vokabular oder an der Unfähigkeit der Übersetzer gelegen haben. Ein Bericht entsprach jedoch der Wahrheit: Dickschwanzschafe sowie Schafe mit langen, geringelten Schwänzen gibt es auch heute noch überall im Jemen, sie sind sogar in der Stadt Sanaa zu finden.

Der griechische Philosoph Theophrast (ca. 371–288 v. Chr.), der griechische Astronom und Geograph Eratosthenes (ca. 284–ca. 192 v. Chr.) und der Geschichtsschreiber Agatharchides von Knidos, der um 200 v. Chr. lebte, haben das Wissen ihrer Zeit – und damit auch unseres – über Südarabien durch ihre Schriften allmählich vermehrt. Sie wurden nicht müde, die Schönheit und den Reichtum dieses Landes zu preisen. Agatharchides zum Beispiel schreibt:

»...das sabäische Volk [war] das bedeutendste Arabiens [und] im Besitze aller Güter und Reichtümer. Ihre Erde bringt das gleiche wie die unsere hervor, und der Anblick ihrer Bewohner ist erstaunlich. Sie besitzen eine unendliche Zahl von Herden. Kein Volk scheint geschickter als die Sabäer und die Gerrhäer zu sein; sie haben es verstanden, alle Reichtümer Asiens und Europas in ihrem Lande anzuhäufen. Durch sie ist auch das Land Syrien des Ptolemäus zu großem Wohlstand gelangt; und unter tausend anderen Dingen wußten die Sabäer für die gewinnbringenden Handelskünste der Phönizier den Grundstock zu legen. [Hieraus könnte übrigens gefolgert werden, daß die Sabäer auf die Phönizier folgten, deren weitverzweigte Handelsbeziehungen bereits aus der Zeit um 2500 v. Chr. bekannt sind.] Ihre Reichtümer zeigen sich nicht nur in bewundernswerten Werken der Toreutik, der Kunst der Metallbildnerei, in der Verschiedenartigkeit des Steinzeugs und Tongeschirrs, sondern auch in den riesigen Ausmaßen ihrer Ruhebetten und Dreifüße. In allen Gerätschaften, die zum Hausrat gehören und sich auch bei uns finden, erreicht ihr Luxus den Gipfel; viele scheinen königliche Reichtümer zu besitzen: es heißt, sie haben sich zahlreiche vergoldete oder auch silberne Säulen fertigen lassen; die Decken und die Türen ihrer Häuser sind mit in Stein geschnittenen Ornamenten geschmückt, ebenso prächtig sind die kleineren Zwischensäulen. In einem Wort, Gegenstände, die bei anderen Völkern als seltene Kostbarkeiten gelten, finden sich hier in großer Vielfalt. So berichtet man bis in unsere Tage über ihr Leben. Wohnten sie jedoch nicht in einem so weit entfernten Lande, weit von mächtigeren Völkern, die ihre Macht weithin ausdehnen, so hätten sich diese fremden Völker bereits ihrer Schätze bemächtigt; denn der Überfluß hat dieses Volk träge gemacht und unfähig, ihre Freiheit zu verteidigen.«

Diodor von Sizilien, der sich eingehend mit den Schriften von Theophrast, Eratosthenes und Agatharchides von Knidos beschäftigt hat, verfaßte aufgrund dieser Texte sowie reichen Quellenmaterials, das ihm zur Verfügung stand, eine populärwissenschaftliche »Geschichtsbibliothek«, in der er Südarabien wirklich wie ein Paradies auf Erden schildert: »Nach den Debern kommen die Karber und weiterhin die Sabäer, die allerzahlreichsten unter den Araberstämmen. Sie bewohnen das sogenannte Glückliche Arabien, das fast alle edlen Erzeugnisse unserer Länder hervorbringt und dazu noch eine unzählige Menge von Herdenvieh aller Art. Das ganze Land duftet von einem natürlichen Wohlgeruch, da es fast alle die ausgezeichneten Wohlgerüche ununterbrochen das ganze Jahr hindurch hervorbringt. An der Küste nämlich wächst der sogenannte Balsam und die Kasia und eine andere Pflanze von besonderer Art, die, solange sie noch jung ist, dem Auge den lieblichsten Anblick gewährt, etwas älter geworden aber plötzlich wieder zusammenwelkt. Das Innere des Landes aber ist von zusammenhängenden Wäldern bedeckt, in denen große Weihrauch- und Myrrhenbäume stehen und außerdem Palmen und Kalmus und Zimt und andere Pflanzen, diesen ähnlich an Wohlgeruch. Es ist gar nicht möglich, die besonderen natürlichen Eigentümlichkeiten einer jeden aufzuzählen, vor der Fülle und dem Übermaß der süßen Düfte, die allen insgesamt zugleich entströmen. Göttlich gleichsam und über alle Beschreibung erhaben ist der Wohlgeruch, der einem hier entgegenströmt und die Sinne entzückt. Sogar die Vorübersegelnden, wenn sie auch ziemlich weit vom Festlande entfernt sind, empfangen ihren Anteil an diesem Genusse; zur Sommerszeit nämlich, wenn der Wind vom Lande her weht, geschieht es, daß der Wohlgeruch, den die Myrrhenbäume und andere ähnliche Gewächse ausatmen, bis über das zunächstgelegene Meer hinausgetragen wird. Und es ist ja nicht der Duft abgelegener und veralteter Gewächse, wie wir sie haben, sondern der kräftig-frische Hauch der lebendigen Blüten, der die ganze Empfindung aufs tiefste durchdringt. Wenn also der Wind, der diesen ausströmenden höchsten Wohlgeruch mit sich fortträgt, die Schiffer erreicht, die sich der Küste nähern, so weht er ihnen einen reichen Strom erquickenden und gesunden Duftes zu, der aus den edelsten Stoffen gemischt ist. Denn es ist dies nicht der Duft einer zerschnittenen Frucht, die ihre eigentümliche Kraft schon ausgedunstet hat und in Gefäßen von ganz anderem Stoffe verlegt ist, sondern er kommt von der lebendigen Blüte und ist das frische und ungemischte Erzeugnis der göttlichen Naturkraft, und wer diesen einzigen Wohlgeruch atmet, glaubt die Ambrosia der Göttersagen zu genießen, denn er findet keinen anderen Namen, der dieses höchsten Wohlgeruchs würdig wäre.« Angesichts dieser Beschreibung scheint die Bezeichnung Arabia Felix vollauf gerechtfertigt. Und man kann schon verstehen, daß im Mittelalter, als Südarabien fast nur noch durch diese alten Texte bekannt war, viele der Schilderungen in Europa als Ausgeburt einer etwas zu üppigen Phantasie abgetan wurden. Aber es ist ja keineswegs nur Diodor, der die Schönheiten des Landes besingt, auch alle anderen Geschichtsschreiber des Altertums berichten wahre Wunderdinge über das alte Arabien – ohne dabei seine Schattenseiten zu verschweigen. Diodor, der Weitgereiste, weiß auch darüber einiges zu vermelden: »Aber des Schicksals Mißgunst hat den Menschen kein ungetrübtes Glück zuteil werden lassen, und auch diesen herrlichsten Geschenken hat es das Schädliche beigemischt, als Zurechtweisung des Sinnes, wenn er im Genusse ungetrübten Wohlseins nach menschlicher Art der Götter zu vergessen beginnt. Diese Wälder nämlich des höchsten Wohlgeruchs bergen Schlangen in großer Menge, purpurrot an Farbe und nur von einer Spanne Länge, aber ihr Biß ist ganz unheilbar. Sie beißen, indem sie sich vom Boden emporschnellen und im Sprunge die Haut blutig ritzen. Auch eine langwierige Leibeskrankheit kommt dort vor, welche die Einheimischen auf ganz eigene Art behandeln. Der ungemischte und starke Wohlgeruch durchdringt nämlich den Körper ganz und gar und lockert das Gewebe der festen Leibesteile, so daß diese zusammenschwinden und eine Erschlaffung eintritt, die nur schwer zu heilen ist. Kranken der Art räuchern sie Erdpech vor und Bocksbart und bekämpfen durch die ganz entgegengesetzte Natur dieser Dinge den allzu starken Wohlgeruch. Das Gute und Schöne bringt den Menschen nur dann Nutzen und Ergötzung, wenn es ihnen in einem bestimmten Maße zugemessen wird; ganz unnütz aber wird ein Göttergeschenk, wenn das rechte Maß und die rechte Zeit verfehlt wird.

An Reichtum aber übertrifft dies Volk nicht nur die benachbarten Araber, sondern auch die übrigen Menschen, und deshalb auch an köstlichem Besitz jeder Art. Bei dem Austausch und Verkauf von Waren nämlich erhalten unter allen Menschen, die gegen Silber Handel treiben, diese für den kleinsten Warenbetrag den höchsten Kaufpreis. Da nun ihr Land seiner Entlegenheit wegen von ewigen Zeiten her niemals durch den Krieg verwüstet worden und Gold und Silber bei ihnen die Fülle vorhanden ist, zumal in Saba, in welcher Stadt die Königsburg steht, so besitzen sie allerlei silberne und goldene Trinkgefäße in getriebener Arbeit, Ruhebetten und Dreifüße mit silbernen Füßen und sonstigen Hausrat von ganz unglaublicher Kostbarkeit, und Hallen mit vielen Säulen, teils vergoldet, teils mit silbernen Figuren auf den Säulenköpfen. Die Decken und Türen aber teilen sie durch zahlreiche schildförmige Vertiefungen, die vergoldet und mit eingesetzten Edelsteinen verziert sind, und so ist auch die ganze übrige Hauseinrichtung von staunenswerter Kostbarkeit, denn sie ist teils aus Silber und Gold, teils aus Elfenbein und den kostbarsten Edelsteinen hergestellt und was sonst für Stoffe bei den Menschen als das Herrlichste und Köstlichste gelten. Freilich aber hat ihr Glück nur darum seit alten Zeiten her unerschütterten Bestand, weil sie so ganz und gar unzugänglich sind für die, welche in ihrer Habgier fremdes Eigentum für gute Beute halten.«

Nicht lange nachdem Diodor seine Reiseerlebnisse niedergeschrieben hatte, berichtete Strabo mit bemerkenswerter Objektivität ganz ähnliche Tatsachen. Der Grieche Strabo, der in Rom studiert hatte, unternahm später zahlreiche Reisen durch das Römische Imperium, vor allem in Asien und in Ägypten sah er sich gründlich um; lange Jahre lebte er in Alexandrien. Sein geographisches Werk, das ihm über Jahrhunderte hinweg viel Anerkennung einbrachte, liefert eine genaue Beschreibung von Land und Leuten, Sitten und Gebräuchen, politischen Gegebenheiten, Transportmitteln und Sehenswürdigkeiten. Interessant ist dabei vor allem, daß Strabo sein Wissen sozusagen aus (fast) erster Hand bezog – nämlich von dem römischen Präfekten Ägyptens, Aelius Gallus, der im Jahre 24 v Chr. einen erfolglosen Kriegszug gegen Südarabien unternommen hatte. Unter seinem Kommando war ein Heer von zehntausend Mann zum erstenmal in das Innere Arabiens vorgedrungen und mitten im Kampf von den verbündeten Nabatäern im Stich gelassen worden, deren Anführer Sylläus die Römer verraten und so ihren Untergang bewirkt hatte. Über das Land, das den römischen Soldaten zum Verhängnis wurde, schreibt Strabo:

»Die äußersten und gegen Süden sich Äthiopien gegenüber erhebenden Teile werden durch Sommerregen bewässert und zweimal besät, wie Indien, und enthalten Flüsse, die sich in Ebenen und Seen verlieren. Es findet sich dort sowohl eine Fülle von Früchten, als besonders reichlicher Honigbau und Überfluß an Zuchtvieh außer Pferden, Maultieren und Schweinen, auch allerlei Geflügel außer Gänsen und Hühnern. Dieses genannte äußerste Land bewohnen vier große Völker. Zuerst den am Roten Meere gelegenen Teil die Minäer, deren größte Stadt Karna ist. An diese stoßen die Sabäer mit der Hauptstadt Mariba; die dritten sind die bis zur Meerenge und der Durchfahrt des Arabischen (Meer)busens reichenden Kattabanen, deren Königssitz Tamna heißt. Am weitesten gegen Osten (endlich wohnen) die Chatramotiter, welche die Stadt Sabata besitzen. Alle diese Städte stehen unter Alleinherrschern, sind gesegnet und schön geschmückt mit Königspalästen. Ihre Wohnhäuser gleichen im Verband des Balkenwerkes den ägyptischen. Von diesen vier Gauen umfaßt jeder ein größeres Land als das Delta in Ägypten. Die Königswürde überkommt nicht der Sohn vom Vater, sondern der erste Sohn, der nach der Einsetzung des Königs einem der Vornehmen geboren wird. Denn sobald ein König in die Regierung eingesetzt ist, werden die schwangeren Frauen der vornehmen Männer aufgezeichnet und Wächter angestellt (um acht zu geben), welche von ihnen zuerst gebiert, und den Sohn dieser befiehlt das Gesetz als einstigen Nachfolger anzusehen und königlich zu erziehen.«

Diese Beschreibung der südarabischen Reiche zur Zeit Strabos erscheint besonders glaubwürdig, vor allem auch der vielen Details wegen, mit denen sie aufwartet. Merkwürdig erscheint lediglich die Handhabung der Thronfolge, die so in keiner anderen Quelle erwähnt wird.

Wie die Geschichtsschreiber und Philosophen vor ihm betont auch Strabo die großen Reichtümer der Völker Südarabiens:

»Die Hauptstadt der Sabäer, Mariaba, liegt auf einem baumreichen Berge. (Heute befindet sich Marib an den Ausläufern einer Sandwüste, die in jedem Jahr aufs neue die Ausgrabungen eines kürzlich entdeckten alten Tempels durch Flugsand gefährdet.) Sie hat einen König, der die Rechtshändel und anderen Angelegenheiten entscheidet; aus dem Königspalast herauszugehen aber ist ihm nicht erlaubt, oder das Volk steinigt ihn auf der Stelle, einem Orakelspruche folgend. Sowohl er selbst als seine Umgebung lebt in weibischer Üppigkeit. Der große Haufe (das Volk) treibt teils Ackerbau, teils Handel mit Gewürzen, sowohl mit den einheimischen als mit den äthiopischen, nach welchen sie in ledernen Booten durch die Meerengen schiffen. Die Menge der (Gewürze) aber ist so groß, daß man sich statt des Reisigs und Brennholzes des Zimts, der Kasia und der übrigen (Gewürzbäume) bedient. Bei den Sabäern wächst auch das Larimnon, das wohlriechendste Räucherwerk. Infolge dieses Handels sind die Sabäer und die Gerrhäer die reichsten unter allen und besitzen einen gewaltig großen Vorrat von goldenen und silbernen Gerätschaften, wie Ruhebetten, Dreifüßen, Mischkrügen samt Trinkbechern und Prachtschmuck der Häuser; denn Türen, Wände und Decken sind mit Elfenbein, Gold, Silber und Edelsteinen ausgelegt.«

Nach der Beschreibung des glücklosen Kriegszuges des Aelius Gallus, an dem Strabo zeitweise, als »Erzähler« getarnt, teilnahm, schließt er seinen Reisebericht mit Bemerkungen über die Verteilung der Arbeiten und Aufgaben in der Verwaltung, über die Institution der Ehe und die Entstehung des Namens »Rotes« Meer.

Alle diese Texte lassen das Bild eines mächtigen und reichen Landes vor unseren Augen erstehen, dessen Festungen, Paläste und Tempel zwar keine silber- oder goldgedeckten Dächer besaßen, zweifellos aber von großer Pracht waren. Um dieses »klassische« Panorama von Südarabien abzurunden, wollen wir noch den römischen Offizier und Schriftsteller Plinius d. Ä. (23–79 n. Chr.) zu Wort kommen lassen, dessen Genauigkeit und praktischer Verstand, die sich in seinen Schriften äußern, bereits zu seiner Zeit gerühmt wurden. Originell erscheint mir vor allem die Parallele, die er zwischen Arabien und dem zehnmal kleineren Italien zieht, besonders aufschlußreich seine »wissenschaftliche« Aufzählung der arabischen Völker:

»Arabia selbst bildet zwischen zwei Meeren, dem Roten und dem Persischen, eine Halbinsel, welche die Natur kunstreich, in ähnlicher Gestalt und Größe wie Italien, mit Meer umschlossen, und der sie ganz dieselbe Richtung hinsichtlich der Himmelsgegend gegeben hat. So ist auch dieses Land durch seine Lage glücklich.

Auf dem Festlande wohnen noch südlich die Ausariter, von wo aus man in sieben Tagereisen über das Gebirge kommt, ferner die Larendaner, die Katabanier, die Gebaniter in mehreren Städten, von denen die größten Nagia und Thomna sind mit fünfundsechzig Tempeln, worin eine Andeutung ihrer Größe liegt. Ferner das Vorgebirge, von dem die Entfernung bis zu den Troglodyten auf dem Festlande 50 000 Schritt beträgt, die Thoaner, Aktaier, Chatramotiter, Tonabeier, Antidaleier, Lexianer, Agraier, Kerbaner, die Sabäer, welche wegen des Weihrauchs vor allen Arabern berühmt sind, obgleich sich Völkerschaften an beiden Meeren hinziehen. Ihre Städte am Roten Meere sind Marana, Marma, Korolia, Sabatha, im Binnenlande Naskos, Kardava, Kardos und Thomala, wohin man die Räucherwaren zusammenbringt. Einen Teil derselben machen die Atramiter aus, deren Hauptstadt Sabota sechzig Tempel in ihren Mauern umschließt. Die Königsstadt vor allen aber ist Mariba; sie beherrscht einen Meerbusen voll Weihrauch tragender Inseln von 94 000 Schritten Umfang. An die Atramiter schließen sich im Inneren des Landes die Minäer; am Meere aber wohnen die Elamiter mit einer Stadt gleichen Namens. Mit ihnen hängen die Chakulater zusammen. Die Stadt Sibi nennen die Griechen Apate. Ferner die Arser, Kodaner, Vadeer mit einer großen Stadt; die Barasasäer, die Lechiener; die Insel Sygaros, auf welche kein Hund geht; die man darauf aussetzt, laufen am Ufer umher und sterben.«

In diesem Text sind ohne Schwierigkeiten einige südarabische Reiche und ihre Städte auszumachen, wie wir sie heute – wieder – kennen. Plinius schreibt weiter: »Die Minäer führen ihre Abstammung, wie man glaubt, auf Minos, den König der Kreter, zurück.« Außer der Namensähnlichkeit – Minäer, Minos – könnte diese Vermutung aufgekommen sein infolge der besonderen Affinität zwischen der minoischen Kunst und der Motivwahl der Künstler dieser südarabischen, präislamischen Reiche: Stiere und Stierköpfe sowie die Doppelaxt stehen bei Minäern und Kretern gleicherweise im Zentrum der künstlerischen Darstellung. Sabäer, Minäer und Himjariten waren jedoch semitische Völker, und wenigstens bis zum gegenwärtigen Zeitpunkt müssen wir uns an die bekannten Überlieferungen ihrer Kultur und ihrer versunkenen Städte halten, von denen uns Plinius ein so plastisches Bild zeichnet:

»Es ist jetzt passend... die Reichtümer Arabiens anzugeben und den Grund, aus welchem man diesem Lande den Beinamen des reichen und glücklichen gegeben hat. Seine vorzüglichsten Erzeugnisse also sind Weihrauch und Myrrhe, letztere hat es jedoch mit (dem Land der) Troglodyten gemeinsam; den Weihrauch aber mit keinem Lande, und nicht einmal in ganz Arabien findet er sich. In der Mitte Arabiens etwa wohnen die Atramiten, ein sabäischer Stamm, mit der Hauptstadt des Reichs, Sabota, auf einem hohen Berge, vor dem die Weihrauch tragende Landschaft acht Tagereisen entfernt ist; diese wird Saba genannt, ein Wort, das die Griechen mit Mysterion übersetzen. Sie liegt nach Nordost und ist von allen Seiten durch Felsen unzugänglich; rechts ist das Meer der Klippen wegen unbefahrbar. Der Boden soll rötlichweiß sein. Die Ausdehnung der Wälder beträgt zwanzig Schoinos in der Länge und die Hälfte in der Breite; ein Schoinos aber macht nach Eratosthenes Rechnung vierzig Stadien [7680 m]... Andere geben dem Schoinos nur zweiunddreißig Stadien. Es heben und senken sich da hohe Hügel, und in der Ebene wachsen die Bäume von selbst. Der Boden ist entschieden tonig, mit wenigen und salpetrigen Quellen. An die Sabäer grenzen die Minäer, ein anderer Stamm, durch deren Land der Weihrauch auf einer einzigen schmalen Straße geführt wird. Die (Minäer) betrieben zuerst den Handel mit Weihrauch und tun es noch am meisten, daher er auch den Namen des Minäischen führt.«

Diese Beschreibung stimmt immer noch – sie trifft auch auf den heutigen Jemen zu, sogar die langsam, aber unaufhaltsam fortschreitende Verödung des Landes zeigte sich bereits zu jener Zeit. Plinius schließt seinen Bericht mit einer strengen Kritik der herrschenden Sitten und Gebräuche seines eigenen Landes:

»Arabien nennt sich das glückliche, im Irrtum und undankbar hinsichtlich seines Beinamens, in dem Arabien denselben als eine Gabe der oberen Götter ansieht, während es weit mehr den unteren Göttern Dank dafür schuldig ist. Die Üppigkeit der Menschen macht es selbst durch den Tod noch reich, indem sie bei Bestattung der Toten Dinge verbrennen, die, wie die (Araber) wohl gesehen haben, ursprünglich für die Götter geschaffen waren. Sachkundige versichern, daß Arabien in einem ganzen Jahre nicht so viel Weihrauch hervorbringe, als Kaiser Nero am Todestage seiner Poppäa verbrannte. Man berechne nun die Zahl der Begräbnisse eines einzelnen Jahres und die massenweise zur Ehre von Leichen zusammengehäufte Menge eines Stoffes, der den Göttern in kleinen Brocken dargebracht wird. Und dennoch waren diese den Flehenden bei Gaben von Mehl und Salz nicht minder gnädig, ja offenbar noch gnädiger! Noch glücklicher aber ist das Meer Arabiens, denn aus ihm sendet es uns die Perlen zu, und nach der geringsten Berechnung entziehen Indien, die Serer und diese Halbinsel unserem Reiche in jedem Jahre hundert Millionen Sesterzien. So viel kosten uns unsere Genüsse und die Frauen! Denn, so frage ich, wie viel kommt davon an die oberen, wie viel an die unterirdischen Götter?«

Der Reichtum Arabiens hing also von den luxuriösen Wünschen der Römer ab – mit dem Zerfall des Römischen Kaiserreiches versiegte daher auch diese gewinnbringende Einnahmequelle.

Bilqis, die Königin von Saba

Wenden wir uns nun, nach der Betrachtung Südarabiens von »außen«, der genuin arabischen Überlieferung zu. Hier finden wir keine mehr oder weniger sachlichen Berichte, wie sie die römischen und griechischen Geschichtsschreiber verfaßten, sondern ein Konglomerat ausgesprochen phantasievoller Sagen und Legenden, die die Texte des klassischen Altertums geradezu wissenschaftlich und nüchtern erscheinen lassen. Die arabischen Historiker und Dichter der ersten Jahrhunderte des Islams sammelten diese Berichte sowie die mündlich weitergegebenen Erzählungen und schrieben sie, zum großen Teil noch blumiger ausgeschmückt und erheblich verändert nieder.

Mit den wichtigsten dieser arabischen Texte wollen wir uns nun befassen.

Einer der bekanntesten Autoren des präislamischen Südarabien ist der in Persien geborene Abu Djafar Muhammad ibn Djarir at Tabari (838–923). In seinem Werk »Tarikh ar Rusul wa al Muluk« (Die Bücher der Apostel und der Könige), an dem er vierzig Jahre lang schrieb – an jedem Tag entstanden vierzig Seiten! –, lesen wir:

»Al Yafa Yafis, der erste König von Ma'in, der Große, der Begründer, über zwei Meter messend, die Berge durchstreifend, von denen das Wasser herabfließen sollte, erbaute einen gläsernen Damm, der des Nachts heller als der Mond leuchtete. Er lehrte seine Untertanen, daß das Licht der Mittagssonne die Geister des Bösen beherbergt und das Übel, das zum Tode führt; er lehrte sie, die vom gleißenden Mittagslicht beschienenen Fenster der Häuser und Paläste mit Tafeln aus durchsichtigem Alabaster zu bedecken. Und er lehrte sie von der Gesundheit, da er selbst 350 Jahre lebte, und auch die in seiner Nähe lebten und ihm Verehrung entgegenbrachten, erreichten ohne Krankheit ein hohes Alter. Er regierte, ohne Fleisch zu essen, und nahm nur sehr wenig Nahrung zu sich, seine Untertanen brachten ihm Kornähren und Kräuter dar. So wie alle Würdenträger verfügte er über einen Feldherrnstab; und wenn er einen Berg erbaute oder spaltete, so wurde der Stab zu einem leuchtenden Blitz ohne Donner,

دمنا الربع وستون من مايلى كوما ية كسقاسند عشر وماية ه
وهوطولها من المثرو و طو لعارسنا نيل ما واعن ظلم ستا
من المثرو ه حسته عشر وماله درجه وامأطو الصفا عل ه
ما وحده حتا لع من المثرو هو هى عان عشره وماية درجه ه
وعليه نقوم الكوا كب بصعاه (ارم دانت العاد) يقول
واكثر العما والسلا دان ارم ن نه اي وهو عابط لح حوش
ويب ربى ربى لو ماسمعنا احد ا قا ا ه عاينتو الا ما يذكر درح الرحل
الدى الط ا بلد قا لنط وصف نا ه و عا بيع ى رص معوه
قال علهم ن در حس ل عصر الرداب
فهل نرى مثل ان زهم ب من ارم دانت البنا البطح ء لن
والعم سد كر ات ارم دانت العاد س مشو وانحبرون د ات
العاد نك ة ا جه ه الحاره ديه ذكر يا عطا وال الهد اى
قد مطرت نقا ما ش البح وقصورها سنوا حمل ان دا لهرسق
مه سوى نطعه من اسفل حداره ثلمرات امنل نا عط وماره
وحمت ولنا عط العضل وهى مصغه بيصا مد درع مسقطه
ولاستى جبل خلق وهواحد حبال البون وهوحمل من نح وتبين
معابل النص نلفم وهوحمل ن س ت لك هد ان وهى ت بده
مكيل الهد ان من نصور نا عط وصر الملط الصبر ه
سر الدى كير ق ر منى قصر دى لعوه المعه و د كل بصعان
حارجه معار يسحا رية يل هيه الدرق الصعار ود ر عىن
فرمعوب بطق سبه ه ادرع لا تلتا الرداع النا مه و بق شرو ه
قد بن الصرو ما برس عا عثر يع قصر اكبا ت اسم اماكس
الكاشه وكان علما ستور لا لاحك ال عم المحور و ماف ط
مصرلا وكته ازف لما لحو فا ل الصفا صهر ق ما الدى طا حفظ

Hassan ibn Ahmad al Hamdani: »Al Iklil«, *Seite 22 des Manuskripts von Princeton.*

und die Teilung war vollbracht. Deswegen fragten sie ihn eines Tages: Ist das Zauberei der bösen Geister? Und er antwortete: Jeder König ist göttlich, und diese göttliche Kraft verleiht mir unser Mondgott, dessen Sohn ich bin, und unsere Sonnengöttin, von der die guten Kräfte kommen sowie die bösen, vor denen wir uns hüten sollen; die Kraft gibt mir auch unsere Göttin Venus, von der wir abstammen, sie schenkt uns fruchtbare Felder und uns und unseren Herden genügend Söhne. – Und er opferte den Göttern. Er lebte 350 Jahre, andere sagten, es waren 380. Und diese Werke vollbrachte er: er ließ den Weihrauch nur in unseren Tälern wachsen und ließ uns den Weihrauch allen anderen Völkern geben; sie aber wollten unseren Weihrauch wie eine geistige Speise haben, ohne die sie nicht leben konnten; so blühten denn unsere Täler, und er sprach zu allen Völkern: Ihr seid unsere Sklaven, bis euer Verlangen geringer wird. Aber dieses Verlangen wird niemals gestillt werden. Alle seine Worte nahmen Gestalt an und wurden erfüllt; später wurde er ein großer König, der Begründer des minäischen Reiches.«

Besonders informativ und aufschlußreich sind die Arbeiten des bereits erwähnten jemenitischen Geographen und Archäologen Hassan ibn Ahmad al Hamdani. Sein Epos »Al Iklil« ist eine große Abhandlung über »Die öffentlichen Bauten des Jemen, ihre Inschriften, die versunkenen Schätze und die Paläste, die Elegien der Himjariten und die Epitaphe«. Leider ist es bisher noch nicht gelungen, dieses Werk in ein klares und gut lesbares, modernes Arabisch zu transkribieren; so ist es denn bisher unmöglich gewesen, diese Schrift – auf S. 38 sehen Sie die Abbildung einer Originalseite des Manuskripts – als Quelle heranzuziehen. Darum möchte ich hier nun einige wichtige Passagen daraus übertragen:

»Im Jahre der Hedschra 288 (901 n. Chr.) verdunkelte der Mars die Venus, als Folge davon wurden an einem Freitag fünfhundert Sanaaniden in Bayt Baws umgebracht. Weitere, ähnlich unheilvolle Tage brachten noch mehr Mißgeschick. Sooft Mars zu den Abkömmlingen des Stieres ins Meer stürzte, kamen neue Widerwärtigkeiten und Plagen über die Stadt Sanaa. Der wahre Grund für die großen Katastrophen liegt jedoch in der Wanderung des Qawasim al Asl auf dem Wege des Verhängnisses beschlossen. Alle Völker sehen in der Stadt Sanaa einen der schönsten Gärten der Erde. Zur Zeit der Sonnenwende ist der Tag dort zwölf Stunden und einundfünfzig Minuten lang. Steht die Sonne im Zeichen des Widders, so mißt der Mittagsschatten über drei Zoll und ein Zehntel, bei einer Breite von fünfundvierzig Grad und dreißig Minuten... (Diese Stadt) hat sich Sem erwählt, sie ist seine bevorzugte Residenz. Bei Umm al Nyun begann er zu graben und legte den Grundstein für Ghumdan.

Zu Beginn gab der Brunnen kein Wasser, vor dem späteren Palast fand sich kein Stein; aber weder die Glut des Sommers noch die Eiseskälte des Winters vermochten ihm seine Freude zu mindern.«

Teils Legende und teils historisch belegt ist der Bericht des Hamdani über das eindrucksvollste Bauwerk der Stadt Sanaa, den Palast von Ghumdan: »Der Begründer von Ghumdan war Sem, Sohn des Noah. Nach Noahs Tod beschloß Sem, den Norden zu verlassen. Er durchstreifte den Süden auf der Suche nach dem fruchtbarsten Land und gelangte schließlich ins Innere; dort erkannte er den Jemen als einen günstigen und bewohnbaren Ort. So erkundete er den Jemen und entdeckte nach langer Suche, daß sich in der Ebene von Sanaa das frischeste Wasser fand. Mit seiner Meßschnur des Baumeisters vermaß er den Ort für die steinernen Fundamente im Tal von Ghumdan, im Westen der Ebene von Sanaa, dort errichtete er die Stadt. Wie er mit dem Werke fortfuhr, sandte Gott einen Vogel, der die Meßschnur ergriff und sie im Fluge davontrug. Sem verfolgte den Vogel, um zu sehen, wo er die Schnur fallenlasse; und der Vogel wandte sich nach Süden in ein Tal zu Füßen des Berges Nuqum. Als Sem ihn erreichte, flog der Vogel aufs neue mit der Schnur davon, bis er sie endlich über einem Wäldchen fallen ließ. Da wußte Sem, daß er auch an diesem Orte ein Bauwerk errichten sollte. So legte er die Fundamente von Ghumdan und grub nach einem Brunnen, der Karamah heißt und noch heute Wasser spendet; sein Wasser jedoch ist salzig. Die Astrologen des Jemen bewahren eine Überlieferung, die besagt, das Horoskop zur Zeit der Grundsteinlegung von Ghumdan habe gen Osten am Horizont die Konstellation von Stier, Venus und Mars gezeigt. Die mit diesen Himmelszeichen verbundenen Eigenschaften sind Widerstand, Ausdauer und Unwandelbarkeit. So hat denn das Bauwerk in viertausend Mondjahren den Elementen getrotzt; während dieser Zeit starben zahllose Könige, ihre Throne zerfielen zu Staub. Vor der Moschee von Sanaa finden sich noch einige Steine der alten Palastmauer.«

Ebenfalls ein wichtiger Chronist des alten Südarabien ist der große Geschichtsschreiber Abu al Hasan Ali al Masudi († 956), genannt der Herodot Arabiens. Er hinterließ zwei bedeutende Werke: »Murug adh Dahahab wa Maadin al Giawhar« (Goldene Weiden und Edelstein-Minen) und »Tanbih da 'l Ishraf«, vergleichbar etwa der *Naturgeschichte* des Plinius. In den zwanzig Bänden seines »Kitab al Aghani« (Buch der Lieder) teilt Abu al Farag al Isbahani, genannt Isfahani – er lebte etwa 897 bis 967 – alles Wissenswerte über Kunst und Geschichte der islamischen Welt jener Epoche mit. Dieses Werk hatte zu seiner Zeit eine derartige Wirkung, daß die Bewunderer des Dichters diesem zweitausend Goldstücke schenkten.

Der Wesir Sahib ibn Abbad, der sich auf seinen Reisen stets von dreißig mit Büchern beladenen Lastkamelen begleiten ließ, bepackte seine Kamele fortan auch mit dem Gesamtwerk Isfahanis.

Yakut ibn Abdallah al Hamawi (1179–1229) war der größte Geograph seiner Zeit. Er verfaßte das geographische Lexikon »Mugiam al Buldan« sowie das Gelehrtenlexikon »Mugiam al Udaba«.

Auch in den umfangreichsten europäischen Arbeiten über das präislamische Arabien habe ich niemals eine bibliographische Anmerkung über diese Literatur gefunden, obwohl diese Historiker und Geographen bei aller Phantasie auch ein umfassendes Wissen besaßen, dem die späteren islamischen Schriftsteller sehr viel verdankten.

Die Schriften dieser Autoren erhellen, daß der Jemen das Ursprungsland der ältesten Völker der Erde ist, die sich aufgrund der Reinheit ihrer Rasse eindeutig von allen anderen Arabern unterschieden: den »Arab el aribah« oder »Völkern reinen arabischen Blutes«; den »Arab el mutaarribah« oder »zu Arabern gewordenen Völkern«; den »Arab el mustaribah« oder »Völkern, die arabisch werden wollten«. Die erste Gruppe führte ihre Abstammung auf Sem, den Sohn Noahs, zurück und begründete neue Stämme, die es heute nicht mehr gibt, die aber wahrscheinlich als die Begründer der großen präislamischen Reiche Südarabiens zu betrachten sind. Die zweite Gruppe führt ihre Abstammung auf Qahtan, den Sohn des Abir, zurück, Sohn des Shàlekh, Sohn des Arfakhshad, Sohn des Sem, Sohn Noahs; das sind die heutigen Jemeniten. Die dritte Gruppe sind die Abkömmlinge Ismaels, Abrahams Sohn, und einer jemenitischen Mutter: die heutigen Ismaeliten. Von Qahtan, dem ersten König des Jemen, und von seinem Sohn Yarub stammen die Bewohner des Jemen ab, die sich Qahtani oder Yarubi nennen. Aus diesem Namen entstand später der Begriff »Araber«. Von Hind und Sind, den in den Orient gezogenen Neffen Qahtans, könnten die Inder und die Chinesen abstammen. Auf Qahtan folgte sein Sohn Yarub, auf diesen Yashgiub, dem wiederum sein Sohn Saba nachfolgte, der angeblich 570 Jahre gelebt hat. Er unterwarf Persien, Armenien und Syrien; danach soll er durch Afrika und das Niltal bis ins Land der Berber vorgedrungen sein. Er war auch der Erbauer des großen Dammes von Marib (s. dazu S. 129 ff.).

Abgesehen von der Tatsache, daß ein jeder von Sabas Abkömmlingen durchschnittlich über hundert Jahre gelebt hat, erscheint ihre Genealogie recht glaubwürdig, wenn wir uns klarmachen, daß es sich bei diesen Herrschern zumeist nicht um Einzelpersonen handelt, sondern um eine Geschlechterfolge mehrerer südarabischer Familien und Herrscher während der Zeit der verschiedenen Reiche.

König Harith Raish fiel in Indien ein, unterwarf zahlreiche Volksstämme und ließ eine Stadt bauen, der er seinen Namen gab. Kurz nachdem er in den Jemen zurückgekehrt war, brach er mit 150000 Kriegern aufs neue zur Eroberung von Babelistan, Tabaristan und Turkestan auf. Sein Vater erbaute eine Stadt, bei deren Errichtung Silber, Gold und Edelsteine in Hülle und Fülle verwendet wurden; die Stadt war von tausend uneinnehmbaren Festungen gesäumt, eine jede von ihnen wurde von tausend Säulen gestützt. Das war zur Zeit der Geburt Mosis, also etwa im 13. Jahrhundert v. Chr. König Ifriqis, der seinem Bruder Omeid auf dem Thron folgte (ihre Mutter soll eine Hexe gewesen sein), gelangte bei seinem Eroberungszug durch Nordafrika bis nach Tanger und gründete dort die von Jemeniten besiedelte Stadt Ifriqiya (von der sich vermutlich der Name des Kontinents Afrika, ableitet). Auf Ifriqis folgte el Hadhàd ben Sarh der Große, der zugleich gefürchtet und geliebt wurde und keine männlichen Nachkommen hatte.

In diesem Zusammenhang sollte ein arabischer Text, der sich vor allem mit diesem König befaßt, besonders hervorgehoben werden: das »Kitab iqd ed durar es salwaniyah el multaqat min shar en nashwaniyah« (Buch von der Perlenkette, eine Auswahl des Kommentars zu dem Kleinen Epos) von Nashwan ibn Said al-Himyari, der im 12. Jahrhundert lebte; er schreibt: »El Hadhàd liebte die Jagd. Eines Tages hatte er sich auf der Löwenjagd jenseits seiner Reichsgrenzen in der Wüste verirrt, als er vor sich eine Gazelle sah, die von einem Wolf verfolgt wurde. El Hadhàd vergaß seine erste Jagdbeute, den Löwen, und verfolgte nunmehr den Wolf, der sich auf der Jagd nach der Gazelle in einer Felsenschlucht am Abhang eines Berges verirrt hatte. Hadhàd tötete den Wolf und machte sich darauf an die Verfolgung der Gazelle, die jedoch ihren Vorsprung genutzt hatte und entkommen war. Nach einer ergebnislosen Hetzjagd hatte sich der König weit von seinem Palast entfernt; da gewahrte er mit einem Mal eine große Stadt ganz aus Metall vor sich, die auf vier riesenhaften silbernen Säulen errichtet war und aus einem Wald von Dattelpalmen und Obstbäumen der verschiedensten Art emporragte. Verwundert machte der König am Fuße einer der Silbersäulen halt; da öffnete sich die Säule, und heraus trat ein Mann, der ihn grüßte und sprach: ›Oh, König, ich sehe dich erstaunt, aber ich werde dir eine Erklärung geben. Dies ist die Stadt Marib, die den gleichen Namen trägt wie deine eigene Hauptstadt und von Geistern und Zauberern bewohnt ist; ich aber bin ihr König, Yalab ibn Sab.‹ – Während sie so sprachen, näherte sich ein Mädchen von großer Schönheit, das, ohne ihnen einen Blick zu schenken, die Stadt betrat. König Hadhàd blickte dem Mädchen wie gebannt nach und beeilte sich, den

König zu fragen, welch ein Geist dieses Mädchen sei. – ›Es ist meine Tochter‹, gab der fremde König zurück, ›erkennst du sie nicht? Sie ist die Gazelle, die du verfolgtest, nachdem du den Wolf getötet hattest.‹ – König Hadhàd erbat sich das Mädchen auf der Stelle zur Gemahlin, und nachdem ihm König Yalab seine Zustimmung gegeben, wurde festgesetzt, daß die Hochzeit nach einer Frist von einem Monat stattfinden sollte, unter Anwesenheit der höchsten Würdenträger und Gefolgsleute beider Könige. Nach diesem Versprechen wandte sich Hadhàd, um sich auf den Rückweg in sein Reich zu begeben; aber bereits nach wenigen Schritten war die Stadt vor seinen Augen verschwunden. Nach der Rückkehr in seinen Palast sprach er seinem Hofstaat nicht von dem, was ihm widerfahren war, insgeheim aber bereitete er sich voller Zuversicht auf die Hochzeit vor. Als der festgesetzte Tag herangekommen war, machte sich der König mit seinem Hofstaat und allen Würdenträgern auf den Weg zu der geheimnisvollen Stadt und fand dort zu aller Erstaunen einen gewaltigen Palast ganz aus leuchtendem Gold, dessen große gläserne Fenster wie Diamanten von reinstem Feuer funkelten. Im Inneren des Palastes floß das Wasser durch metallene Kanäle; Palmen, Sträucher und Bäume mit den köstlichsten Früchten verbreiteten einen betäubenden Duft. Der König der Geister empfing Hadhàd und sein Gefolge aufs feierlichste und hieß alle in seinem Palast willkommen. Sobald sich die Gesellschaft niedersetzte, erschienen auf allen Tischen wie durch Zauberhand die köstlichsten Speisen und Getränke. Das Innere des Palastes war reich geschmückt mit kostbaren Teppichen und goldenem Zierat. Nach drei Tagen üppiger Feste und Zeremonien wurde die Hochzeit gefeiert; und so vermählte sich König Hadhàd mit Harura, der Tochter des Königs Yalab ibn Sab. Der Palast wurde der Wohnsitz des Königspaares, und in ihm wurde später die Königin Bilqis geboren.«

Bilqis – das ist die sagenhafte »Königin von Saba«, deren Schönheit und Klugheit König Salomo so begeisterte. Sie war die »Erste Beraterin« ihres Vaters und erbte nach seinem Tode das Reich – und den berühmten Thron, der laut Tabari jeweils achtzig Arme in der Breite und in der Höhe maß. Das Fundament bestand aus rotem Gold, und der ganze Thron war über und über mit Perlen und Rubinen besetzt.

Zahllose Legenden haben sich um die Gestalt der Königin von Saba gewoben, immer wieder hat sie die Phantasie nicht nur der arabischen Gemüter bewegt. Wendell Phillips, der Anfang der fünfziger Jahre unseres Jahrhunderts eine der wichtigsten Forschungsexpeditionen im Jemen leitete (auf Phillips abenteuerliche Reise kommen wir später noch ausführlich zu sprechen), hat sich auch mit dem »Mythos Königin von Saba« befaßt und die interessantesten Hypothesen und Histörchen zusammengetragen:

»Einige Gelehrte haben die Auffassung vertreten, die Königin von Saba sei in Wirklichkeit eine Königin des Nordens gewesen, die über einen Nomadenstamm in Nordarabien herrschte, und nicht die Herrscherin über eine Nation, deren Hauptstadt Marib war. Obwohl die assyrischen Keilschrift-Inschriften aus der Zeit von 800 bis 600 v. Chr. mehr arabische Königinnen als Könige erwähnen, ist dies doch kein Beweis dafür, daß es nur in Nordarabien Königinnen gab. Es beweist lediglich, daß die Araber zu jener Zeit anscheinend Königinnen vor Königen den Vorzug gaben. Mutterschaft war leicht festzustellen, während es mit der Vaterschaft eine zweifelhafte Sache war.

Die Königin von Saba herrschte möglicherweise zu einer Zeit über die Sabäer, als diese noch ein Nomadenstamm waren und ehe sie seßhaft wurden, aber es besteht kein Grund, sie in den Norden anstatt in den Süden zu verlegen. Das erste Kapitel des Buches Hiob bezeichnet die Sabäer als einen Stamm, der zu räuberischen Überfällen neigte: ›Da fielen die aus Saba herein und nahmen sie und schlugen die Knechte mit der Schärfe des Schwertes; und ich bin allein entronnen, daß ich dir's ansagte.‹

Tatsächlich stammt unsere ganze Kenntnis der Königin von Saba ausschließlich aus der Bibel. Nirgends in ganz Südarabien, nicht einmal in Marib, ist eine einzige Inschrift gefunden worden, die einen sabäischen Herrscher vor dem Jahr 800 v. Chr. erwähnt – also gute anderthalb Jahrhunderte nach der Zeit der berühmten Königin. Die frühesten Herrscher, von denen wir wissen, waren Mukarribs, Priesterherrscher, wie wir sie in der Frühzeit in fast allen südarabischen Königreichen antreffen. ›Mukarrib‹ ist ein Titel, dessen genaue Bedeutung noch ungewiß ist; er läßt sich etwa als ›Einiger‹ oder ›Vereiniger‹ übersetzen. Die Mukarribs gingen den Königen von Saba während wenigstens drei Jahrhunderten voraus. Die Königin würde folglich einen völlig anderen Herrschertyp darstellen, aber einen Typ, der in der Antike keineswegs unbekannt war. Arabische Legenden identifizieren die Königin von Saba mit dem Namen Bilqis, aber es ist nicht der geringste Nachweis für irgendeine der zahllosen Märchenerzählungen vorhanden, die sich um ihre Gestalt gerankt haben. Wohl aber sprechen diese Legenden für den Zauber und die verführerische Anziehungskraft der Königin auf alle Menschen.

Eine solche Geschichte berichtet, einige Tage nach der Ankunft der Königin am Hof Salomos habe der große König zu seinem Entsetzen vernommen, sie habe Füße wie eine Ziege. Da er sie nicht in Verlegenheit bringen wollte, indem er sie bat, ihre Röcke zu lüften und ihm ihre Füße zu zeigen, dachte Salomo sich einen schlauen Plan aus. Seine Baumeister bauten einen großen Fußboden aus Kristall, der genau wie Wasser aussah. Eines Tages nun stand Salomo am anderen Ende des Kristall-Fußbodens und forderte die Königin von Saba auf, zu ihm herüberzukommen. Die Königin, im Glauben, sie habe Wasser zu durchschreiten, lüftete ihre Röcke auf höchst damenhafte Weise und trat vor. Salomo gewahrte zu seiner großen Erleichterung, daß sie völlig normale Füße besaß.

Eine äthiopische Legende erzählt, die Königin, die eine tugendhafte Frau war, habe unablässig dem Liebeswerben des Königs Widerstand entgegengesetzt. In seiner Verzweiflung gab ihr Salomo eines Abends einige sehr scharf gewürzte Gerichte zu essen. Sodann stellte er einen Krug kühlen Wassers neben sein eigenes Bett und einen leeren Krug neben das ihre. Nachdem die Königin sich zur Ruhe begeben hatte, begannen die scharfen Gewürze ihre Wirkung zu tun und machten sie über alle Maßen durstig. Schließlich ging sie auf Zehenspitzen ins Schlafgemach des Königs, um sich ein wenig von seinem Wasser zu holen, und lieferte sich so in ahnungsloser Unschuld Seiner Majestät dem König aus, der sie begehrlich erwartete.

Diese Legenden mögen alle die reine Erfindung sein, aber es besteht kein Grund, zu bezweifeln, daß die Königin selbst wirklich gelebt hat. Eines Tages wird die archäologische Forschung ihre Existenz bestätigen und uns mehr von ihr erzählen...«

Nach Bilqis bestieg König Yàsir den Thron; er eroberte Syrien, Ägypten und Nordafrika und ließ am Rande einer riesigen Sandwüste eine Bronzestatue errichten, in die eingemeißelt wurde: »Ich, himjaritischer König Yàsir Tanam el Yafuri, bin bis zu diesem Orte gelangt, wohin noch kein anderer Mensch seinen Fuß gesetzt hat. Hier gibt es keine Menschen mehr, und wer dieses Wadi überquert, wird sterben.«

Auf Yàsir folgte Shammar, der Babelistan, Persien, Sidschistan, Khorasan und Turkestan eroberte. Er zerstörte die Stadt Sughd, an deren Stelle er die nach ihm benannte Stadt Samarkand errichtete. Auf seinen Kriegszügen gelangte er – ebenso wie nach ihm König Tobbaez Zàhid – bis nach China.

Viele dieser Geschichten wurden im Laufe der Jahrhunderte von Historikern und islamischen Forschern bestätigt, andere wieder riefen auch unter den Arabern selbst heftige Kritik hervor.

Der bekannteste dieser Kritiker war Abd ar Rahman Ibn Khaldun (1332–1406), einer der bedeutendsten arabischen Philosophen, Historiker und Philologen. In einem seiner wichtigsten Werke, »Kitab al Ibar wa Diwan al Mubtada wa l Khabar fi Ayyam al Arab wa l Agiam wa i Barbar«

(Buch und Verzeichnis lehrreicher Beispiele zur Geschichte der Araber, der Perser und der Berber), ging Ibn Khadun scharf ins Gericht mit einer Reihe von »Geschichtsklitterungen«:

»Die Geschichte der Tubba, der Könige des Jemen und der Arabischen Halbinsel, ist in ihrer Überlieferung ein weiteres Beispiel dümmlicher Behauptungen der Historiker. Die Himjariten sollen von ihrem Reich im Jemen aus Kriegszüge nach Nordafrika gegen die Berber des Maghreb unternommen haben. Einer ihrer größten Könige, Africus ben quai ben Saifi, der etwa zur Zeit Mosis lebte, soll Nordafrika erobert und ein gewaltiges Blutbad unter den Berbern angerichtet haben. Nachdem er ihre Sprache gehört hatte und sich erkundigte, was in aller Welt dieses ›barbarah‹ bedeute, blieb dem Volk seit jener Zeit der Name ›Berber‹. Bevor Africus den Maghreb verließ, soll er einige Himjariten-Stämme dort angesiedelt haben. Sie vermischten sich mit der einheimischen Bevölkerung; ihre Nachkommen sind die Sinhajah und die Kutamah. Daraus zogen Tabari, Juriani, Masudi, ibn Alkalbi und Bayaqi den Schluß, daß die Sinhajah und die Kutamah zu den Himjariten gehören. Das bestreiten jedoch die Genealogen der Berber, und sie haben recht.

Masudi behauptete sogar, daß einer der himjaritischen Könige nach Africus, Dhù al Adhar, der zu König Salomos Zeit lebte, die Maghrebiner angriff und unterwarf. Etwas Ähnliches schrieb Masudi auch über Yàsir, den Sohn und Nachfolger des Dhù al Adhar. Dieser soll ein großes Sandbett im Maghreb erreicht haben und nicht imstande gewesen sein, es zu überqueren, so unüberwindlich seien die Sandmassen gewesen. So war er gezwungen, den Rückweg anzutreten. Der letzte der Tubba, Asad abu Karib, der zur Zeit des Königs Kayyanides (auf persisch Yastasb) lebte, herrschte über Mosul und Aserbeidschan, er soll die Türken besiegt und ein großes Gemetzel unter ihnen angerichtet haben. Später hat er sie noch ein zweites und ein drittes Mal befehdet; auch wurden drei seiner Söhne ausgeschickt, um die Türken zu unterwerfen: einer zu den persischen Parsen, einer zu dem türkischen Stamm der Soghdianer und ein weiterer Sohn zu den Byzantinern. Der älteste der drei Brüder eroberte das Land bis nach Samarkand hin und durchquerte die große Wüste bis nach China. Dort traf er seinen Bruder, der die Soghdianer unterworfen hatte und noch vor seinem älteren Bruder nach China gelangt war. Beide Brüder bestanden zahlreiche Kämpfe in China und kehrten gemeinsam mit großer Kriegsbeute zurück. In Tibet siedelten sie mehrere Himjariten-Stämme an, die bis heute [14. Jahrhundert] dort leben. Der dritte Bruder soll Konstantinopel erreicht haben; er belagerte die Stadt und zwang die Byzantiner zur Übergabe. Danach trat auch er den Rückweg an.

Alle diese Behauptungen jedoch sind weit von der Wahrheit entfernt. Ihre Wurzeln gehen auf Mutmaßungen und Irrtümer zurück, sie erinnern an die Phantasien der Märchenerzähler. Das Reich der Tubba war auf die Arabische Halbinsel beschränkt; die Hauptstadt war Sanaa im Jemen. Die Arabische Halbinsel wird nun auf drei Seiten vom Ozean begrenzt: dem Indischen Ozean im Süden, dem Persischen Golf des Indischen Ozeans von Bassora im Osten und dem Roten Meer des Indischen Ozeans von Suez in Ägypten im Westen. Dies sieht man auf einer Weltkarte. Außer der Meerenge von Suez gibt es keinen Weg vom Jemen in das Maghreb. So ist es denn unwahrscheinlich, daß dieser Engpaß von einem großen Anführer mit Gefolge überquert wurde, zumal ihm dieses Gebiet nicht unterstand. Dies muß ganz unmöglich gewesen sein. In jenem Landstrich lebten die Amalekiter und die Kanaanäer in Syrien, die Kopten in Ägypten. Im Laufe der Zeit bemächtigten sich die Amalekiter Ägyptens, die Israeliten unterwarfen Syrien. Es ist jedoch niemals bekannt geworden, daß die himjaritischen Könige jemals gegen diese Völker gekämpft haben oder ihre Länder besetzt hatten. Die Entfernung zwischen dem Jemen und dem Maghreb ist zudem groß, und ein Kriegsheer benötigt viele Nahrungsmittel und eine gute Ausrüstung. Soldaten auf dem Durchmarsch im fremden Land nehmen sich Korn und Vieh und plündern das Land, das sie erobern wollen. Für gewöhnlich bringt dieses Verfahren jedoch keinen ausreichenden Vorrat an Nahrungsmitteln und Kriegsausrüstung; andererseits könnte ein Heer auf dem Vormarsch in diesem Gebiet schwerlich genug Lasttiere für den Transport mit sich führen. So müßte denn die Marschroute notwendigerweise durch Gebiete führen, deren Bewohner unterworfen werden müßten, um das Heer des Gegners angemessen auszurüsten; dies aber war ganz unmöglich mit friedlichen Mitteln durchzuführen.

Hieraus ergibt sich, daß alle diese Kenntnisse und Überlieferungen entweder pure Dummheiten sind oder nur in der Phantasie existieren. Im Maghreb ist niemals ein unüberschreitbares großes Sandbett bekannt gewesen; dieses Gebiet ist oftmals durchquert worden, und seine Wege und Pfade wurden zu allen Zeiten und unter Überwindung zahlreicher Hindernisse von Reisenden und Eroberern erforscht und bezwungen. Diese alten Geschichten waren jedoch so gut erfunden, daß sie in ganz Arabien verbreitet und geglaubt wurden.

Bei dem angeblichen Kriegszug der himjaritischen Könige gegen die Länder des Ostens und das gesamte Gebiet der Türken sollte jedoch in Betracht gezogen werden, daß dieses Territorium größer als die Suez-Passage ist. So dehnten sich denn Persien und Byzanz zum Reiche der Türken hin aus; die himjaritischen Könige haben jedoch auch die Länder der Perser und der Byzantiner niemals erobert. Sie bekämpften die Perser vielmehr an den Grenzen des Irak und der arabischen Länder zwischen Bahrian und Hira, die allgemeines Grenzgebiet beider Völker waren. Diese Kriege wurden zwischen dem Tubba [Könige von Saba, Dhù Raydan und Yemnat, die sogenannten Tubba-Könige] Dhù al Adhar und dem kayyanitischen König Kayqawus geführt, außerdem zwischen dem Tubba al Asghar abu Karib und dem Kayyaniden Yastasb. Später fanden weitere Kriege gegen alle Herrscher der Dynastien statt, die auf die Kayyaniden folgten; ebenso gegen deren Nachfolger, die Sassaniden. Alle Wissensquellen, die Gegenteiliges besagen, sind also verdächtig. Ibn Ishaq erklärte, daß der letzte Tubba über Yathrib (Medina) und Aws e Khazrai gen Osten bis nach Irak und Persien reiste. Keineswegs ist jedoch ein Überfall der Tubba auf Tibet oder das Reich der Türken verzeichnet worden. Diesen Mutmaßungen sollte kein Glauben geschenkt werden, sie sollten wissenschaftlich untersucht und geprüft werden. Danach wird der Aufbau dieser Legenden zum größten Teile zusammenbrechen wie ein Kartenhaus.«

Mit dieser gewaltigen Strafpredigt gegen die jemenitischen »Historiker« des Altertums hatte Ibn Khaldun in vieler Hinsicht recht – mit einigen Einschränkungen allerdings: Einen Weg vom Jemen in den Maghreb hat er vergessen – die große Straße, die nach der Überquerung der Meerenge von Bab el Mandeb sicher und bequem durch die südarabische Kolonie Äthiopien bis nach Zentral- und Nordafrika führte. Ibn Khaldun bedachte auch nicht, daß ganze Völkerstämme schon vor der hier zur Debatte stehenden Zeit mit Waffen und Hausrat von Südarabien aus in andere Länder gezogen waren. Außerdem berücksichtigte er nicht die solide Basis, die die Forschung der Frühgeschichte des Jemen in den zahlreichen Epigraphen, den antiken Inschriften, hat, die heute noch an Ort und Stelle zu untersuchen sind. Die Genealogie der arabischen Herrscherhäuser wurde jedenfalls in den alten Texten zuverlässig dargestellt, was Ibn Khaldun völlig ignorierte.

Auch die phantasievollsten arabischen Geschichtsschreiber verliehen ihren Königen im Laufe der Jahrhunderte eine immer kürzere und glaubhafter erscheinende Lebenszeit, und die historischen Ereignisse begannen mit der uns heute bekannten Geschichte übereinzustimmen. Die Araber haben anhand dieser strittigen Quellen jedenfalls eine erstaunlich weit zurückreichende Genealogie erarbeitet, die wohl genauer ist als die entsprechenden europäischen Forschungen, die dahin tendieren, die Dauer der verschiedenen südarabischen Reiche eher zu verkürzen. Die Unterschiede zwischen diesen beiden Auffassungen sind groß, und es erübrigt sich zu betonen, daß die Jemeniten, voller Stolz auf ihre große Vergangenheit, die arabische Geschichtsschreibung für absolut überlegen halten.

Das glückliche Arabien geriet im Mittelalter in Vergessenheit; sein Verfall war unaufhaltsam, und abgesehen von phantasievollen Sagen und Legenden sowie ebenso phantasievollen chronologischen Abhandlungen entstanden in jener Zeit keine ernstzunehmenden Schriften und Texte mehr. Nachdem die arabischen Truppen in einem einzigen Jahrhundert Syrien, Palästina, Mesopotamien, Armenien, Georgien und den Kaukasus erobert hatten, später dann Persien, Kurdistan, Susiana, Farsistan bis zum Oxus, Ägypten und die Mittelmeerinseln, Tripolis, Maghreb, Spanien und schließlich Indien, vergaß das riesige Islamische Weltreich nur zu gern seine »Wiege«, die Arabische Halbinsel. Den muselmanischen Arabern bedeutete das karge und zerklüftete Mutterland, aus dem sie stammten, schon bald nichts mehr, und auch ihre Geographen und Geschichtsschreiber legten den Schleier des Vergessens über »ihre« Vergangenheit. Die einstmals reichen und mächtigen Städte hatten sich schon längst in Ruinenfelder verwandelt – versunken unter einer Decke von Gleichgültigkeit und Schweigen.
In Europa wurde die Existenz dieser großen präislamischen Reiche infolge der geschichtlichen Ereignisse im Mittelalter überhaupt geleugnet – aus sehr begreiflichen Gründen: Die kriegerischen Eroberungszüge im Zeichen des Islam hatten ihren Höhepunkt erreicht, die Gegensätze zwischen Europa und Morgenland, zwischen Christentum und Islam, vertieften sich zusehends und gewannen noch ständig an Schärfe und Gewicht. Diese beiden feindlichen Welten gaben sich jede Mühe, alles Gemeinsame und Verbindende zu verdrängen; und Schriften wie zum Beispiel die von Eratosthenes und Strabo wurden nicht mehr ernst genommen oder ausdrücklich ins Reich der Phantasie verwiesen. Die Abessinier (Äthiopier), die eigentlich über eine sehr umfassende und glaubwürdige schriftliche Überlieferung verfügen, komplizierten zahlreiche historische Fakten noch zusätzlich, indem sie etwa erklärten, die Königin von Saba sei ursprünglich von ihrem eigenen Lande – Abessinien – aus aufgebrochen und habe nach ihrer Rückkehr dort ihren mit König Salomo gezeugten Sohn Menelik geboren, von dem die Abessinier ihre Abstammung herleiten.
Sagen und Legenden sind zwar nie bloße Phantasieprodukte, sondern weit eher Versuche, unerklärliche und außergewöhnliche Ereignisse einer bestimmten Epoche zu erhellen, sie »in den Griff« zu bekommen; dabei

werden sie jedoch im Zuge der mündlichen und auch schriftlichen Überlieferung, entsprechend den individuellen Ausdrucksmöglichkeiten und Bedürfnissen der Menschen, verändert oder »ergänzt«.

Als einzige sichere und zuverlässige Quellen gelten heute die Bauwerke – bzw. deren Ruinen – und Inschriften aus der Zeit, die im Lande zu studieren sind. In den vergangenen Jahrzehnten hat uns die arabische Erde eine große Zahl verschollener Inschriften zurückgegeben: monumentale Epigraphe, die zumeist als Widmungen zu betrachten sind, zwischen deren Zeilen wir jedoch die – wenn auch bisher nur vorläufige und bruchstückhafte – Stammesfolge einzelner Herrschergeschlechter lesen und so feststellen können, welchen historischen Wert die alten Legenden Arabiens und die Schriften nichtarabischer Historiker und Geographen wirklich besitzen.

Doch der Preis, der für dieses Wissen gezahlt werden mußte, war hoch – und einige haben nicht nur Geld und Gut bei der Suche nach der Vergangenheit verloren, sondern auch ihr Leben; aber für jeden, der es nicht schaffte, fand sich ein anderer, der es nun gerade wagen und dem Geheimnis Südarabiens auf die Spur kommen wollte. Die »Geschichte« der Wiederentdeckung der alten Reiche ist kaum weniger spannend als jene Geschichte, die diese Männer wieder zum Leben zu erwecken wünschten.

Ludovico di Varthema – in der Literatur mal als Römer, mal als Bologneser geführt – war, soweit bekannt ist, der erste Europäer, der den Jemen bereiste und die Überreste alten Glanzes sah. Im Jahre 1504 besuchte er Mekka, Medina, Aden, Sanaa und Moqranah, eine alte himjaritische Festungsstadt, deren Bewohner »in der Mehrzahl Weiße sind«. Von Südarabien aus reiste er weiter nach Indien und Indochina. Wieder in Rom, schrieb er mit Unterstützung der Fürsten Colonna seine Reiseerinnerungen nieder, die alsbald das wichtigste Studienmaterial der Geographen seiner Zeit bildeten. Über Taiz, die zweitgrößte Stadt des Jemen, berichtete Varthema:

»...Nun beflügelte der Ausblick von Sanaa meine Schritte, ich begab mich wieder auf den Weg und gelangte zur Stadt Taesa, die drei Tage von Sanaa entfernt und schon in den Bergen liegt. Diese Stadt ist schön und voller Anmut, vor allem anderen gibt es dort im Überfluß rosenfarbenes Wasser, das aus der Erde quillt. Die Sage erzählt, diese Stadt sei uralt; es findet sich dort ein Tempel wie der von Santa Maria Rotonda in Rom, und viele andere, sehr alte Paläste ...«

Achtzig Jahre nach Varthema gelang es wieder einem Europäer, einen Blick auf »die Ruinen gewaltiger Bauwerke« zu werfen – dem Jesuitenmissionar Pêro Pais, der 1589 von den Arabern in Äthiopien gefangengenommen und nach Hadramaut verbannt worden war. Im Laufe seiner grausamen Gefangenschaft wurde er von Hainan nach Sanaa gebracht, wie Pater Pais später berichtete. Auf dieser »Reise« wurde eine Rast in Melquis eingelegt (Mahram Bilqis, bei Marib), und dort sah er unter anderem auch »steinerne Blöcke mit antiken Buchstaben, die die Eingeborenen des Landes nicht entziffern konnten«. Damit scheint Pais der erste Europäer zu sein, der von sabäischen Inschriften Kenntnis hatte.

Unter weitaus angenehmeren Bedingungen konnte der nächste europäische Jemen-Besucher alte und neue Paläste bewundern. Pieter van den Broecke, der Kapitän des Segelschiffes »Nassau«, das mit Handelsgütern des holländischen Gouverneurs von Bantam auf Java unterwegs war, gelangte im Jahre 1616 als Gast des türkischen Paschas nach Sanaa, der diese Stadt im Namen der ottomanischen Eroberer verwaltete. Kapitän Broecke und der türkische Pascha waren aufgrund einträglicher Handelsbeziehungen eng miteinander befreundet. So hatte denn der Kapitän Gelegenheit, in Sanaa »einen großen Schatz und zahlreiche Überreste aus der Vergangenheit zu bewundern, im besonderen einen riesigen Palast, von dem sie sagten, Noah habe ihn erbaut; dort wohnten die Frauen des Paschas, die in ihrem Harem streng von Eunuchen bewacht wurden. Des weiteren fand sich ein prächtiger Tempel, vor dem ein hölzerner Balken mit einem metallenen Feuerrost lag, der von Noahs Arche stammen sollten.« Dem Kapitän wurde auch ein von Jakob gegrabener Brunnen gezeigt, »zu dessen Seite auf einer Erhöhung ein quadratischer Tempel emporragte, der von über achtzig Pfeilern gestützt wurde, ein jeder aus einem einzigen Steinblock gehauen«.

In der Folgezeit zog es viele nach Südarabien, doch die archäologische Forschung brachten sie keinen Schritt weiter, da sich die Arabien-Reisenden dieser Zeit meist nur für die geographischen Besonderheiten des Landes interessierten oder Handelsbeziehungen knüpfen wollten.

Erst im Januar 1761 brach wieder eine Expedition in den Jemen auf, von der sich die Wissenschaft einiges erhoffte. In Kopenhagen bestieg das fünf Mann starke Forschungsteam das Schiff, und am 29. Oktober 1762 ging es in dem kleinen Hafen von Qunfidha am Roten Meer, auf der Mitte des Weges zwischen Mekka und Sanaa, an Land. Es war Frédéric Christian von Haven, Professor für orientalische Sprachen; Professor Peter Forskàl, Botaniker; der Zoologe Dr. Christian Charles Crammer; der Maler Georges Guillaume Baurenfeind, ein hervorragender Zeichner; und der Ingenieur und Geograph Carsten Niebuhr. Die Gruppe reiste im Auftrag des Königs von Dänemark, der den Wunsch hatte, der Nachwelt einen wissenschaftlichen Bericht über Südarabien zu hinterlassen.

Im Februar 1764 waren vier der fünf Forscher gestorben – das ungewohnte Klima, Krankheiten und Strapazen waren zuviel für sie gewesen. Carsten Niebuhr, der nach dem Tode seiner Kameraden allein zurückgeblieben war, trat, als Araber verkleidet – und ohne Vorurteile gegenüber den Jemeniten, die er »zugleich liebte und haßte« –, auf dem Rücken eines Esels und ohne Gepäck den Rückweg an. Seine »Zwangsreise« führte ihn durch ganz Südarabien und ließ ihn mehr über das Land erfahren, als er sich je hätte träumen lassen. Diese erste Fahrt war so vielversprechend gewesen, daß Niebuhr später eine zweite, noch längere Reise unternahm und von Oman aus nach Persien, Mesopotamien, Zypern und Kleinasien weiterreiste.

Niebuhrs Beschreibung Arabiens entspricht in ihrer Objektivität und Informationsfülle nahezu unseren modernen, zeitgenössischen Reiseberichten. Nur auf dem Gebiet der Archäologie besaß er leider nicht die gleiche Sensibilität und Genauigkeit der Beobachtung. In seiner Beschreibung der Wüste im Nordosten, deren »Hauptstadt Marib heute nur noch aus etwa dreihundert Hütten und Häusern besteht«, bemerkt Niebuhr: »... es heißt, man habe hier einige Überreste des Palastes der Königin Balkis, oder der Königin von Saba, gefunden, die jedoch keinerlei Inschriften aufweisen; so sind diese Ruinen es wohl nicht wert, daß man sich der Mühe unterzieht, sie zu besuchen.« Und für den großen Damm in Marib, ein Wunderwerk präislamischer Ingenieurskunst, hat Niebuhr nur ein paar gleichgültige Worte übrig: »...Die große Mauer war etwa vierzig bis fünfzig Fuß hoch und aus großen, behauenen Steinblöcken erbaut, die noch auf beiden Seiten der Ruine erhalten sind. Dieser Damm hält jedoch heute das Wasser aus der Ebene nicht mehr auf, so hat das große Bauwerk im Grunde nichts Wunderbares mehr.«

Zugunsten des Autors muß allerdings gesagt werden, daß in jener Zeit nur überlieferte Inschriften als gültige Zeugnisse einer vergangenen Kultur galten, und die konnte Niebuhr in Marib nicht finden. Er erhielt jedoch Kenntnis von anderen südarabischen Epigraphen, »in einem umbekannten Alphabet in hohen und steilen Buchstaben geschrieben«. Das war zwar eine recht knappe Charakterisierung, doch sie sagt Wesentliches über die Schrift aus, und aufgrund der Verbreitung, die Niebuhrs Reisebeschreibung erfuhr, war alsbald die wissenschaftliche Welt jener Zeit von der Existenz dieser unbekannten Schrift unterrichtet.

Etwa hundert Jahre später nahm ein wagemutiger Wissenschaftler, der ostfriesische Arabist und Botaniker Ulrich Jaspar Seetzen, die Spur dieser geheimnisvollen Inschriften auf; er reiste von Deutschland aus nach Syrien und von dort weiter nach Saudi-Arabien. Seetzen konvertierte zum Islam und gelangte am Ende seiner Reise im Jahre 1809 nach Mekka. Am 26. März 1810 begab er sich von Gedda aus auf dem Seeweg in den Jemen. Am 8. April betrat er in Hodeida wieder arabischen Boden und traf endlich am 2. Juni, nach einer längeren Verzögerung durch eine schwere Krankheit, in Sanaa ein. Er begab sich zuerst nach Haddafa; dort sollten sich, laut Niebuhr, zahlreiche Inschriften befinden, von denen Seetzen jedoch keine Spur fand. Von Haddafa aus reiste er nach Zafar, der alten Hauptstadt des himjaritischen Reiches, die bereits von den griechischen Geschichtsschreibern und Geographen erwähnt worden war. Seetzen fand zwar die gesuchten Inschriften auch hier nicht, dafür entdeckte er jedoch zwei Epigraphe auf Steinen, die beim Bau einer Mauer wieder verwendet worden waren, sowie einen ähnlichen dritten Stein, den er kaufte. Auf fünf Steinen in der Moscheemauer von Mankat entdeckte er weitere Inschriften. Nach seiner Rückkehr in Mocha schickte er einem seiner Mäzene, der die Reise mitfinanziert hatte, von diesen Inschriften Kopien, die er heimlich, in aller Eile selbst angefertigt hatte und die daher einen äußerst verwirrenden Eindruck machten. Von der Schrift auf dem dritten Stein, den er erworben hatte, fertigte er ebenfalls eine Kopie an, die er der Sendung beifügte. Auf diese Weise erhielt Europa zum erstenmal Kenntnis von der Schrift des alten Südarabien.

Danach kehrte Seetzen ins Landesinnere zurück, um die Suche nach Epigraphen fortzusetzen. Er war jedoch bereits längere Zeit beobachtet worden, wurde schließlich verhaftet und der Hexerei angeklagt mit der Beschuldigung, er habe die Quellen der Brunnen versiegen lassen.

Seetzens wissenschaftliche Sammlung verstärkte den Verdacht der Zauberei nur noch. Die Reagenzgläser mit in Spiritus konservierten Schlangen, die botanischen Funde wie getrocknete Blätter und Zweige sowie kleinere Tierskelette erschienen den arabischen Behörden zusammen mit den unbegreiflichen Niederschriften und wissenschaftlichen Anmerkungen als eindeutiger Beweis für Seetzens obskure Tätigkeit. Sein Hab und Gut wurde beschlagnahmt, die gesamten Forschungen wurden vernichtet. In letzter Minute wollte er noch nach Sanaa reisen, um Hilfe beim König, dem Imam der Stadt, zu suchen, doch nach seiner Ankunft in Taiz starb er im Dezember 1811. Manche behaupten, er wurde in Taiz umgebracht, andere sagen, er wurde in Sanaa vergiftet. Keine der Vermutungen konnte jedoch bestätigt werden. Der König von Jemen hat angeblich, in der Hoffnung auf einen Schatz, das gesamte Gepäck Seetzens nach Corte bringen lassen und den Befehl gegeben, alles zu verbrennen, nachdem nur etwas Geld gefunden worden war.

Mit Seetzens tragischem Tod schien der Sichtung des epigraphischen Materials in Südarabien vorerst ein Ende gesetzt zu sein. Als dann jedoch der Schlüssel für die Entzifferung des Altägyptischen gefunden wurde und später auch die syrischen und nabatäischen Inschriften dechiffriert werden konnten, da brach ein wahres Forschungsfieber unter den Wissenschaftlern vieler Länder aus. Jeder träumte nun davon, auch er könne vielleicht eine unbekannte alte Sprache entdecken und übersetzen – und Südarabisch war so eine Sprache.

Die Begeisterungswelle für unbekannte Schriften ergriff alle Schichten der Bevölkerung; so auch die Offiziere der britischen Marine, die an Bord des von Kapitän Stafford Blettesworth Haines befehligten Forschungsschiffes »Palinurus« mit geographischen Oberflächenvermessungen der

Die von U. J. Seetzen angefertigte Kopie einer im Jemen gefundenen Inschrift.

Küsten des Hadramaut beauftragt waren. Sie machten sich voller Eifer auf die Suche nach Epigraphen und Graffiti, in Stein gekerbte Zeichnungen und Bilder. Einer dieser englischen Offiziere, Thomas Grere Carless, stieß 1831 bei Wedj auf ein altes Wandbild, das er 1845 veröffentlichte; der Schiffsarzt, H.T. Carter, besuchte 1833 die Ruinen des alten Hafens Khor Rory und fand dort ebenfalls eine Inschrift.

Drei Offiziere, James Raymond Wellsted, C. J. Cruttenden und Hulton, entdeckten die Ruinen von Hisn al Ghorab. In seinem Artikel »Account of Some Inscriptions in the Abessinian Character, Found at Hassan Ghorab, Near Aden, on the Arabian Coast« (Bericht über einige Inschriften in abessinischen Zeichen, gefunden in Hassan [Hisn al] Ghorab, bei Aden an der arabischen Küste) im *Journal of the Asiatic Society of Bengal* schreibt Wellsted:

»Am Morgen des 6. Mai 1834 gingen wir vor der arabischen Küste in einem kurzen und schmalen Meeresarm vor Anker. Dieser Meeresarm wurde auf einer Seite von einer flachen Felseninsel begrenzt, auf der anderen Seite erhob sich ein dunkles, steil aufragendes Felsenriff, das unser Führer mit dem Namen Hassan Ghorab bezeichnete. Da wir hoch auf dem Gipfel der Klippe Ruinen erkennen konnten, wandten sich einige von uns... der Erkundung der Küste zu... Auf einem breiten Sandstreifen, der sich vom Meer bis zum Fuße des Hügels zog, entdeckten wir unter den Ruinen zahlreiche Häuser, intakte Mauern und Türme. Die Häuser waren klein und von quadratischer Form, sie besaßen nur vier Räume in einem einzigen Stockwerk... Der Hügel fiel hier in sanfter Linie um etwa ein Drittel seiner gesamten Höhe zum Meer hin ab, auf diesem Abhang fanden sich die Ruinen in großer Zahl verstreut; dennoch war kein Anzeichen von öffentlichen Bauwerken oder Säulen. Die Häuser schienen mit Fragmenten aus dem Felsgestein des Berges errichtet zu sein und besaßen Dächer, die aus Korallenfelsen gehauen waren. Das Korallenriff ist heute durch eine Landenge aus Sand mit dem Festland verbunden; einstmals jedoch muß es völlig von der Küste getrennt gewesen sein.«

Die kleine Gruppe kletterte unter großen Anstrengungen auf einem befestigten Pfad zum Gipfel des Felsenriffs hinauf. Nachdem sie etwa ein Drittel des Weges zurückgelegt hatten, stießen sie auf eine ziemlich lange Inschrift in einem Felsblock, die sie für »abessinische Schriftzeichen« hielten. Alle drei kopierten sie den Text und verglichen dann die Schriftzeichen miteinander, um ein möglichst genaues Abbild der Vorlage zu erstellen. Es war übrigens keineswegs absurd, daß die drei Engländer diese Epigraphe für »abessinische« Zeichen hielten. Die Schrift ähnelte in der Tat jenen Buchstaben, die zu Beginn des 19. Jahrhunderts in Äthiopien gefunden worden waren. Die Entdeckung der Engländer wurde zunächst für eines der ältesten Epigraphe Südarabiens gehalten; später stellte sich diese Annahme als Irrtum heraus, die Schriftzeichen erwiesen sich als einer weitaus späteren Epoche zugehörig.

Wellsted und Cruttenden setzten ihre Erkundungsgänge fort. Im April des Jahres 1835, als die »Palinurus« vor dem Turm von Bal Haff vor Anker ging, stiegen sie zu dem alten sabäischen Ruinenfeld von Naqh al Hadjar empor und kopierten dort die Inschrift, die sich über dem Eingangsportal des Tempels befand.

Doch lassen wir Wellsted selbst berichten, dessen Schilderung einen sehr lebendigen Eindruck dieses archäologisch so wichtigen Unternehmens gibt:

»Etwa eine Stunde von dem letzten Dorfe erreichten wir die Ruinen von

Nº1 — Engraved on a smooth piece of rock forming one side of the terrace.

Nº 2 — Engraved on the upper surface of a stone close by the next short inscription

Nº 3 — Found on a small detached rock on the summit of the hill.

Nº 4 — Found near the long inscription lower down on the terrace

Die von J. R. Wellsted kopierten und publizierten Inschriften von Hisn al Ghorab.

Nakab el-Hadschar [Naqh al Hadjar], und schon eine flüchtige Ansicht überzeugte mich, daß die Untersuchung derselben jede Beschwerde und Gefahr, welcher wir uns auf dem Wege dahin unterzogen hatten, reichlich vergüten werde. Der Hügel, auf welchem sie liegen, erhebt sich mitten im Tale und teilt das Bett eines Stromes, der in der Regenzeit zu beiden Seiten desselben vorbeifließt. Er hat fast 800 Ellen in der Länge und etwa 350 in seiner größten Breite. Die Richtung der größten Länge des Hügels ist von Osten nach Westen. Querdurch läuft ein flaches Tal, welches den obern Teil des Hügels in zwei fast gleiche Teile spaltet, die sich in ovaler Form erheben. In einer Höhe, die den dritten Teil der ganzen Höhe ausmacht, vom Fuße des Hügels gerechnet, ist rings um denselben eine massive Mauer gezogen, welche an den Stellen, wo sie vollständig erhalten ist, durchschnittlich 30 bis 40 Fuß Höhe hat und durch viereckige Türme gedeckt wird, die in gleicher Entfernung voneinander errichtet sind. Sie hat nur zwei Eingänge, welche nördlich und südlich einander gegenüberliegen an der Grenze des erwähnten flachen Tales. Jeder dieser Eingänge hat zu beiden Seiten einen hohlen viereckigen Turm, an welchem jede Seite 14 Fuß mißt. Die Basis dieser Türme zieht sich abwärts nach der Ebene und hat vor den übrigen Teilen des Baues einen beträchtlichen Vorsprung. Zwischen den Türmen, in einer Höhe von 20 Fuß von der Ebene aus, ist eine längliche Plattform, die ungefähr 18 Fuß außerhalb und ebensoviel innerhalb der Mauern vorragt. Allem Anscheine nach führte einst eine Reihe von Stufen zu den beiden äußersten Enden des Baues hinauf, obgleich jetzt alle Spuren derselben verschwunden sind. Dieser flache Raum ist mit großen Steinplatten überdacht, welche auf querlaufenden Mauern ruhn. Es ist etwas auffallend, daß wir keine Spur von Toren auffinden konnten. Der südliche Eingang ist sehr verfallen, aber der nördliche beinahe vollständig erhalten...

Innerhalb des Einganges, 10 Fuß hoch von der Plattform fanden wir die Inschrift. Sie ist mit äußerster Sorgfalt ausgeführt, in zwei horizontalen Linien auf der glatten Fläche der Bausteine, mit 8 Zoll langen Buchstaben. Es sind Versuche gemacht worden, sie zu verwischen, doch ohne Erfolg. Nach der in die Augen fallenden Stellung, die sie einnimmt, kann man kaum zweifeln, daß sich bei ihrer Entzifferung ergeben wird, daß sie den Namen des Gründers des Baues, das Datum und den Zweck desselben angibt. Die ganze Mauer, die Türme und mehrere von den inneren Gebäuden sind aus demselben Material gebaut, nämlich aus einem festen, ins Graue fallenden Marmor mit schmalen, dunkeln Adern und Flecken, der mit äußerster Sorgfalt behauen wurde. Die Baustücke unten am Fuße der Mauern und Türme haben 5 bis 6 und 7 Fuß Länge, 2 Fuß 10 Zoll bis 3

Fuß Höhe, und 3 bis 4 Fuß Breite. Je weiter hinauf, desto mehr nimmt ihre Größe ab, obgleich sie nach demselben Verhältnis gehauen sind, so daß sie ganz oben kaum halb so breit sind als die untersten. So beträgt die Dicke der Mauer – obwohl ich sie nicht gemessen habe – unten wenigstens 10 Fuß und oben, soviel ich urteilen konnte, etwa 4 Fuß. Die Steine liegen alle regelmäßig in horizontalen Linien und sind sorgfältig mit Mörtel verkittet, der fast so hart wie der Stein selbst geworden ist. Diejenigen Teile der Mauer, welche noch stehen, sind überaus fest verbunden; andere, die den Einsturz drohen, weil der Grund zerbröckelt ist, hängen noch immer zusammen, ohne Risse zu haben, und was wirklich eingefallen ist, liegt in großen, noch ungetrennten Stücken umher. Es sind keine Öffnungen in diesen Mauern, auch keine Türmchen obenauf – das Ganze hat ein und dasselbe dauerhafte, einförmige und solide Ansehn. Damit das Bergwasser, von dessen reißendem Laufe die umliegende Gegend deutliche Spuren zeigt, den Fuß des Hügels nicht wegwasche, hat man an den benötigten Stellen mehrere runde Schutzpfeiler ausgehauen und diese mit einem härteren Gestein belegt. Dieser Belag ist zum Teil verschwunden, aber die Pfeiler selbst sind noch vorhanden.

Wir wollen nun das Innere betrachten, wo vor allem ein länglich viereckiges Gebäude in die Augen fällt, dessen Mauern nach den vier Weltgegenden gerichtet sind. Seine größte Länge hat es auf der Süd- und Nordseite, sie beträgt 27 Ellen, auf der Ostseite dagegen hat es nur 17 Ellen. Die Mauern sind vorn mit einer Art Quadersteinen gebaut, alle von gleicher Größe und so schön zusammengefügt, daß ich vergebens versuchte, die Klinge eines kleinen Federmessers dazwischenzuschieben. Die äußere ungeglättete Oberfläche ist mit kleinen Spuren des Meißels bedeckt, welche die Beduinen fälschlich für Schrift gehalten haben. Bei der außerordentlichen Sorgfalt, die sich in der Anlegung und Ausführung dieses Gebäudes zeigt, kann ich nicht zweifeln, daß es ein Tempel sei, und ich bedauerte daher sehr, daß ich das Innere von dem eingestürzten Dache verschüttet fand. Wäre es unversehrt geblieben, so hätte es vielleicht einigen Aufschluß über den Kultus der alten Araber gegeben. Über und neben ihm liegen noch mehrere andere Gebäude, die aber nichts Besonderes in ihrer Form und ihrer sonstigen Beschaffenheit darbieten. Ungefähr in der Mitte zwischen den beiden Eingängen ist ein kreisrunder Brunnen, 10 Fuß im Durchmesser und 60 Fuß tief. Die Seiten sind mit unbehauenen Steinen gefüttert, und ringsherum ist eine Mauer gezogen in einer Zylinderform, 15 Fuß hoch, entweder um den Brunnen vor den Sonnenstrahlen zu schützen oder zum Behuf des Wasserschöpfens. Auf dem südlichen Hügel konnten wir nichts unterscheiden als eine durcheinandergewor-

fene Masse von Ruinen. In dem südlichen Eingange sieht man auf derselben Ebene mit der Plattform eine Galerie, etwa 60 Ellen lang und 4 Fuß
breit, auf der innern Seite durch eine starke Brustwehr und nach außen
durch die Hauptmauer geschützt. Ich kann nicht sagen, welchen Zweck
sie gehabt haben mag. Nirgends haben wir unter den Ruinen Überbleibsel
von Bogen oder Säulen gefunden, auch nichts von irdenen Scherben, ge-
färbtem Glas oder Metall entdecken können, wie dergleichen in den alten
ägyptischen Städten nie fehlt und wie ich es auch auf der Nordwestküste
von Arabien sah. Abgesehn von den schon erwähnten Versuchen, die Inschrift zu vertilgen, findet sich weiter keine Spur, daß der Bau andern
Zerstörungen ausgesetzt gewesen wäre als denen, die die Zeit vollbracht
hat, und nur dem trocknen Klima und der Härte des Baumaterials ist es
beizumessen, daß jeder einzelne Stein bis auf jene Meißelspuren noch
heute dieselbe Gestalt hat wie am Tage, wo er zugehauen wurde. Wir waren natürlich darauf bedacht, uns zu vergewissern, ob sich nicht bei den
Arabern irgendeine Tradition über diesen Bau erhalten hat; aber sie
schreiben ihn schlechtweg, wie andere anderwärts, ihren heidnischen
Vorfahren zu. Ein Beduine, dem ich sagte, daß doch seine Vorfahren größere Werke vollbracht als seine Zeitgenossen, hatte sogleich die Antwort
bei der Hand. ›Glaubst du‹, sagte er, ›daß die Kafirs diese Steine ohne Bei-
hilfe aufgebaut? Nein! Nein! Sie hatten Teufel, Legionen von Teufeln
(Gott schütze uns vor ihnen!), die ihnen halfen.‹ Derselbe Aberglaube
wiederholt sich hier überall. Die Führer folgten uns, als wir unter den
Ruinen herumwanderten, in beständiger Hoffnung, die goldnen Schätze
mit uns zu teilen, die wir nach ihrer festen Überzeugung hier zu suchen
gekommen. Als aber unsre Nachforschungen, wie sie meinten, erfolglos
blieben, trösteten sie sich mit dem Gedanken, daß wir nicht mächtig genug seien, um die Schätze den Wache haltenden Dämonen zu entreißen.
Die Ruinen von Nakab el-Hadschar sind, an sich betrachtet, freilich nichts
weiter als ein Haufen von Trümmern, mit einer Mauer umgeben. Doch
die Größe der Bausteine und die Kunst, mit der sie zusammengefügt und
aufgeführt sind, die Türme und der große Umfang des Baues würden ihnen in jedem andern Teile der Welt Bedeutung geben. Ein viel höheres
Interesse aber sprechen sie hier in Arabien an, wo Reste alter Architektur
bisher so selten gefunden wurden. Daß die Ruinen ihren Ursprung einem
sehr hohen Altertum verdanken (wie hoch hinauf sie zu setzen sind, wird
vielleicht die Inschrift besagen), das ergibt sich schon aus dem allgemeinen Eindruck, den sie machen; denn sie gleichen gar sehr gewissen Bauten, die man mitten unter altägyptischen Ruinen gefunden hat. Wir haben hier wie dort die gleiche Neigung der Mauern, die gleiche Form des

Eingangs und das gleiche platte steinerne Dach. Die Lage sowohl als die Art, wie das Innere angelegt ist, läßt vermuten, daß der Bau dem doppelten Zwecke diente als Magazin und als Kastell. Man wird daraus wohl mit Recht schließen, daß Nakab el-Hadschar in einer Periode errichtet wurde, wo der Handel von Indien nach Ägypten und von da nach Europa durch Arabien seinen Weg nahm. Damals mag ›das glückliche Arabien‹, welches Jemen, Saba und Hadramaut umfaßte, unter der glänzenden Herrschaft der sabäischen oder himjaritischen Fürsten diesen seinen stolzen Namen verdient haben. Die Geschichte dieser Provinzen ist in großes Dunkel gehüllt; doch schildert Agatharchides, noch vor der christlichen Ära, mit glänzenden Farben den Wohlstand und Luxus der Sabäer, und spätere Schriftsteller haben diese Schilderung eher noch überboten als herabgestimmt. Ehe Marib die Hauptstadt des Reiches wurde, herrschte dieses Volk längs der ganzen Südgrenze Arabiens. Es wird ausdrücklich berichtet, daß es an Plätzen, die dem Handel günstig lagen, Kolonien gründete und seine Niederlassungen befestigte. Der Handel war nicht auf einen einzigen Weg beschränkt; im Gegenteil, wir wissen, daß es in alter Zeit mehrere blühende Städte auf der Seeküste oder nahe derselben gab, die gewiß alle daran teilnahmen. Wir wissen nichts von dem Innern dieses merkwürdigen Landes, aber man hat alle Ursache, zu glauben, wie es gewiß wenigstens mit Nakab el-Hadschar der Fall ist, daß diese Schlösser nicht nur die Wege bezeichnen, welche die Karawanen vor alters verfolgten, sondern auch die natürlichen Pässe andeuten, welche nach Zentral-Arabien führen.

Die Inschrift, die ich zu entdecken so glücklich war, wird unter den Gelehrten großes Interesse erregen.«

Im darauffolgenden Jahr gelangten Hulton und Cruttenden bis nach Sanaa, während die »Palinurus« im Hafen von Mocha ankerte. Die beiden Engländer trugen arabische Landestracht und reisten in Begleitung eines persischen Kaufmanns. Sie hatten jedoch einen ungünstigen Zeitpunkt für ihr Unternehmen gewählt: Seit vier aufeinanderfolgenden Wintern hatte es nicht mehr geregnet, und die schreckliche Dürre brachte Hunger und Seuchen mit sich. Der Imam, der König des Jemen, residierte in der königlichen Abgeschiedenheit seines Palastes und kümmerte sich um nichts; das Volk in seiner Bedrängnis bereitete jedoch einen Aufstand vor, den ein machthungriger Onkel des Königs unterstützte. Die beiden Europäer wurden verhaftet, und in Gefangenschaft erkrankte Hulton schwer. Nach energischen, über einen Monat andauernden Protesten der englischen Behörden wurden die beiden Offiziere endlich wieder unter scharfer Bewachung auf ihr Schiff zurückgebracht. Mit sich führten sie die kopierten Inschriften von einigen alten Mauersteinen – die für neuere Bauwerke in Sanaa wiederverwendet worden waren, jedoch aus Marib stammten – sowie den Marmorkopf einer Statue. Obwohl Hulton auf dem Schiff sogleich die notwendige ärztliche Versorgung erhielt, starb er wenige Tage später – ein weiteres Opfer auf dem langen Weg zurück in die Vergangenheit.

Doch die wissenschaftliche Ausbeute war nicht gering.

Die dreißiger und vierziger Jahre des 19. Jahrhunderts hatten eine respektable Anzahl von Epigraphen ans Licht der Gegenwart gebracht, und eine Reihe von Spezialisten stürzte sich mit Feuereifer auf das neue Studienobjekt – ohne viel Erfolg zunächst. Doch endlich war Emil R. Rödiger, einer der bekanntesten Semitisten seiner Zeit, fest davon überzeugt, aus dem langen Epigraph von Hisn al Ghorab mit dem Anfangsdreisilber SKM folgern und transkribieren zu können: »Wir bewohnten.« Die »sensationellste Entdeckung« des 19. Jahrhunderts – jedenfalls bis zum Jahre 1872.

Das Alphabet der ersten in Südarabien entdeckten Epigraphe, das in Europa bekannt wurde, erhielt aufgrund der klassischen Texte und der lokalen Fundstellen die Bezeichnung »himjaritisch«, denn die Himjariter waren die Begründer des größten Reiches in Südarabien. Doch es sollte noch einige Zeit dauern, bis man so weit war, um dem »Kind« seinen richtigen Namen geben zu können.

Rödiger hatte erklärt, daß die Inschrift von Hisn al Ghorab mit dem Wort SKM beginne, was er mit »Wir bewohnten« transkribierte. Charles Forster, ein irischer Pfarrer und begeisterter Anhänger der arabistischen Forschung, wollte sich mit diesen beiden Worten nicht zufriedengeben. Er las alle Schriften arabischer Autoren über die alten jemenitischen Reiche und stieß endlich auf den Ägypter al Nuwayri.

Ahmad al Nuwayri (ca. 1279 – 1332) beschrieb in seinem Werk über Arabien, das sich durch ein außerordentlich reiches und differenziertes Vokabular auszeichnet, besonders eingehend die weiblichen Vorzüge der Frauen Südarabiens: Die südarabische Schöne ist nach Nuwayri »hochgewachsen und schlank wie ein Bambusrohr; ihr Gesicht ist lieblich und rund wie der volle Mond; das Haar schwärzer als die dunkelste Nacht; ihre Wangen sind weiß und rosenfarben mit einem Schönheitspfläster-chen wie ein Tropfen grauer Ambra auf Alabastergrund; die Augen tief-dunkel, auch ohne den Gebrauch von Kohle, und groß und sanft wie die Augen einer Hirschkuh mit schweren Lidern und melancholischem Blick; der kleine Mund hat Zähne, die in Korallen gefaßten Perlen gleichen; die Brüste sind wie Granatäpfel; die Lenden rund; die Hände schmal und hennagefärbt«.

Er erwähnte in seinem neunbändigen Werk aber auch ein längeres Epos, das mit den Worten »Wir bewohnten« beginnt und von dem der Ägypter behauptete, es habe sich als Inschrift auf der Festungsmauer eines Palastes der alten himjaritischen Könige befunden. Es wird sogar von einer Fel-senklippe am Ufer des Meeres wie bei Hisn al Ghorab erzählt. Pfarrer For-ster war fest davon überzeugt, den gesuchten Text gefunden zu haben, und verbrachte Monate angestrengter Arbeit mit dem Vergleich der arabischen Schriften des Nuwayri und der Epigraphe von Hisn al Ghorab, um eine Entsprechung der Begriffe und Ausdrücke zu finden und eine Übereinstimmung des Vokabulars und der historischen Bezüge nachzuweisen. Er verfaßte ein »Verzeichnis der Entschlüsselung des Alphabets«, das genial und absurd zugleich ist. Schließlich gelang es ihm, die ganze Inschrift zu »übersetzen«:

»Wir bewohnten, prunkvoll und lange Zeit lebend, die Gemächer dieses weiträumigen Hauses; unser Leben war frei von Mißgeschick und Übel. Das ruhige Meer schlug zuweilen seine wilden Wogen gegen unseren Palast und drängte zum Einlaß unseres Hafens; über den hohen Palmenhainen fielen murmelnde Wasserquellen nieder; die Wächter ernteten trockene Datteln im Palmengarten unseres Tales; sie säten auch trockenen Reis. Wir jagten die Ziege der Berge und den jungen Hasen mit Schlingen und Fallen; voller List lockten wir die Fische des Meeres aus ihrem Unterschlupf; wir gingen hoheitsvoll und gemäßigten Schrittes und trugen buntbestickte Seidengewänder, mit hellgrünen Westen im Schachbrettmuster. Wir wurden von Königen regiert, denen alles Niedrige fremd war, streng bestraften sie Übeltäter und Sünder. Sie schrieben nach dem geheiligten Gesetz des Heber weise Richtersprüche nieder, die in einem Buche gesammelt wurden, das überliefert werden wird; wir erklärten unseren Glauben an Wunder, an die Auferstehung und die Rückkehr des Lebensatems zu den Ursprüngen. Bei Händeln mit den Räubern der großen Straßen, die uns Gewalt antaten, sind wir vereint und zu Pferde aufgebrochen... wir und unser großherziger junger... mutig schleuderten wir lange Speere mit geschärften Spitzen zur Verteidigung unserer Familie und unserer Bräute; wir kämpften würdig auf unseren Rössern mit langen Nacken, den Dunkelbraunen, den Eisengrauen, den Falben. Unsere Schwerter hörten nicht auf, die Widersacher zu verwunden und zu töten; bis die Feinde der Menschlichkeit besiegt und vernichtet waren. Voller Haß und Erbitterung attackierten uns die Gegner; unsere Pferde aber stürmten vorwärts und zertraten den Feind unter den Hufen. Geteilt in verschiedene Abschnitte, diesen Triumphgesang von rechts nach links geschrieben und mit Punkten signiert, Sarash e Dzerah.«

Das war ein langes – und schönes – Epos; die wissenschaftliche Welt triumphierte, und Pfarrer Forster wurde mit Ehren überschüttet. Dennoch blieben einige Fragen offen: Jenes »mit Punkten signiert« in der letzten Zeile entspricht nicht der arabischen Schrift, in der die Punkte zur Differenzierung der verschiedenen Schriftzeichen verwendet werden, die die himjaritische Schrift nicht kennt. Die Annahme jedoch, ein arabischer Autor habe eine alte Inschrift übersetzt, ohne die Buchstaben seiner eigenen Schrift zu verwenden, ist völlig absurd – zumal es sich um das Epigraph einer Schrift handelte, die, soweit uns bekannt ist, die Moslems jener Zeit selbst nicht mehr lesen konnten. Außerdem basierte die gesamte

Zwei alte südarabische Inschriften (Archäologisches Nationalmuseum Rom.)

Links: Teil eines Zierfeldes aus Marib. Ein dreieckiger Alabasterfries aus Weinreben und Trauben umrahmt eine sitzende Frau. Über dem Fries ein geflügelter Greif mit Schlangenschwanz, auf dessen Rücken ein Cherub mit einem Dolch in der Hand sitzt.

Rechts: Bronzestatuette eines Feldherrn oder Würdenträgers. Die 93 Zentimeter hohe Figur, die etwa aus dem 8. Jahrhundert v. Chr. stammt, wurde in Marib gefunden (Archäologisches Nationalmuseum Sanaa).

Unten: Dem Gott Baal geweihter kleiner Tragaltar aus Kalkstein (Archäologisches Nationalmuseum Rom).

Links: Ruinenstätte von Nakhlet al Amra. Gabriel Mandel entdeckt die Fragmente einer Kalksteinbank mit hellenistischem Doppelmäander-Muster.
Rechts: Kalksteinblock mit einer präislamischen Inschrift im Architrav einer Tür in der äußeren Umfassungsmauer von Dobrekhera.

Unten: Brunnen aus sabäischen Mauersteinen in der Umgebung von Dobrekhera.

*Alabasterskulptur eines Ahnenkopfes in einer Nische (Archäologisches National-
museum Sanaa).*

*Kalksteinfries mit Inschriften und der
Darstellung von Opfertieren.*

Festungspaläste auf himjaritischen Steinfundamenten in Karim.

Marib, die zweite Hauptstadt der Sabäer, am Rande der Wüste Rub al Khali.

Südarabische Kalksteintafel: zwei Szenen aus dem täglichen Leben in betont populärer Darstellung (Louvre, Paris).

Transkription auf dem Dreisilber der Anfangszeile: »Wir bewohnten...«

Der mächtige Palast in der Sandwüste löste sich jedenfalls wie eine Fata Morgana in nichts auf, als es 1872 nach weiteren mühseligen Forschungen endlich gelang, jene berühmte Zeile zu entschlüsseln, die später als »sumyafisch« bezeichnet wurde – einem aus mehreren Eigennamen abgeleiteten neuen Begriff. Daraus geht hervor, daß die Schreiber jenes bei Hisn al Ghorab gefundenen Epigraphs ihre Inschrift in den Felsen Mawaiyyat gehauen haben, als sie die Befestigungsanlagen ihrer Stadt zur Verteidigung verstärkten. Es folgen Angaben über die Eroberung des Landes durch die Abessinier, die zweifellos weniger romantisch klingen als Forsters Epos, dafür jedoch den Vorteil besitzen, »historisch« zu sein.

Dennoch führte der größte archäologische Irrtum des 19. Jahrhunderts die wissenschaftliche Forschung über Südarabien nicht in die Irre. Im Jahre 1836 nahm der in Turin geborene französische Botaniker Paolo Emilio Botta im Auftrag des Museums für Naturgeschichte in Paris die systematische Erforschung der Flora des Djebel Saber auf, des nahe der Stadt Taiz gelegenen Bergmassivs. Botta war außerdem ein begeisterter Archäologe, der neben einer umfassenden wissenschaftlichen Ausbildung auch noch über Ausdauer und eine gehörige Portion Glück verfügte. Er leitete Ausgrabungen bei den Ruinen des alten Ninive und in Khorsabad, wo er die Stadt und den Palast König Sargons II. entdeckte. Das Material, das Botta von diesen Ausgrabungen mit zurückbrachte, bildet heute den Kern der Assyrischen Abteilung des Louvre, und auch auf dem Djebel Saber wurde er »fündig« – er entdeckte die Überreste einer himjaritischen Festung mit gewaltigem Mauerwerk.

Es ist sehr bedauerlich, daß die Regierung des Jemen Bottas Forschungen in Südarabien plötzlich strikt verbot und ihn des Landes verwies. Doch das Buch, das er über seine Arbeit schrieb – *Relation d'un voyage dans l'Yemen, entrepris en 1837* (»Reisebericht über den Jemen, unternommen im Jahre 1837«) –, veranlaßte einen anderen Forscher, T.J. Arnaud, dort weiterzumachen, wo Botta aufhören mußte.

Arnaud war bis 1835 Attaché für das Gesundheitswesen bei einem der beiden Linien-Regimenter gewesen, die Mehmed Ali, der erste Mann der Türkei, nach Gedda abgestellt hatte, und dann in die Dienste des Imam von Sanaa getreten. 1843 vereinbarte er mit dem französischen Konsul von Gedda, Fresnel, ebenfalls ein begeisterter Archäologe, eine Expedition nach Marib, der alten Hauptstadt der Sabäer. Am 9. Juni 1843 begann Arnaud in Sanaa mit den Reisevorbereitungen und erreichte nach einer Reihe teils komischer, teils gefährlicher Abenteuer die alte Stadt. In seinem Artikel »Relation d'un voyage à Mareb (Saba) dans l'Arabie Méridionale« (Bericht einer Reise nach Marib [Saba] in Südarabien) im *Journal Asiatique* schreibt er:

»Ich gelangte zu dem großen Damm, als es soeben begann, heiß zu werden, und mich erregte der Anblick dieses antiken Bauwerkes in einem Landstrich, in den noch kein Europäer den Fuß gesetzt hatte; sollte jedoch dennoch ein Europäer vor mir hier gewesen sein, so ist er niemals zurückgekehrt. Sogleich stieg ich das rechte Flußbett empor, das nun ausgetrocknet und dicht von dürren Gräsern und Sträuchern bewachsen war. Zwischen zwei gut erhaltenen alten Steinfundamenten entdeckte ich zuerst eine in den Fels gehauene Inschrift, die ich unverzüglich kopierte; danach begann ich, mich überall umzusehen, um von allen Epigraphen, die ich fand, Kopien anzufertigen. Während ich so beschäftigt war, hatten sich meine Reisegefährten in einiger Entfernung unter einer Gruppe schattenspendender Bäume zurückgezogen; und als ich meine Untersuchungen auf der einen Seite des Dammes beendet hatte, ging ich zu ihnen hinüber, um ihnen mitzuteilen, daß ich nun die andere Seite des Bauwerkes in Augenschein nehmen wollte. Angesichts der unbekannten Gefahren, vor denen wir gewarnt worden waren, wollten mich meine Gefährten zurückhalten... trotz ihrer Warnungen aber brach ich wieder auf und begann zunächst mit der Abmessung der Entfernung zwischen zwei Hügeln. Um keine Zeit zu verlieren, begann ich mit den Messungen bei der Stelle, an der ich mich befand; so konnte ich an dem entgegengesetzten Punkt die ursprüngliche Breite des Dammes nach dem Ausmaß der im Altertum herangeschafften Erd- und Gesteinsmassen der beiden Hügel berechnen. Endlich erstieg ich noch einmal den höchsten Punkt des alten Mauerwerks des Dammes, der zu Füßen des Hügels ins Landesinnere eindrang. Am äußersten Ausläufer des Dammes entdeckte ich gut erhaltene alte Mauerreste. Ich lief auf den Fundamenten bis zu diesen Mauerresten und starrte wie gebannt auf einen etwa zwei Fuß hohen, quadratischen Steinblock, in den eine Figur eingemeißelt war, jedoch ohne eine Inschrift. Sofort versuchte ich, eine Skizze von dieser Figur anzufertigen, um wenigstens einen allgemeinen Eindruck von ihr zu behalten; darauf kopierte ich alle Epigraphe, die ich entdecken konnte, und maß auch noch einige Gebiete aus.«

Man sieht, wie anders Arnaud auf den Damm reagierte als seinerzeit Carsten Niebuhr.

Arnaud schildert nun kurz die außerordentlich freundliche Begrüßung seiner Gruppe durch die Bewohner Maribs und fährt dann in seinem Bericht fort:

»...Wir durchquerten das trockene Flußbett, das sich durch die Ruinen der alten Stadt zieht. In geringer Entfernung vom Flußbett, in östlicher Richtung von der Stadt aus, gewahrte ich mit einem Mal ein ausgedehntes Gebiet harter, sorgsam gestampfter Erde, von dem mir gesagt wurde, es sei das alte Marsfeld der Sabäer; es fanden sich jedoch weit und breit keine Spuren alter Bauwerke, noch nicht einmal ein einziger kleiner Stein. Nach etwa einer halben Stunde angestrengten Fußmarsches stießen wir auf einige große Pfeiler, auf denen ich zwei Inschriften fand, deren eine jedoch allzu verwittert war, als daß ich sie hätte kopieren können. Von den Pfeilern aus wandten wir uns nach Haram [Mahram] Bilqis, das etwa eine Viertelstunde weiter nach Norden zu lag. In Haram Bilqis war ich leider gezwungen, auf die Kopierung von drei Epigraphen zu verzichten; einmal waren sie von einem wahren Sandberg bedeckt, zum anderen drängten mich meine Führer zur Umkehr. So konnte ich auch nicht mehr zu einem offenbar von Menschenhand erbauten und geformten Hügel gehen, von dem es heißt, in ihm befänden sich die wohlerhaltenen Gebeine der in der Antike von den Sabäern geopferten Menschen. Dieser Hügel ist nicht allzuweit von Haram Bilqis entfernt, wenn man den Erzählungen der Bewohner von Marib Glauben schenken kann.«

Arnaud fand in dem neuen Dorf Marib zahlreiche Inschriften auf alten Mauersteinen, die für den Bau von Häusern wiederverwendet worden waren. Die Dorfbewohner hinderten ihn jedoch mit drohendem Geschrei, Kopien dieser Inschriften anzufertigen, da sie glaubten, Arnaud wolle einen Zauber über sie verhängen.

»...Am ersten Abend ist es mir unmöglich gewesen, Kopien von zahlreichen Inschriften anzufertigen, die ich auf alten Steinen entdeckt hatte; sie waren für den Häuserbau des Dorfes wiederverwendet worden. Dennoch brachte ich es fertig, unter unsäglichen Mühen zwei dieser Epigraphe mitten unter den Dorfbewohnern zu kopieren, die mich unter lautem Geschrei und heftigen Verwünschungen umringten; nach und nach kamen sie alle herbeigelaufen, um mir zuzusehen. Sogar die Frauen und Kinder traten auf die Terrassen und Dächer ihrer Häuser und schrien: Jagt den Ungläubigen fort, diesen Zauberer, der Unglück über unser Dorf bringen wird... Viele stellten sich mir in den Weg, als ich die Inschrift auf den für den Bau ihrer Häuser verwendeten alten Steinen kopieren wollte; andere liefen unter erregtem Geschrei zu dem Scherif Abderrahman, um mich anzuklagen und mir verbieten zu lassen, die Kopien anzufertigen.«

Warum setzten die Einwohner von Marib Arnauds Wunsch einen so erbitterten Widerstand entgegen? Immer wieder im Laufe der Jahrhunderte hatten die Dorfbewohner silberne und goldene Gerätschaften aus den oberen Bodenschichten unter den Ruinen gegraben, und so glaubten sie natürlich, daß jedes Interesse an dem alten Gemäuer nur den dort verborgenen Schätzen galt, die sie keineswegs mit den Fremden teilen wollten. Die gefundenen Gegenstände aus Silber oder Gold wurden für gewöhnlich eingeschmolzen, da die Plünderer lediglich am reinen Metallwert interessiert waren.

Arnaud versuchte, die Araber von seinen lauteren Absichten zu überzeugen:

»...Ich sagte ihnen, daß ich auf meinen Reisen um die Welt stets nur das eine Ziel gehabt habe, die Wunder des Universums zu betrachten, die großen Schöpfungen eines höheren Wesens, und gleichzeitig die berühmten Orte der Völker der Antike besuchen wollte, die in den heiligen Büchern beschrieben werden. Die Vorsehung hätte mir bisher die Erfüllung meiner Wünsche gewährt, und das genügte mir in dieser Welt, große Schätze wollte ich nicht zusammentragen. Diese Inschriften hier wollte ich nur für mich selbst kopieren, aus persönlichem Interesse und zur Erinnerung an die Orte, die ich besucht hatte... Ich sagte ihnen weiter, daß ich keinerlei Reichtümer besäße und auch nicht über die Kenntnisse verfügte, verborgene Schätze zu entdecken; falls ich jedoch durch Zufall trotzdem einen wertvollen Gegenstand finden sollte, so würde er natürlich ihnen, den Dorfbewohnern, gehören. Ich würde ihnen ganz sicher keinen Fund vorenthalten; außerdem fänden sich in meinem Lande so viele Steine, daß ich deswegen nicht nach Marib reisen müßte. Ferner versicherte ich ihnen, daß ich von niemandem beauftragt oder hergesandt war, daß nur das Schicksal mich leitete und daß ich ganz allein, ohne Reisegefährten, ohne Protektion und ohne Leibwächter in den Jemen gekommen sei...«

Aber alle seine Worte nützten ihm nichts; er durfte die Epigraphe nicht kopieren, die er in so großer Zahl auf den Mauersteinen sah. Seit jener Zeit sind diese Inschriften verschwunden; und bis heute wissen wir nicht, wo sie geblieben sind und warum sie beseitigt wurden.

Auf seiner Rückreise nach Sanaa machte Arnaud noch in einer weiteren präislamischen Hauptstadt halt, der alten sabäischen Stadt Sirwah, die heute Kharibah (»Ruinen«) heißt.

»...Am nächsten Tage brachen wir noch vor der Morgendämmerung auf. Mein arabischer Führer ging so schnell vor mir her, daß ich ihm kaum zu folgen vermochte. Bald erreichten wir die Ruinen von Kharibah, der Morgen begann gerade zu dämmern. Ich entdeckte sogleich einige Inschriften; und obwohl die Lettern ziemlich groß waren, vermochte ich sie im fahlen Licht des Morgens kaum zu erkennen, um sie genau kopieren zu können. Ich gab mir jedoch alle Mühe, und da es beständig heller wurde, vermochte ich schließlich alle Inschriften zu kopieren, die ich entdecken konnte. Die Karawane stieß genau in dem Augenblick zu uns, als ich meine Arbeit beendet hatte. Jetzt bekam mein Führer, der in dieser Gegend bekannt war, Einlaß zu den Hütten einiger Hirten, die ihre Behausungen aus den alten Steinen der Ruinen errichtet hatten. Im Inneren dieser Häuser sah ich zahlreiche Inschriften auf übereinander lagernden Mauersteinen; wir traten auch in einen schönen Innenhof, der den Herden des Besitzers als Unterschlupf diente. Inmitten des Hofes gewahrte ich eine längliche, steinerne Bank, auf deren Breitseiten sich zwei umfangreiche Epigraphe befanden. Die einst aus einem einzigen Steinblock gehauene Bank war zwar in der Mitte gespalten und in zwei Teile gebrochen, die Inschriften zu beiden Seiten waren jedoch kaum verwittert und noch gut erhalten. Die Schrift war in kleinen Lettern in den Stein gemeißelt. Ich beeilte mich mit dem Kopieren; da die Karawane jedoch schon vor einer Stunde weitergezogen war, drängte der Führer zum Aufbruch.«

Die steinerne Bank befindet sich noch heute im Innenhof jenes Hauses. Ihre Inschrift – sie wurde erst 1927 transkribiert – gehört, vom historischen Standpunkt aus betrachtet, zu den wichtigsten sabäischen Epigraphen überhaupt, da sie ein Verzeichnis der militärischen Eroberungen und diplomatischen Erfolge eines hohen sabäischen Anführers enthält.

Arnaud hatte noch zahlreiche Schwierigkeiten zu überwinden, vor allem der arabische Zoll machte ihm das Leben schwer, indem er drohte, sein gesamtes Material zu beschlagnahmen. Zum Schluß gelang es ihm dennoch, mit sechsundfünfzig Kopien antiker Epigraphe zu dem französischen Konsul Fresnel nach Gedda zu kommen. Er besaß jedoch keinen Pfennig mehr und litt an einer derart schweren Augenentzündung, daß er ein Jahr lang fürchten mußte zu erblinden. Nach seiner Genesung unternahm er eine neue Expedition, die allerdings keine besonders bemerkenswerten Funde mehr brachte.

Die Skeptiker jedoch, die bis dahin die Existenz des alten sabäischen Reiches mit all seinen Wundern geleugnet hatten, waren nun angesichts der Forschungsergebnisse Arnauds gezwungen, ihre Ansicht zu revidieren.

Zur gleichen Zeit wurden allmählich auch die Geheimnisse der ärchäologischen Fundstellen im Hadramaut entschleiert. Dieses Gebiet war lange Zeit vollkommen unzugänglich gewesen. Der Deutsche Adolph von Wrede, ein Glücksritter, der bereits im Dienste König Ottos von Griechenland gestanden und später als Tourist Kleinasien und Ägypten bereist hatte, wollte unbedingt auch das Landesinnere von Hadramaut erkunden, um in Europa darüber zu berichten. Er kleidete sich wie ein Moslem, nahm zu Ehren des Propheten Hud von Hadramaut den arabischen Namen Abd el Hud an und brach am 26. Juni 1843 von Mukalla, dem größten Hafen der Küstenregion Hadramaut, zu einer Expedition ins Landesinnere auf – nur von einem einzigen Reisegefährten begleitet, einem Beduinenführer.

Wrede brachte von seiner Expedition außer zahlreichen geographischen Daten und Beobachtungen über die Flora und Fauna eines bis dato weithin unbekannten und noch nicht einmal von arabischen Wissenschaftlern beschriebenen Gebietes auch einige archäologische Fakten mit: In Obne hatte er eine alte Deichmauer zur Befestigung des Wadi entdeckt, mit einer wunderschönen, langen und gut erhaltenen Inschrift; in Sawwa stieß er auf ein himjaritisches Grab; und ein Scheich von Sawwa schenkte ihm ein Verzeichnis der alten Könige dieses südarabischen Reiches. Als Wrede in Sif eine alte Inschrift kopierte, wurde er um ein Haar von den Einheimischen umgebracht. Nach einigen Tagen im Gefängnis von Sif wurde er ausgewiesen und zur Rückkehr nach Mukalla gezwungen.

Wieder in Europa, schrieb er einen Bericht, »Reise in Hadramaut«, fand jedoch keinen Verleger für sein Buch. Der Hauptgrund für diese allgemeine Ablehnung waren wohl die scharfen Kritiken der beiden Naturwissenschaftler Alexander von Humboldt und Leopold von Buch, die Wrede öffentlich der Übertreibung bezichtigten. Niemand schenkte ihm in Deutschland mehr Glauben; so verließ der erste europäische Erforscher des Hadramaut einsam und verbittert Europa und beendete im Jahre 1860 in Texas selbst sein Leben.

Zehn Jahre später wurde der »kühne Entdecker« rehabilitiert und sein »Reisejournal« postum von Heinrich Freiherr von Maltzahn herausgegeben. Unter dem 16. Juli 1843 schildert Wrede seinen Besuch der Ruinen von Obne:

»Am 16. früh ¼ nach 5 Uhr machten wir uns auf den Weg und verfolgten das Wadi, das sich mit sehr starkem Gefälle durch ein Jura-Dolomit-Kalkgebirge windet. Die Talsohle bildet eine vollkommene Treppe, deren Stufen eine Höhe von 1 bis 5 Fuß haben. Eine Viertelstunde Weges hatten wir zurückgelegt, als mir der Scheich auf der zur Linken des Weges liegenden Anhöhe die Ruinen eines alten Baues zeigte. Ich stieg hinauf, fand aber nichts als einen alten Schutthaufen, in dem man herumgewühlt hatte, wahrscheinlich um Schätze zu suchen. Behauene Steine, Ziegel und zerbrochenes Töpfergeschirr lagen umher. Das Gebäude war, nach dem

Material zu urteilen, gewiß aus sehr alter Zeit und mochte wohl ein Wachtturm gewesen sein.

Um 1/2 7 Uhr hörte die treppenförmige Abdachung des Tales auf, und ein sandiger, mit Gerölle bedeckter Pfad wand sich zwischen großen Felsblöcken.

Kurz vor 7 Uhr langten wir bei den merkwürdigen Ruinen an, welche von den Arabern Hisn el Obne genannt werden. Von unserm Nachtlager bis zu diesen Ruinen hatten wir beständig die Richtung Süd, 20° West eingehalten. Überaus kümmerlich ist die Vegetation auf dieser Strecke, und nur unter einem großen schiefliegenden Felsblocke fanden wir Schatten.

Die Ruinen von Obne sind nicht die einer Stadt, wie ich mir vorgestellt hatte, sondern die einer Mauer, welche quer durchs Tal gezogen ist und dann über einen nicht sehr steilen Berg geht, welcher das Wadi Obne im Westen begrenzt und im Osten an einer tiefen, wie ein Graben gestalteten Schlucht endigt, an deren entgegengesetzter Seite eine Anhöhe sehr steil abfällt. Diese Anhöhe und der Talboden besteht aus Grauwacke, der gegenüberstehende Berg aus Jura-Kalkstein. Dem östlichen Ende der Mauer gegenüber zieht sich von der Anhöhe eine schmale Schlucht nieder, welche auch durch eine Mauer geschlossen ist, an der man am Boden ein viereckiges Loch gelassen hat, um das Regenwasser durchfließen zu lassen. 100 Schritt südlich von der großen Mauer fällt die Talsohle einige 30 Fuß ab, und das Wadi, welches von da an Arar genannt wird, ist so ziemlich mit Area, Mimosen und Dompalmen bepflanzt. Einige 50 Schritt weiter mündet östlich ein anderes Wadi ein, nach welchem obenbemerkte Anhöhe sehr steil abfällt, aber da, wo sie gleichsam ein Vorgebirge bildet, eine weniger steile, stufenförmige Abdachung zeigt. Da nun von diesem Punkte aus die Hauptmauer umgangen werden kann, so hat man den Gipfel des Vorgebirges mit einer Mauer gekrönt, die, wenn auch nicht so groß, doch hinsichtlich ihrer Bauart der großen Mauer gleicht. Die Hauptmauer ist im Tale gleich gut erhalten, dagegen am Berge und am Abhange desselben zerstört. Die großen Quader sind sorgfältig behauen und mit einem Mörtel zusammengefügt, der beinahe so hart geworden ist wie das Gestein selbst. Die Höhe dieser Mauer ist 6 Meter und 92 Zentimeter, die Breite 6 Meter und 8 Zentimeter. Die Länge von der Schlucht bis zum Fuße des gegenüberliegenden Berges 67 Meter. In der Mitte des Tals befindet sich ein Torweg von 1 Meter und 64 Zentimeter Breite, dessen Wände etwas abdachen und der augenscheinlich nie bedeckt war. An seinem südlichen Ausgange ist auf einem langen Quader in der östlichen Wand eine 5 Zeilen starke, zierlich eingehauene himjarische Inschrift. – Am nördlichen Ausgange hat der Torweg eine Erweiterung von einigen

Zoll, als wie für eine Tür bestimmt gewesen; jedoch fehlt jede Vorrichtung, sie einzuhängen. Die Wände der Mauer sind gleich denen des Torwegs um ein weniges abgedacht und treten an verschiedenen Stellen um ein weniges hervor. An der Seite, welche an die Schlucht stößt, ist die Böschung etwas stärker und ein Strebepfeiler angebracht, der auf einem Vorsprunge des Felsens ruht. Auf der Mauer ist von den Beduinen eine mit Schießlöchern versehene Brustwehr aufgeführt worden, hinter der sie mit vorgestreckten Gewehren dem Reisenden ein Passagegeld abverlangen. Zum Glück waren bei meiner Anwesenheit keine dieser Wegelagerer zugegen.

Die Bestimmung dieser Mauer spricht sich schon in der Art ihrer Anlage aus; sie diente augenscheinlich zu nichts anderem, als den Zugang zum Wadi Hadjar und dem Hadramaut zu versperren...

Die Zeit der Erbauung dieser Mauer zu bestimmen, überlasse ich den Gelehrten...

Vergeblich suchte ich nach Überresten anderer Bauten; ich konnte in der ganzen Umgebung nicht das Geringste der Art finden. Wo wohnte die Besatzung? Vielleicht in dem Bau, dessen Ruinen ich talaufwärts sah?

Gleich nach unserer Ankunft begab ich mich zu der Inschrift und kopierte dieselbe, was freilich sehr langsam vonstatten ging, da mir die himjarischen Charaktere gänzlich unbekannt waren. Während ich mit dieser Arbeit beschäftigt war, vernahm ich einen Lärm, als wenn sich mehrere Personen zankten. Natürlich kam ich auf den Gedanken, daß Scheich Ssalym mit Beduinen in Streit geraten sei, und eilte deshalb zu ihm. Dieser aber kam mir bereits im vollen Lauf entgegen, weil er ebenfalls der Meinung gewesen, ich sei mit Beduinen in Kollision geraten. Jetzt entdeckten wir erst auf der andern Seite der Schlucht die Ruhestörer, nämlich eine Truppe von einigen 60 Affen, die herabgekommen waren, um ihren Durst mit dem auf dem Boden der Schlucht stehenden Wasser zu löschen. In seinem Ärger schleuderte mein Scheich unter allen nur möglichen Verwünschungen Steine gegen sie, welches aber keine andere Wirkung hervorbrachte, als daß die ganze Gesellschaft in einer größern Entfernung niederkauerte. Scheich Ssalym sah ihnen nach und rief dann aus: ›Nun, wie werdet ihr mir gehorchen, da ihr nicht einmal auf die Ermahnung Huds, des Propheten Gottes, geachtet habt?‹

Abergläubische Sagen, welche durch den ganzen Orient verbreitet sind, knüpfen sich an diese Bewohner der Klüfte; die Legende erzählt unter anderm:

›Der König Scheddab aus dem aramäischen Geschlechte der Aditen eroberte die Welt und brachte alle erbeuteten Schätze in seine Hauptstadt, deren Bewohner so reich wurden, daß der König in einem goldenen Palaste und seine Untertanen in silbernen Häusern wohnten [!]. Dieser Reichtum hatte zur Folge, daß der König und seine Untertanen ein höchst lasterhaftes Leben führten. Gott schickte daher seinen Propheten Hud, um sie zur Besserung zu ermahnen. Doch alle Ermahnungen waren vergeblich. Im Gegenteil verhöhnten sie nur den Mann Gottes. Ja, der König entschloß sich sogar, Gott und seinem Propheten zum Trotz einen Garten anzulegen, dessen Pracht die des Paradieses übertreffen sollte. Diesem Plane zufolge baute er einen Palast, dessen Mauern und Fundamente aus goldenen Quadern bestanden. Die Decken der Gemächer wurden von kristallenen Säulen getragen und mit Perlen und Brillanten ausgelegt. In den Wänden waren Rubine, Smaragde, Saphire und Topase so fest gefaßt, daß niemand sie herausbrechen konnte. 12 000 Kuppeln bedeckten diesen Prachtbau, welcher dergestalt mit Edelsteinen übersäet war, daß bei Sonnenschein niemand darauf hinsehen konnte. In 200 goldenen Kiosks wohnten ebenso viele Minister, welche in Gewändern einhergingen, welche von Perlen und Diamanten strotzten. Durch den Garten, welcher diesen Palast umgab, floß ein Bach wohlriechendes Wasser, statt über Kiesel über Perlen und Edelgestein; immerblühender Safran wuchs an seinen Ufern anstatt der gewöhnlichen Gewächse. Längs dem duftenden Bach standen eine Menge goldener Belvedere, welche von Bäumen desselben Metalls umgeben waren, deren Früchte und Blüten Rubinen und Perlen, das Laub aber Smaragde waren. – Auf diesen Bäumen saßen goldene und silberne Vögel mit Augen von Rubin, deren Inneres mit süßduftenden Essenzen angefüllt war, die ringsum die Luft mit Wohlgerüchen füllten. – Der Boden dieses Wundergartens endlich bestand aus Ambra und Moschus. – Tausend Generäle, deren jeder 1000 Mann Garde befehligte, waren zur Bewachung dieser Reichtümer bestellt. Es trugen diese Generäle goldene und ihre Soldaten silberne Harnische.

Kaum hatte der König Scheddad erfahren, daß sein Garten fertig sei, so brach er mit allen seinen Ministern, Generälen und Garden auf, um sich an dem Anblick desselben zu laben. Aber noch ehe er des Gartens ansichtig wurde, erreichte ihn und sein Volk die Strafe Gottes. Denn plötzlich erblickte er eine silberne Figur mit goldenen Hüften, welche von marmornen Beinen getragen wird und an welcher Rubine die Stelle der Augen vertraten. Ohne Verzug sprengte er auf sie los. Allein ebenso schnell, als er reitet, weicht auch das Bild zurück. Schon hat er seine Gefährten aus den Augen verloren, und er sieht sich deshalb um, ob dieselben folgen. Als er nun seine Blicke wieder der geheimnisvollen Gestalt zuwendet, ist dieselbe verschwunden. An ihrer Statt sieht er aber einen geharnischten

Reiter, welcher ihm mit donnernder Stimme zuruft: ›Elender Sklave! An was denkst du in einer Lage wie der deinigen, oder was ist das, das du so hartnäckig verfolgst? Bildest du dir ein, daß der Gegenstand, mit dem jetzt dein Geist beschäftigt ist, oder die Taten und Unternehmungen deiner Vergangenheit dich vor den Streichen des Todes schützen?‹ – Mit diesen Worten öffnet der Tod (denn dieses war der geharnischte Reiter) die Erde unter seinen Füßen – und der König Scheddad verschwindet. – Sein Volk aber wurde in Affen verwandelt, und ihre Stadt, ingleichen der Garten mit seinen leuchtenden Palästen verschwanden – und schwirren jetzt in der Luft umher, wo sie von Zeit zu Zeit als glänzende Meteore erscheinen, um das Geschlecht der Menschen an dieses Strafgericht Gottes zu erinnern.‹ «

Wredes Bericht zeigt, daß die Legenden einer großen, glanzvollen Vergangenheit im Volk nach wie vor lebendig waren und von Generation zu Generation weitergegeben wurden.

Französische Forscher ließen Wrede später Gerechtigkeit zuteil werden, und auch die Ergebnisse des deutschen Arabienforschers Hermann von Wissmann und die Erfahrungen des niederländischen Diplomaten Daniel van der Meulen auf seiner Reise durch den südlichen Jemen bestätigten alle Angaben Wredes.

Gegen Ende des 19. Jahrhunderts folgten weitere Expeditionen in die Küstenregion Hadramaut. 1869 brach der französische Orientalist türkischer Abstammung, Joseph Halévy, im Auftrag der Akademie für Klassische Literaturwissenschaft in den Jemen auf. Halévy wußte, daß die jemenitischen Juden jahrhundertelang die besten Handwerker des Landes waren – von den Moslems zwar verachtet, aber doch weitgehend toleriert. So reiste er in ärmlicher jüdischer Kleidung von Jerusalem aus in den Jemen und wandte sich dort bei seinen Nachforschungen in erster Linie an die jüdischen Gemeinden. Auf diese Weise vermochte er trotz der gewohnten Verdächtigungen und allgemeinen Feindseligkeit der Araber an siebenunddreißig Orten 685 Inschriften zu kopieren, alle mit genauer Beschreibung des Fundortes, der Anordnung und des Materials, auf denen sich die Epigraphe fanden. Nach seiner Rückkehr wurde Halévy zum Professor an der Akademie für Angewandte Forschung in Paris ernannt.

Auf Halévys erfolgreiche Reise folgten die für die Wissenschaft mindestens ebenso ergiebigen Fahrten des bekannten deutschen Semitisten Eduard Glaser, des Übersetzers des größten Teiles der südarabischen Epigraphe. In den Jahren 1882 bis 1889 unternahm Glaser mehrere Forschungsreisen in den Jemen, auf denen er alle nur denkbaren Tricks und gebotenen Vorsichtsmaßnahmen anwandte: Er verkleidete sich als Araber, gab vor, ein arabischer Kaufmann zu sein und lernte sogar Türkisch, was ihm während der türkischen Besetzung des Jemen sehr von Nutzen war. Er versprach den mißtrauischen Beduinen große Gewinne und ließ sich sogar von den Wüstenbewohnern brauchbare Kopien alter Inschriften anfertigen. Mit Glück und Geschick brachte er eine Sammlung von 1800 alten Texten zusammen.

So konnte 1889 ein umfassendes Werk in lateinischer Sprache über südarabische Epigraphe veröffentlicht werden – Teil IV behandelt die himjaritischen und sabäischen Inschriften –, das die Grundlage für alle weiteren Arbeiten über die präislamischen Sprachen Südarabiens bildete.

Das Alphabet, ein Geschenk Gottes

Unter den spärlichen literarischen Quellen der präislamischen Epoche bilden die zahlreichen Epigraphe aus der Zeit die einzige konkrete Basis für Forschungen über die südarabischen Länder des Altertums; die Legenden, die wenigen klassischen Texte und die phantasievollen Berichte der arabischen Geschichtsschreiber und Geographen können im Rahmen wissenschaftlicher Arbeit nur von Fall zu Fall mit herangezogen werden.

Den Widmungs-Epigraphen können wir die Namen der sabäischen Könige und Anführer entnehmen; sie geben uns außerdem eine Vorstellung von den Tempeln mit allen ihren Besonderheiten und den Attributen jeder Gottheit sowie Hinweise auf den sozialen Hintergrund der Zeit – aber nur wenige historische Daten. Kein Ereignis, keine Begebenheit – geschweige denn ein längerer Zeitabschnitt – dieser Epoche ist mit absoluter Sicherheit zu datieren. Ein ähnliches Schicksal war dem Volk der Etrusker beschieden, dessen Rätselhaftigkeit nicht zuletzt auf dem völligen Fehlen jeder schriftlichen Überlieferung beruht. Nur der Reichtum der etruskischen Gräber, die dort gefundenen Gerätschaften, Grabbeigaben und Wandmalereien haben uns gewisse Kenntnisse übermittelt.

Da sind wir im Falle Südarabiens besser dran – es gibt eine schriftliche Überlieferung, und die »Nachrichten« wurden sogar in einem relativ einfach zu bestimmenden Alphabet niedergeschrieben. Hätte es sich wie bei der Schrift der Ägypter, Hethiter und Mesopotamier um Ideogramme gehandelt, so tappte die Forschung vielleicht heute noch im dunkeln – zumal kein einziger zweisprachiger Epigraph aus der sabäischen oder minäischen Zeit gefunden wurde, das heißt kein Text, der die unbekannte Schrift zusammen mit einer Übersetzung in eine bekannte Sprache zeigt – wie etwa der für die Ägypten-Forschung so entscheidende Stein von Rosette. Zwar gibt es eine doppelsprachige Steininschrift aus dem präislamischen Arabien, aber sie erwies sich als wenig aufschlußreich: Auf der Insel Delos wurde eine Textzeile in minäischer und griechischer Schrift entdeckt und in das 2. Jahrhundert v. Chr. datiert; eine Epoche, in der das Volk der Minäer schon seit langem nicht mehr existierte.

Phonetischer Wert	Sabäisch	Lihjanitisch	Thamudisch	Safaitisch	Frühes Äthiopisch
'					
b					
g					
ḏ					
d					
h					
w					
z					
ḥ					
ḫ					
ẓ					
ṭ					
y					
k					
l					
m					
n					
s					
ǵ					
'					
p					
ḍ					
ṣ					
q					
r					
š					
ṯ					
t					

Darstellung der Schriftzeichen der südarabischen Alphabete entsprechend der zeitgenössischen Theorie.

Aus dem Studium der uns heute zur Verfügung stehenden Texte haben sich gewisse Schlußfolgerungen ergeben: Das Alphabet besteht aus 29 Buchstaben, wie bei fast jeder semitischen Schrift ohne Zeichen für die Kurzvokale (der Satz »Bismi Allahi ar rahmani ar rahimi« sieht also geschrieben so aus: Bsm allah ar rhmn ar rhim). Die Sprache gehört zur südlichen Gruppe der semitischen Sprachen und wird in verschiedene Dialekte unterteilt: minäisch, sabäisch, himjaritisch, hadramitisch und ausanisch (von letzterem existieren nur sehr wenige Texte).

Bei den ältesten Inschriften ist eine Tendenz zur Bustrophedon-Zeilenfolge zu bemerken, das heißt, eine von rechts nach links geschriebene Zeile wird in der folgenden Zeile von links nach rechts weitergelesen und wieder von rechts nach links fortgeführt, anstatt gleichmäßig und im Text durchgehend von rechts nach links. (Der Begriff »bustrophedisch« stammt aus dem Griechischen und bedeutet wörtlich übersetzt »den Ochsen wenden«, so wie es der Bauer beim Pflügen auf dem Feld tut.)

Die Epigraphe der späteren Zeit sind alle von rechts nach links geschrieben, wie alle anderen semitischen Schriften auch. Außer den südarabischen Inschriften, die aufgeteilt werden in minäisch, sabäisch, himjaritisch, hadramitisch und ausanisch, gibt es noch die verschiedenen Sprachen Nordarabiens, die vor allem an den Handelsplätzen der Großen Karawanenstraße gesprochen wurden. Diese Sprachen gehören zur südsemitisch-nordarabischen Gruppe und werden unterteilt in:

Thamudisch – insgesamt 2000 Inschriften, die nach Meinung mehrerer Forscher von der Mitte des 2. Jahrtausends v. Chr. bis etwa 500 n. Chr. datiert werden; F.V. Winnet hat sie zuverlässig unterteilt in: Inschriften des 6. Jahrhunderts v. Chr., Inschriften der hellenistischen Epoche, Inschriften des 3. und 2. Jahrhunderts v. Chr., Inschriften der römischen Epoche.

Dedanitisch – in der Oase von Dedan (heute Oase al Ula), im Norden von Mejaz gefundene Inschriften. Die ältesten dieser etwa 400 Inschriften stammen nach Winnet aus dem 7. Jahrhundert v. Chr., nach W. F. Albright aus dem 8. Jahrhundert v. Chr.

Lihjanitisch – etwa 400 Inschriften, die entsprechend ihrer Datierung in zwei Gruppen unterteilt werden. Eine genaue zeitliche Bestimmung ist nicht möglich; nach Ansicht von Winnet und Albright stammen sie aus dem Zeitraum zwischen dem 6. und dem 3. Jahrhundert v. Chr.

Safaitisch (oder safaitanisch) – diese Inschriften wurden in noch größerer Zahl als die thamudischen gefunden, und zwar im Gebiet von Safa, südöstlich von Damaskus. Sie werden in das 2. und 3. Jahrhundert n. Chr. datiert.

Die Texte sind mit größter Wahrscheinlichkeit ein Beweis für die Ausdehnung der frühen südarabischen Länder bis an die Grenzen der hebräischen und phönizischen Reiche am Mittelmeer. Die alten Lettern der

Mittleres Südarabisch	Heutiges Arabisch	Phonetischer Wert	Mittleres Südarabisch	Heutiges Arabisch	Phonetischer Wert	Mittleres Südarabisch	Heutiges Arabisch	Phonetischer Wert
○	ع	'	Ⲕ	ك	c	Ħ	ذ	ḏ
⊖	و	u	⋔	س	s	Ħ	د	d
٩	ي	i	⋔	ا	a	Ⅲ	م	m
8	ث	ṯ	Ⲣ	ظ	ẓ	Ⅰ	ش	š
φ	ق	q	⋔	ص	ṣ	X	ت	t
٦	ج	g	Ч	ه	'	X	(ﺵ)	ʃ
1	ل	l	Ѱ	ح	ḥ	⋈	ز	z
Ⴌ	ن	n	Ч	خ	ḵ	◆	ف	f
Π	ب	b	⊟	ض	ḍ	⋗	ر	r
Ⅲ	غ	ġ	Ⅲ	ط	ṭ	Ⅰ		Zeichen für die Worttrennung

Das mittlere südarabische Alphabet. Die Aufstellung entspricht nicht der phönizischen und arabischen Anordnung, sondern einer der schnellen Aufschlüsselung der südarabischen Buchstaben entsprechenden Reihung, auf deren Folge Mandels Theorie einer »Poetischen Sequenz« basiert.

verschiedenen südarabischen Schriften (*al Mcsnud* genannt) sind von bestechender Schönheit und Eleganz der Linienführung; die wohlproportionierten geradlinigen Schriftzeichen von archaischer Form bilden ein harmonisches Schriftbild, wie es sich in keiner anderen semitischen Sprache findet. Die technische und ideologische Perfektion der frühesten bekannten sabäischen Inschriften verrät ein hohes Maß an Bildung und Kultur eines Volkes, das keineswegs »barbarisch«, sondern hochzivilisiert gewesen sein muß. Diese Epigraphe sind oft in der sogenannten Schlangenschrift abgefaßt. Auf einigen sorgfältig in Stein geschnittenen Inschriften sind geometrische Buchstaben zu erkennen; vier Parallelzeichen, auf die die Lettern proportional abgestimmt sind. Es sind heute nur wenige andere ebenso sorgfältig konzipierte Alphabete des Altertums bekannt. Diese Perfektion des alten südarabischen Alphabets läßt auf einen langen Entwicklungsprozeß schließen. Mit großer Wahrscheinlichkeit entstand die sabäische Schrift, so wie alle anderen Inschriften der Zeit, aus einer Begriffs- oder Bilderschrift, doch Genaueres wissen wir darüber immer noch nicht.

In der späten und letzten sabäischen Periode verlieren die Schriftzeichen ihre Klarheit und Einfachheit; Querstriche (Serifen) werden hinzugefügt, rein dekorative Formen mit betonten Querstrichen und zuweilen gewundenen Buchstaben überwiegen. Es kann sich hierbei um Vokalisationen handeln, wie sie auch das äthiopische Alphabet aufweist.

Über den Ursprung des äthiopischen Alphabets haben die meisten Forscher ihre eigene Meinung. Die einen sind der Ansicht, daß sich die äthiopische Schrift aus dem griechischen Alphabet entwickelt hat; andere halten das indische, syrische, koptische oder samaritanische für den eigentlichen Ausgangspunkt. Wellsted und Rödiger zum Beispiel betrachten das äthiopische Alphabet als eine Ableitung aus der alten sabäischen Schrift. Die Bewohner des alten Südarabiens besetzten Äthiopien und Eritrea und führten im Rahmen ihrer Herrschaft ihre eigene Sprache und Schrift dort ein. Zahlreiche sabäische Epigraphe wurden zusammen mit Überresten antiker Monumente und Skulpturen eindeutig südarabischer Herkunft in Aksum gefunden. Als sich Äthiopien allmählich von seinen Kolonialherren befreite, war auch die Schrift des Landes einem Entwicklungsprozeß unterworfen (5. Jahrhundert n. Chr.), der mit der Vokalisation eines jeden Schriftzeichens endete. Von jetzt an wurde auch von links nach rechts geschrieben, anstatt wie bisher von rechts nach links. Die sabäische Schrift behielt trotzdem noch bis etwa ins 9. Jahrhundert n. Chr. ihre Gültigkeit; nur wissen wir heute nicht mehr, ob dieser Tatbestand auf das – rein dekorative – Schriftbild oder auf noch vorhan-

Abgeleitete Buchstaben		Originalbuchstaben	
Phonetischer Wert	Amharitisch	Phonetischer Wert	Äthiopisch
sha	ሸ	sa	ሰ
cha	ቸ	ta	ተ
ña	ኘ	na	ነ
kh'a	ኸ	ka	ከ
ja or zha	ዠ	za	ዘ
dja	ጀ	da	ደ
tcha	ጨ	ṭa	ጠ

Äthiopische Lettern nach der Ableitung aus dem Südarabischen sowie ihre Entsprechung zum zeitgenössischen Alphabet.

dene Überreste einer seit langem toten Sprache zurückzuführen ist. Die größten Schwierigkeiten bei der Untersuchung der südarabischen Schriften liegen in der Bestimmung ihres Ursprungs und in ihrer Datierung. Einige Wissenschaftler setzen die frühesten Inschriften im 10. Jahrhundert v. Chr. an, andere wieder um tausend Jahre früher.

So stand es zum Beispiel für Albright nach seiner 1950 unternommenen Expedition in das Hadramaut fest, daß die katabanische Schrift zwischen 400 und 50 v. Chr. zu datieren ist, dem Jahr der Zerstörung der Stadt Timna. (Aus historischer Sicht bleibt dies jedoch noch zu beweisen.) Und der Semitist Albert Jamme meinte zur gleichen Zeit, eine von ihm entdeckte katabanische Schrift stamme aus dem 11. bis 12. Jahrhundert v. Chr.

Jacqueline Pirenne versuchte eine Datierung aufgrund der künstlerischstilistischen Merkmale der Monumentalschrift, ohne dabei jedoch zu beweiskräftigen Ergebnissen zu kommen. Es ist zweifellos verdienstvoll, die Ursprünge des Alphabets auf ästhetische Fakten zurückzuführen, auch erlaubt dies bis zu einem gewissen Grad eine eindeutige Unterteilung der Epigraphe. Die stilistisch-ästhetische Methode erscheint heute überhaupt am überzeugendsten bei der Datierung einer im äußerlichen Bild gleichmäßigen Monumentalschrift ohne Kursivzeichen (abgesehen von einigen besonders dekorativen Monogrammen), die sich zumeist in der Graffiti-Technik roh eingeritzt auf den geglätteten Flächen großer Felsblöcke und Höhlenwände findet. Die auf Tonscherben stehenden Lettern sind jedoch ebenso schwierig zu entziffern und zu bestimmen wie die auf Felsblöcken gefundenen Inschriften. Letztere scheinen entsprechend ihrer Anordnung und primitiven Kerbtechnik von Hirten und Kameltreibern in die Felsen geritzt zu sein; dies läßt wiederum auf eine weite Verbreitung der südarabischen Schriften in präislamischer Zeit schließen: Nicht nur die Gebildeten konnten schreiben und lesen, sondern auch das einfache Volk.

Man muß sich nun fragen, wo die handgeschriebenen Manuskripte dieser Völker geblieben sind, da bisher keine südarabische Schrift auf »vergänglichem Material« entdeckt wurde. Es ist bekannt, daß die Südaraber große Kaufleute waren, die Handel mit dem Orient und zahlreichen Mittelmeerländern trieben. Bei ausgedehnten Handelsbeziehungen ist die Verwendung von Zahlen unerläßlich; man kann nicht Hunderte von Lastkamelen mit Waren in Karawanen durch die Wüste führen, ohne dabei ein Ziffer- und Namensverzeichnis anzulegen, ohne Schulden und Kredite, Einnahmen und Ausgaben zu notieren. Wir kennen heute zwar eine ganze Reihe alter südarabischer Schriften, es stand jedoch niemals eine

	a	*û*	*î*	*â*	*ê*	*e**	*ô*
h	ሀ	ሁ	ሂ	ሃ	ሄ	ህ	ሆ
l	ለ	ሉ	ሊ	ላ	ሌ	ል	ሎ
ḥ	ሐ	ሑ	ሒ	ሓ	ሔ	ሕ	ሖ
m	መ	ሙ	ሚ	ማ	ሜ	ም	ሞ
sh	ሠ	ሡ	ሢ	ሣ	ሤ	ሥ	ሦ
r	ረ	ሩ	ሪ	ራ	ሬ	ር	ሮ
s	ሰ	ሱ	ሲ	ሳ	ሴ	ስ	ሶ
q	ቀ	ቁ	ቂ	ቃ	ቄ	ቅ	ቆ
b	በ	ቡ	ቢ	ባ	ቤ	ብ	ቦ
t	ተ	ቱ	ቲ	ታ	ቴ	ት	ቶ
kh	ኀ	ኁ	ኂ	ኃ	ኄ	ኅ	ኆ
n	ነ	ኑ	ኒ	ና	ኔ	ን	ኖ
'a	አ	ኡ	ኢ	ኣ	ኤ	እ	ኦ
k	ከ	ኩ	ኪ	ካ	ኬ	ክ	ኮ
w	ወ	ዉ	ዊ	ዋ	ዌ	ው	ዎ
`	ዐ	ዑ	ዒ	ዓ	ዔ	ዕ	ዖ
z	ዘ	ዙ	ዚ	ዛ	ዜ	ዝ	ዞ
y	የ	ዩ	ዪ	ያ	ዬ	ይ	ዮ
d	ደ	ዱ	ዲ	ዳ	ዴ	ድ	ዶ
g	ገ	ጉ	ጊ	ጋ	ጌ	ግ	ጎ
ṭ	ጠ	ጡ	ጢ	ጣ	ጤ	ጥ	ጦ
p	ጰ	ጱ	ጲ	ጳ	ጴ	ጵ	ጶ
ṣ	ጸ	ጹ	ጺ	ጻ	ጼ	ጽ	ጾ
ḍ	ፀ	ፁ	ፂ	ፃ	ፄ	ፅ	ፆ
f	ፈ	ፉ	ፊ	ፋ	ፌ	ፍ	ፎ
p	ፐ	ፑ	ፒ	ፓ	ፔ	ፕ	ፖ

Heutiges äthiopisches Alphabet.

einzige Ziffer in diesen Texten; wir wissen bis heute nicht, wie sie ihre Berechnungen und Numerierungen schriftlich festhielten. Und noch eine, vielleicht wichtigere Frage steht im Raum: Woher stammt eigentlich dieses Alphabet?

Es ist durchaus möglich, daß die südarabische Schrift – wie auch andere Schriften – sich aus gemalten Epigraphen und Zeichnungen entwickelt hat, wobei der Übergang von der Bilderschrift zum Alphabet durch die Begegnung seßhafter Siedler und Nomaden vielleicht gefördert wurde. Der seßhafte Ackerbauer, Viehzüchter oder Handwerker pflegt nach der Arbeit des Tages die Pflanzen und Sträucher seiner näheren Umgebung aus geringer Entfernung zu betrachten. Auch nach längerer Zeit ist er noch imstande, sich an alle Einzelheiten der Blüten, Blätter und Zweige zu erinnern. Der Nomade dagegen sieht auf seiner fortgesetzten Wanderung durch die Steppe stets neue Pflanzen. Er ist nicht auf spezielle Eigenarten und besondere Formen fixiert, sondern abstrahiert entsprechend seiner Wahrnehmung und Aufnahmefähigkeit das Wesentliche des Gesehenen. Will der Siedler etwa »Pferd« oder »Haus« schreiben, so versucht er ein Pferd oder ein Haus zu zeichnen. Hat der Nomade bei Eroberungszügen, Überfällen oder auch bei Handels- und Tauschgeschäften Kontakt mit Siedlern, so denkt er später nicht an die dort entstandene Bilderschrift und ihre Wortbedeutung, sondern an den Klang dieses Wortes. Nicht die Figur, sondern ihr Symbol bleibt in seinem Gedächtnis haften; er vereinfacht das Ideogramm und seine jeweilige Bedeutung. So entstand nach einem längeren Entwicklungsprozeß das Alphabet; als Abstraktion gemäß der Natur des Nomaden, auf der Basis der Versinnbildlichung entsprechend der Natur des Siedlers. Wahrscheinlich entstand auch das Alphabet der alten südarabischen Schriften auf diese Weise; das Rätsel der ihm zugrunde liegenden Bilderschrift bleibt dadurch jedoch ungelöst. Wir wissen nicht einmal, ob diese Bilderschrift autochthon war oder durch bestimmte Einflüsse von außen entstanden ist.

Das südarabische Alphabet mit seinen 29 Buchstaben erscheint so vollkommen, als sei es einst in einer einheitlichen stilistischen Linienführung angelegt worden. Diese Schriftzeichen können durchaus auch aus einer sehr viel älteren Schrift hervorgegangen sein – einer Mehrkonsonantenoder auch Bilderschrift –, die jedoch ebenfalls südarabischen Ursprungs war oder sich wenigstens weitaus enger an arabische Lettern anlehnte als das Proto-Sinaitische, das einige Wissenschaftler als Ursprung des Südarabischen annahmen.

Für das Südarabische gilt heute die Sinaitische Theorie, nach der sich alle mediterranen Alphabete aus dem Proto-Alphabet des Sinai ableiten, als

Heutiges Hebräisch	Südarabisch	Sinaitisch	Kanaanäisch-Phönizisch	Keilschrift
1				
2				
3				
4				
5				
6				
7				
8				
9				
10				
11				
12				
13				
14				
15				
16				
17				
18				
19				
20				
21				

Vergleichende Schrifttafel des Südsemitischen oder Südarabischen, des Frühsinaitischen (kanaanäisch-phönizisch) und der ugarritischen Keilschrift von Ras Shamra (nach Martin Sprengling).

94

anerkannte These – vor allem, da sich einige sinaitische Schriftzeichen auch im Südarabischen finden; nur sind sie dort anstatt in horizontalem ausschließlich in vertikalem Verlauf geschrieben. Die Vertreter der Sinaitischen Theorie behaupten, dies sei einst aus ästhetischen Gründen im Zuge der Angleichung aller Lettern geschehen. Die Ähnlichkeit gewisser Schriftzeichen genügt jedoch noch nicht, um auch das Südarabische unter die vom Proto-Sinaitischen abgeleiteten Alphabete einzureihen. Außerdem veränderten und entwickelten einige Völker des Mittelmeerraumes ihre Schriften ununterbrochen – zum Beispiel die Hebräer, die Griechen und die Italiker. Das während der gleichen Periode wie die erwähnten anderen Sprachen geschriebene und gesprochene Südarabisch erwies sich jedoch als äußerst beständig.

Eine andere Theorie führt die südarabische Schrift auf das minoische Alphabet zurück und sucht eine Wechselbeziehung mit dem Kretischen nachzuweisen. Die Verfechter dieser Theorie bezeichnen die Linearschrift aus diesem Grunde als Ägyptisch, von dem sowohl das Kretische als auch das Proto-Nordsemitische abstammen könnte. Schenkten wir dieser Hypothese Glauben, so müßten wir wie Plinius d. Ä. zu der Überzeugung gelangen, daß die südarabischen Minäer die Nachfahren der von König Minos regierten Kreter waren. Und diese Kreter sollen nach einer Naturkatastrophe oder einem feindlichen Überfall ihre Insel verlassen und in den Jemen gelangt sein, woher sie schon seit langem den für ihre Opfer benötigten Weihrauch bezogen. Sie sollen ihre Priester-Königinnen in den Jemen gebracht und den Kult des Stierkampfes eingeführt haben, der immer wieder auf den Friesen und den Skulpturen der präislamischen Epoche Arabiens erscheint; auch die Vorliebe für Schmuck und Dekorationen griechischen Stils läßt sich bei archäologischen Funden in Südarabien nachweisen. Vergleichen wir die mediterranen Alphabete und die von ihnen abgeleiteten Lettern des klassischen griechischen und römischen Alphabets miteinander, so stellen wir fest, daß die südarabische Schrift von einer beeindruckenden Geradlinigkeit und Ausgewogenheit ist, die sie von allen anderen bekannten Schriften der Zeit unterscheidet. Nur in ein paar Fällen gibt es auch bei anderen Schriften die beiden Querstriche, die die Lettern in den großen Epigraphen horizontal abschließen, oder den Vertikalstrich zur Trennung einzelner Worte. Diesen monumentalen Aufbau, das Streben nach formaler Strenge zusammen mit einer präzisen und harmonischen Gliederung der Buchstaben finden wir vergleichbar nur noch in einer Schrift, von der wir nur wenige Zeugnisse besitzen: Es ist die Schrift eines Volkes aus dem Industal, das zwischen dem 4. und dem 3. Jahrtausend v. Chr. im Norden Pakistans lebte.

Bezeichnung der Buchstaber	Phonetischer Wert	Nord-semitisch	Früh-phönizisch	Spät-phönizisch	Neupunisch
aleph	'				
beth	b				
gimel	g				
daleth	d				
he	h				
waw	w				
zain	z				
ḥeth	ḥ				
ṭeth	ṭ				
yod	y (i)				
kaph	k				
lamed	l				
mem	m				
nun	n				
samek	s				
'ain	'				
pe	p (ph)				
ṣade	ṣ				
qoph	q				
reš	r				
šin	sh–s				
taw	t				

Die Entwicklung des phönizischen Alphabets.

Die südarabische und die nordpakistanische Kultur des Industales weisen gewisse Parallelen auf: bestimmte dekorative Elemente in den ältesten Architekturbeispielen; ähnlich erstaunliche Fähigkeiten bei der Anlage und dem Bau großer Dämme und Kanalsysteme; vergleichbare Steinfundamente und Ziegelbauten. Und am Ende steht eine ebenso abrupte Vernichtung der indischen Kultur, wie sie die minäische erlebte. Genug Material, um dieser Hypothese aufmerksamer nachzugehen.

Eine weitere, jedoch mit größerer Skepsis aufzunehmende Theorie ist die von der mutmaßlichen Existenz einer früheren nordafrikanischen Schrift in einfachen geometrischen Buchstaben. Aus dieser Schrift wird die einzige autonome Schrift Nordafrikas abgeleitet, die noch heute von dem Stamm der Haussa in Nigeria benutzt wird: das sogenannte Tifinagh. Diese Schrift wird in Letterngruppen, beginnend unten rechts, geschrieben; einige Buchstaben könnten zwar vereinfachte Schriftzeichen des Südarabischen sein, der direkte Vergleich mit den nordsemitischen Schriften spricht jedoch gegen diese Ableitungshypothese.

In einigen Legenden heißt es, die Berber Marokkos seien ein jemenitischer Stamm, der einst von dem sagenhaften Eroberer Ifriqis angeführt wurde. Nun besteht eine so große Ähnlichkeit zwischen den Häusern der Jemeniten und denen der Berber, daß diese Annahme auch durch die Erwähnung in wissenschaftlich nicht fundierten Quellen bestätigt zu werden scheint. In diesem Falle wäre ein Vorläufer der alten südarabischen Schriften der Minäer und Sabäer ein noch älteres geometrisches Alphabet, das sich nur begrenzt in Libyen entwickelte und erst im Jemen weiter differenziert und zu seiner monumentalen Größe ausgebildet wurde. Aus diesem libyschen Alphabet scheint sich auch das iberische Alphabet abzuleiten, allerdings mit einer weitgehenden Differenzierung der phonetischen Laute und dem Fortfall aller im Iberischen nicht gebrauchten Buchstaben.

Eine weitere Theorie besagt, daß das uns heute bekannte Arabisch nicht aus den alten südarabischen Schriften hervorgegangen ist, sondern aus der kufischen Schrift; das Kufische wiederum wird von einigen Forschern aus dem alten Nabatäisch abgeleitet. Dabei hat das Kufische eigentlich nur wenige Berührungspunkte mit dem Nabatäischen; kufisch ähnelt in seinem verfeinerten Stil außerordentlich der eleganten Kursivschrift des Ägyptisch-Demotischen und scheint eher der spätethitischen Kursivschrift zuzuordnen zu sein. Sollte einmal eine südarabische Kursivschrift entdeckt werden, so hätten wir damit vielleicht den wahren Vorläufer der kufischen Schrift gefunden. Eine Entdeckung dieser Art erscheint jedoch bis heute äußerst unwahrscheinlich.

Symbole der kretischen Linear-B-Schrift (nach Michael Ventris).

Die Möglichkeit, das Südarabische aus einer älteren Bilderschrift abzuleiten, scheint mir nur durch eingehendes Studium der religiösen Symbole gegeben, die den Beginn der Inschriften auf den nicht-kegelförmigen jemenitischen Andachtstafeln bilden. Diese Symbole erinnern entfernt an die Bilderschrift der Hethiter; in zahlreichen Fällen ist in ihnen die Weiterentwicklung einer noch älteren Bilderschrift zu sehen.

Zum Schluß sollen die insgesamt etwa 4000 südarabischen Texte, unabhängig von ihrem Schriftbild, in einem übergeordneten Zusammenhang gesehen werden.

Zu beklagen ist vor allem die außerordentliche Kürze dieser Inschriften, die im allgemeinen als Widmungen an großen Bauwerken oder bei Opfergaben im Tempel zu verstehen sind. Wir finden Grab- und Votivinschriften, kurze architektonische, historische und kulturhistorische Anmerkungen von zumeist äußerster Knappheit. Fast alle Inschriften wurden in Stein gemeißelt, einige finden sich auch als Reliefs herausgearbeitet, nur wenige in Bronze eingekerbt oder gegossen. Eines der schönsten Epigraphe ist zweifellos die Monumentalschrift über den Erlaß des fünften Königs von Saba, Yada ell Baeyn (560–540 v. Chr.?), die im Tempel von Sirwah gefunden wurde. Ein Marmor-Monolith von acht Meter Höhe, vier Meter Breite und einem Gewicht von fünfzehn Tonnen zeigt die Inschrift als Relief in sieben Längsstrichen mit gegeneinander abgesetzten Ecken auf seinem Sockel.

Erstaunlich ist die handwerkliche Qualität dieser Reliefinschrift, von der mit großer Wahrscheinlichkeit lediglich ein kleiner Teil gefunden wurde, der nur unter großen Schwierigkeiten transkribiert werden konnte. Es fanden sich auch keine ähnlichen Inschriften dieser Größe und Anordnung auf anderen Materialien. Wie bereits erwähnt, ist bisher keine südarabische Schrift auf vergänglichem Material gefunden worden; das ist besonders erstaunlich, da wir wissen, daß die Südaraber der präislamischen Zeit Kontakte zu den Griechen hatten, die das Pergament besaßen, Handelsbeziehungen mit den Ägyptern pflegten, die auf Papyrus schrieben, sowie mit den Phöniziern, die ihre Landkarten auf Stoffbahnen zeichneten. Die Araber des alten Jemen müssen außerdem gewußt haben, daß die Römer Wachstäfelchen für ihre Notizen verwendeten, daß die Hebräer Schriftrollen besaßen und die Nabatäer auf gebleichten Naturholztafeln schrieben. Wir müssen annehmen, daß auch die Südaraber längere Schriften von untergeordneter Bedeutung sowie wichtige literarische Zeugnisse ihres Lebens und ihrer Kultur hinterlassen haben. Wahrscheinlich existieren in unbekannten jemenitischen Bibliotheken transkribierte und übersetzte Texte dieser versunkenen Kulturen; doch bis heute hat sie noch kein Europäer zu Gesicht bekommen. Der Imam des Jemen besaß einst eine der schönsten und kostbarsten Sammlungen hebräischer, arabischer und persischer Schriften des Altertums. Heute ist er in die Berge im Osten des Landes verbannt und befindet sich im Kriegszustand mit der Volksrepublik Jemen. Niemand weiß, wo sich seine Bibliothek jetzt befindet. Im Königspalast von Sanaa, in der Zitadelle im äußersten Osten der Stadt, gibt es eine »Schatzkammer der Manuskripte«, die jedoch noch nie besichtigt werden durfte. Der Zugang zu dieser Schatzkammer und zu der gesamten Zitadelle ist, offenbar aus militärischen Gründen, streng verboten.

»Lebensgefahr! Stop! Ausgrabungen unterbrechen!«

Nach dem großen Interesse, das die Inschriften der verschiedensten alten Kulturen in Europa gefunden hatte, war es nur natürlich, daß sich die allgemeine Aufmerksamkeit nun den Ausgrabungen an den entsprechenden Stätten zuwandte. Große archäologische Expeditionen stießen auf die Schätze der Atriden und der Trojaner, Ninive und Babylon wurden entdeckt, die Städte von Cyrus und die Königsgräber der ägyptischen Pharaonen im Tal der Könige legte man ebenso frei wie die Tempel und Städte der Maya, die Pyramiden der Azteken, die prachtvollen Tempelanlagen von Angkor Wat und Borobudur im Dschungel Indonesiens. Auch die uralten Paläste von Knossos und Apadana konnten rekonstruiert werden. Die Welt wurde von einem allgemeinen Ausgrabungsfieber ergriffen – nur an Südarabien ging diese Welle vorbei, über seinen Ruinenfeldern schien ein geheimer Bann zu liegen.
Wie wir bereits erwähnten, berichtet der *Koran,* daß die südarabischen Reiche des Altertums in Prunk und Überfluß lebten, bis der Zorn Gottes sie ereilte. Entsprechend den Kommentaren aus dem 10. Jahrhundert zur 34. Sure des *Korans,* der Sure, die vor den Sabäern handelt, strafte Gott das Volk für den Hochmut derjenigen Menschen, die »Studien betrieben und Funde gemacht, die nicht mehr im Einklang mit der Natur standen«. Wir wissen nicht, was mit der Stadt geschah, die einst von blühenden Gärten umgeben war und heute von Wüste eingeschlossen ist. Nur über Marib lesen wir im *Koran:* »...und da sandten wir über sie die Flut des Dammbruchs und vertauschten ihnen ihre beiden Gärten mit zwei Gärten von bitterer Speise und Tamariske...« (Sure 34, 15 ; s. dazu Abb. S. 130)
Der *Koran* bewahrt auch die Erinnerung an die darauffolgende Zerstörung weiterer südarabischer Städte und die der Katastrophe vorausgehende Verdammung durch Gott (Sure 9, 70; Sure 11, 100, 102, 117 ; Sure 12, 109 ; Sure 17, 16, 58–59 ; Sure 21, 6–18, 95 ; Sure 22, 45 ; Sure 28, 58–59 ; Sure 46, 27 ; Sure 65, 8–10 ; Sure 69, 9–10).
Wenn wir an die uns heute ständig erreichenden Nachrichten über Störungen des ökologischen Gleichgewichts auf der Erde denken, dann soll-

ten wir auch diese Texte nicht als bloße Märchen abtun. Es sei auch noch darauf hingewiesen, daß in Sure 18, 94–97, eindeutig von atomaren Strahlungen gesprochen wird – im Zusammenhang mit der Zerstörung südarabischer Städte auch an anderer Stelle des Korans. In der gleichen Sure, 18, 65, wird eine Geheimwissenschaft erwähnt, die Gott nur wenige Eingeweihte gelehrt hat und die von ihnen an Moses weitergegeben wurde. Dhul Qarnayn ließ gegen die zerstörerischen Kräfte Gog und Magog einen Wall aus Metallplatten errichten; dennoch wurde ein riesiges Gebiet von diesen Kräften zerstört. Heute werden zum Schutz gegen Atomstrahlen Bleischirme verwendet, die es im Arabien des Altertums noch nicht gab; Eisen wurde ebenfalls noch nicht gegossen – dennoch ist sowohl in Legenden als auch in Epigraphen aus der Zeit von »metallenen« Wänden und Wällen, von Platten und Blöcken, von Rohren und Kanälen die Rede.

In Sure 21, 95–96, lesen wir: »Und ein Bann sei auf jeder Stadt, die wir vertilgen, daß sie nicht wiederkehre. Bis Gog und Magog den Weg geöffnet haben und sie von allen Höhen herbeieilen.« Es scheint beinahe, als habe bis zum Ende des vergangenen Jahrhunderts ein unbekannter Fluch auf allen gelegen, die den Versuch unternahmen, wichtige Entdeckungen in den Ländern Südarabiens zu machen.

Auf alle Fälle gehört Südarabien zu den Gebieten archäologischer Arbeit, die zahlreiche Opfer gefordert und den Forschern große Strapazen und Entbehrungen abverlangt haben. Die Resultate der Expeditionen sind bis heute relativ gering: Nach zahlreichen Grabungen und Untersuchungen vor Ort wurden schließlich einige Kalksteinmauern, granitene Fundamente und zwei oder drei Tempel freigelegt. Mehr hat man bis jetzt nicht gefunden; und es sieht ganz so aus, als ob wir uns mit dieser Ausbeute vorerst auch begnügen müssen.

Als wichtigstes archäologisches Unternehmen gilt die von Wendell Phillips geleitete Expedition der American Foundation for the Study of Man (»Amerikanische Stiftung zur Erforschung des Menschen«), an der sich so bekannte Forscher wie William F. Albright, Albert Jamme, Alexander A. Honeyman und Frank P. Albright beteiligten. Sie unternahmen im Gebiet des Protektorats von Aden 1950/51 Ausgrabungen, im Jemen 1951/52 und in Oman 1952/53.

Bei Grabungen in Kataba, Hadramaut, legten sie einen Abschnitt von Timna, der Hauptstadt des alten Königreiches von Kataba, frei; dabei kamen der Tempel, das Südtor und zahlreiche Ruinen von Häusern der alten Stadt zum Vorschein; außerdem wurden Inschriften gefunden, als deren Entstehungszeit etwa 2000 bis 1500 v. Chr. angenommen wurde. Jamme fand in Kataba eine Inschrift, die er in das 11. bis 12. Jahrhundert v. Chr. datierte – dieses Epigraph gilt unter allen bisher entdeckten Inschriften als das älteste überhaupt.

Wendell Phillips beschreibt in seinem Expeditionsbericht, wie sie die Inschriften der ersten katabanischen Könige fanden und im Anschluß daran eine annähernde, zeitliche Reihenfolge der Dynastien aufzustellen versuchten. Die Entdeckung nur weniger Gräber würde genügen, um die historische Chronologie dieser südarabischen Völker zu bestimmen und damit die Erforschung des immer noch so gut wie unbekannten alten Reiches in Südarabien – Kataba – weiterzubringen.

Nachdem die Gruppe die Erlaubnis der arabischen Behörden erhalten hatte, ihre Arbeit für ein weiteres Jahr fortzusetzen, ernannte Wendell Phillips Bob Carmean zum Leiter der Ausgrabungen in Marib und kehrte zur Beschaffung der notwendigen finanziellen Mittel für die Ausrüstung in die Vereinigten Staaten zurück. Bob Carmean traf am 7. Juni 1951 in Marib ein, kurze Zeit darauf folgte sein Assistent, der Fotograf Chester Stevens. Charlie McCollum begleitete den Transport der Ausrüstung von Beihan (Kataba) nach Marib, was sich als ein schwieriges und gefahrvolles Unternehmen erwies. Am 3. November 1951 konnte endlich mit der Arbeit begonnen werden.

Nach und nach förderten die unter der wissenschaftlichen Aufsicht des Archäologen Frank Albright (einem Schüler und Namensvetter des Forschers F. W. Albright) stehenden Grabungen wahre Wunderdinge zutage. Ein von Sandmassen verschütteter Tempel enthüllte allmählich seine über zehn Meter hohen quadratischen Pfeiler – die Überreste des berühmten Tempels des Mondgottes Ilumquh (auch Awwam-Tempel genannt) von Marib. Nicht weit davon entfernt erhoben sich in einem Umkreis von etwa 300 Metern die Ruinen der Außenmauern des elliptisch geformten Tempels von Mahram Bilqis, des Tempels der Königin von Saba; die Mauern waren neun Meter hoch und maßen über vier Meter in der Breite. Die Säulenhalle muß einst etwa fünfundzwanzig Meter im Quadrat gemessen haben und wurde wahrscheinlich von einem flachen Dach überspannt; ein angrenzender Komplex von mehreren Gebäuden mündete in einer Reihe von acht hohen Pfeilern. Unter mehreren Torbogen fanden sich viele Stufen, die einst ganz und gar mit Bronzeplatten verkleidet waren, denn an mehreren Stellen hatten sich große Mengen grünen Kupferoxyds in die steinernen Mauern und Stufen eingefressen. Im gesamten Tempelgebiet gab es deutliche Hinweise und Spuren auf größere Bauwerke sowie zahlreiche Begräbniskammern eines Mausoleums. In Anwesenheit der jemenitischen Aufseher und militärischen

Bewacher der Expedition wurden in der Tempelanlage Bronzestatuen, einige Tongegenstände, Marmor- und Alabasterbruchstücke sowie zahllose Fragmente von in Kalkstein gehauenen Inschriften gefunden. Das antike Marib begann glanzvoll aus jahrhundertealter Vergangenheit aufzusteigen.

Leider verschlechterten sich mit dem Fortschreiten der Ausgrabungsarbeiten die Beziehungen zu den arabischen Dienststellen, den Scherifs, Kadis und anderen Vertretern des Imam, mehr und mehr. Die Ursachen für die Schwierigkeiten mit der südarabischen Regierung gehen auch aus Wendell Phillips Bericht nicht eindeutig hervor. Er erklärte jedoch, daß die Probleme mit einem Telegramm begannen, das er noch in den Vereinigten Staaten erhielt, wo er sich ja bemühte, das notwendige Geld für die Expedition aufzutreiben. Das Telegramm lautete:

»Säulenstütze am Tempel von jemenitischem Arbeiter weggestoßen dadurch Kettenreaktion verursacht sechs Säulen umgestürzt stop Unser ägyptischer Aufseher Rais Gilani beinahe getötet stop Gouverneur Marib macht Jamme für Zwischenfälle verantwortlich obwohl Jamme zur Zeit meilenweit weg stop Jamme jetzt praktisch Marib gefangengehalten stop Chester von Gouverneur unter falscher Beschuldigung verhaftet habe Leben jemenitischer Arbeiter bedroht stop Prinz Hassans Vertreter Kadi Zeid Inan verlangt Aushändigung Jammes Latexgummikopien* Inschriften stop alle archäologischen Muster Albright weggenommen und unter Verschluß Gouverneur hat Schlüssel stop Soldaten stehlen fortgesetzt Nahrungsmittel aus Expeditions-Hauptquartier stop Bitte dringendst herkommen da fürchte daß Lage unhaltbar wird.«

Was war geschehen? Phillips selbst schildert es so, daß ein jemenitischer Arbeiter von rückwärts gegen einen der hölzernen Stützbalken eines antiken Pfeilers gestoßen war. Der Pfeiler hatte im Fallen sechs weitere Pfeiler mit sich gerissen, außerdem waren der ägyptische Aufseher der Grabungsarbeiten und ein jemenitischer Junge leicht verletzt worden. Betrachtet man Fotos von der Grabungsstelle, so ist unschwer zu erkennen, daß die Pfeiler und Tragebalken des Mauerwerks kaum abgesichert waren, nachlässig errichtete Gerüste sowie fehlende Sorgfalt bei der Leitung der Grabungsarbeiten waren zweifellos die Ursache für den Zwischenfall. Phillips geht darüber jedoch sehr rasch hinweg und meint, »der bedauerliche Unglücksfall« hätte sich »nie ereignet, wenn man der Expe-

---

* Durch Latex-Abdrücke wurde eine dauerhafte und exakte Wiedergabe der Inschriften auf alten Steinen erreicht: Nach mehrmaligem Auftragen dickflüssiger Latexlösung konnte die nach einiger Zeit angetrocknete Schicht mit mehreren Lagen Nesseltuch oder grobkörnigen Papiers und Gummilatex behutsam vom Stein abgezogen werden.

dition gestattet hätte, Zement heranzuschaffen, als die ihn verlangte, oder wenn die Straßen gebaut worden wären, auf denen sie den Zement hätte heranschaffen können«. Sicher hätte das Ganze aber auch durch fachgerechte Zimmermannsarbeit vermieden werden können. Nachdem Wendell Phillips den Imam des Jemen öffentlich beschuldigt hatte, er habe den Zement für die Befestigung der Grabungsfundamente nicht beschafft, spitzte sich die Situation immer mehr zu.

Phillips schreibt weiter:

»Nach dem Mittagessen und einem kurzen Bericht über die Lage in Marib durch Bob Carmean, Chester Stevens und Dr. Jamme fuhren wir die vier Kilometer zum Tempel hinaus, wo Dr. Albright die Ausgrabungen leitete. Noch ehe ich Dr. Albright hatte begrüßen können, kamen Rais Gilani und Shater Achmed, unsere beiden getreuen ägyptischen Aufseher, auf mich zugelaufen und baten, unverzüglich in ihre ägyptische Heimat zurückkehren zu dürfen. Es sei völlig unmöglich, in Marib zu arbeiten, erklärten sie, und es werde immer gefährlicher, sich hier aufzuhalten. Rais Gilani erzählte mir, in der vergangenen Woche habe einer der ägyptischen Soldaten einen Dschambija (arabischer Krummdolch) gezogen und gedroht, ihn umzubringen.«

Phillips tat alles, um eine Aussöhnung zu erreichen. Der Emir Sumsan, der Kadi Zeid Inan und der Regierungsvertreter Nagib Muhsin forderten eine Kopie der Latex-Abdrücke aller Inschriften.

»Dr. Jamme, so erklärte man mir, dürfe seine Arbeit nur unter der Bedingung wiederaufnehmen, daß er von jeder neu aufgefundenen Inschrift zwei zusätzliche Latex-Kopien mache sowie Latex-Abdrücke in doppelter Ausführung von allen bisherigen Inschriften. Dies war, wie die drei genau wußten, eine technische Unmöglichkeit. Ich beschloß deshalb, der ganzen Latexfrage ein für allemal ein Ende zu machen. Dr. Jamme, so teilte ich mit, werde hinfort beim Kopieren von Inschriften lediglich Papier und Bleistift verwenden. Unser gesamter verbleibender Vorrat an ungebrauchtem Latex werde Kadi Zeid Inan als Bakschisch (Trinkgeld) übergeben werden. Er könne dann selbst in der sengenden Sonne hinausgehen und sich soviel Latex-Abdrücke machen wie sein Herz begehrte.«

Wahrscheinlich hat sich Phillips die ganze Zeit über nicht klargemacht, daß die Jemeniten mit einigem Recht mißtrauisch waren gegenüber diesen Ausländern, die »ein Fenster in die Vergangenheit öffnen wollten«. Eines Abends brachte Ismail Jama, einer der jemenitischen Arbeiter, den Archäologen wichtige Neuigkeiten – der König habe den Gouverneur abberufen und das Archäologenteam damit auf Gnade und Ungnade den Soldaten, die die Arbeiten überwachten, ausgeliefert:

» › Was das Ganze noch schlimmer macht‹, fuhr Jama fort, ›ist etwas, das ich Ihnen schon gestern abend hätte sagen sollen. Aber Sie hatten schon so viel Sorgen. Gestern nachmittag hörte ich zufällig fünf Soldaten darüber reden, wie sie am besten einen Streit anzetteln könnten, um einige von uns umzubringen.‹

›Jama‹, fragte ich, ›wen von uns wollen sie am liebsten umbringen?‹ – ›Wahrscheinlich ist Dr. Jamme Nummer eins. Die Soldaten haben bemerkt, daß er die Hauptzielscheibe der Beamten ist, und sie hassen ihn am meisten, weil er so schwer arbeitet und sich nicht fürchtet. Oder vielleicht Mr. Bob, weil er zu viel über Marib weiß und hier so lange alles geleitet hat, aber er ist natürlich nicht da. Sie, Sahib, sind der nächste, und dann Chester, weil er schon zu lange hier ist.‹

›Und was ist mit Eileen?‹

›Sie würden ihr nichts zuleide tun – sie würde wahrscheinlich in einem Harem verschwinden‹, sagte Jama. ›Niemand würde mehr etwas von ihr hören.‹ «

Eileen war die Dolmetscherin der Expedition. Eine auch nur annähernde Kenntnis dieses Landes, dessen Frauen auch heute noch nur verschleiert die Straßen betreten, sowie etwas Einfühlungsvermögen hätten Phillips sicher klargemacht, daß er für ein Land so strenger Sitten, wie der Jemen es ist, wohl besser einen männlichen Dolmetscher gewählt hätte.

Phillips verließ sich auf die Nachrichten des arabischen Arbeiters, ohne weitere Erkundigungen einzuholen oder sich an offizielle Stellen um Hilfe zu wenden, und versammelte alle Mitarbeiter zu einer Besprechung. Das Ergebnis dieser Beratung lautete: Flucht – es erschien klüger, die eigene Haut zu retten als die gefundenen Gegenstände. Eine Flucht war jedoch bei einer derart großen Anzahl von Wachsoldaten gar nicht so einfach zu bewerkstelligen; also wurde das Gerücht verbreitet, daß am folgenden Tag Filmaufnahmen für einen Dokumentarbericht gedreht werden sollten. Phillips ließ sämtliche Benzinvorräte in zwei Lastwagen verladen, und am nächsten Morgen begab sich die Autokolonne wie gewöhnlich zum Ruinenfeld. Die zwei Lastwagen mit den Mitgliedern der Expedition entfernten sich langsam, um »Filmaufnahmen zu drehen«, fuhren dann aber, ohne anzuhalten, mit großer Geschwindigkeit in einer riesigen Sandwolke davon. Sie gelangten, verfolgt von einer bewaffneten jemenitischen Kamelreitertruppe, bis nach Kataba – während die Telegrafen des Landes bereits summten, um die Grenzposten zu verständigen.

Diese Geschichte hört sich zwar sehr aufregend an, erscheint mir aber doch ein wenig übertrieben. Die beiden Lastwagen mußten eine kilometerlange Strecke durch die Wüste zurücklegen, um zur Grenze zu gelangen – die Kamelreiter hätten die Archäologen in diesem Gebiet nur allzubald erreicht. Und »summende Telegrafen« existierten damals im Jemen nur in einem einzigen Exemplar: Von Hodeida aus gab es eine Leitung zum Palast des Imam. Wir müssen uns jedoch auf Phillips Bericht verlassen, dem es gelang, nach Kataba zu flüchten.

»Scherif Awad war ein wunderbarer Gastgeber und hatte es uns allen im Haus des abwesenden Emir bald so bequem wie nur möglich gemacht. Wir saßen zum Abendessen nieder und genossen die erste wirklich sorglos vergnügte Mahlzeit seit langer Zeit. Beim Kaffee erzählte Scherif Awad Eileen, einer seiner Spione habe ihm gemeldet, vor zwei Tagen habe sich ein gedungener, bewaffneter Mörder aus Sanaa nach Marib auf den Weg gemacht, und zwar mit dem alleinigen Auftrag, mich ins Jenseits zu befördern. Angesichts der bisherigen Genauigkeit und Zuverlässigkeit des Spionagesystems des Scherifs, mußte ich dieser Geschichte wohl oder übel einen gewissen Glauben schenken, und ich war noch froher als bisher, hier in Beihan unter guten Freunden zu sitzen. Meine größte Genugtuung aber war, mich im Raum umzublicken und sämtliche Mitglieder der Expedition, die mit mir in Marib gewesen waren, lebendigen Leibes und wohlbehalten, wenn auch ein wenig müde, um mich versammelt zu sehen. Die oberste Verantwortung eines Expeditionsführers gilt stets der Sicherheit der Expeditionsmitglieder. Trotz der schauerlichen Verluste an Ausrüstungsmaterialien und Früchten wissenschaftlicher Arbeit, die wir erlitten hatten, war es eine tiefe Befriedigung zu wissen, daß alle unsere Leute noch am Leben waren.«

Die Geschichte war jedoch noch nicht zu Ende, denn Phillips schmerzten die »materiellen« Verluste doch mehr, als er sich im ersten Augenblick eingestanden hatte.

»Die wirklich haarsträubende Gesamtsumme unserer Verluste in Marib begann jetzt, uns allen offenbar zu werden. Mit Hilfe milder Vorstellungen durch den amerikanischen Konsul würde es uns niemals gelingen, unser wertvolles Ausrüstungsmaterial zurückzubekommen. Nach reiflicher Überlegung beschloß ich, ein an den König des Jemen gerichtetes offenes Telegramm in den führenden Weltblättern zu veröffentlichen, in der Hoffnung, ihm dadurch den Ernst der Situation nachdrücklich vor Augen zu führen. Das Telegramm lautete:

›An Seine Majestät Imam Achmed König des Jemen Königlicher Palast Taiz Euer Majestät ich habe soeben Ausrüstungsgegenstände im Wert von über zweihunderttausend Dollar in Ihrem Land geopfert um das Leben meiner Amerikaner Ägypter und Somalis zu retten stop Ihre Ruinen in Marib stellen die größte bekannte archäologische Schatzkammer dar die es heute irgendwo in der Welt noch gibt und der monumentale kreisförmige Tempel des Ilumquh ist ein völlig einzigartiges Bauwerk stop wir haben Ilumquh teilweise ausgegraben bis wir gezwungen wurden aus dem Jemen zu fliehen und falls Euer Majestät nicht sofort eingreift wird nichts dieses sabäische Meisterwerk vor der Zerstörung durch Ihre eigenen Stammesleute schützen und der Welt der Kunst und Wissenschaft wird ein unersetzlicher Verlust entstehen stop schließlich bitte ich Euer Majestät ganz abgesehen vom Wert unserer Lastkraftwagen Sandschlepper Generatoren Kühlschränke Büroeinrichtungen Fotolaboratorien ärztlichen Instrumenten Rundfunkgeräte und persönlichen Effekten vor allem den unermeßlichen Verlust in Betracht zu ziehen der der Wissenschaft entsteht wenn unsere Latexgummi-Abdrücke von Hunderten neuer Inschriften Ihren unverantwortlichen Vertretern in die Hände fallen oder die unschätzbar wertvollen Bronze- und Alabasterstatuen die wir kürzlich in Ilumquh ausgruben von Stammesleuten beschädigt oder zerstört werden stop da meine kürzlichen Bitten um Audienz bei Euer Majestät unbeantwortet geblieben sind kann ich mich nur noch in letzter Instanz an dieses Oberste Berufungsgericht wenden stop Achtungsvoll unterbreitet Wendell Phillips Führer Jemen-Expedition Amerikanische Stiftung zur Erforschung des Menschen.‹«

Hiermit war die verbale Schlacht eröffnet, und es begann eine anderthalb Jahre andauernde Pressekampagne – Darstellungen, Gegendarstellungen, Beschuldigungen, Rechtfertigungen usw. – zur Wiedererlangung wenigstens eines Teiles der amerikanischen Expeditionsausrüstung aus dem Jemen.

Nach diesem Abenteuer setzte Phillips unverdrossen seine archäologische Mission fort – in der Provinz Dhofar, über die der Sultan von Maskat und Oman herrschte und die in archäologischer Hinsicht bis dahin noch völlig unerforscht war. Hier begann Frank Albright den al-Balid genannten großen Hügel am Meeresstrand zu untersuchen, unter dem sich ausgedehnte Ruinen verbargen. Dort soll die antike Stadt Zafar gelegen haben, die im Altertum durch ihren Reichtum an Weihrauch bekannt war.

Etwa fünfundvierzig Kilometer östlich von Salalah, das noch zur Provinz Dhofar gehört, entdeckte Albright oberhalb des Khor-Rory-Sees eine weitere präislamische Siedlung. Es war der alte Hafen der einst mächtigsten Stadtfestung von Dhofar, der antike Handelsplatz für den Weihrauch: Sumhuram. Der Tempel dieser Anlage wurde von Schutt und Geröllmassen befreit; man kam mit den Ausgrabungsarbeiten gut voran, und am Ende stellte sich heraus, daß hier zum erstenmal eine Tempelanlage aus dem Südarabien des Altertums vollständig freigelegt worden war. Die amerikanische archäologische Expedition unter F.P.Albright hat durch die Ausgrabungen von Salalah, Shishuri, Raz Shuwa Miyai und, tief im Landesinneren, Mushir viel dazu beigetragen, die Landkarte des antiken Oman zu vervollständigen.

Etwa zur gleichen Zeit traf eine belgische Expedition, geleitet von Harry Philby, Gonzague und Jacques Ryckmans, nach einem freundlichen Empfang durch die Regierung in Saudi-Arabien ein. Die saudi-arabische Regierung hatte die Kosten der Expedition für alle Ausgrabungen übernommen, und so konnten die belgischen Wissenschaftler unter sicheren und günstigen Bedingungen an die Arbeit gehen. Im November 1951 war die Gruppe in Gedda eingetroffen und zog von da aus weiter zur Oase von Negran an der Grenze zum Jemen; dort wurden bei Ausgrabungen über 9000 thamudische und etwa 3000 sabäische Graffiti gefunden. In Negran entdeckte Philby die Anlage der alten Stadt und fand in den dort freigelegten Inschriften die Namen aller Könige der letzten Periode. Nachdem die Ausgrabungen in der Oase Negran abgeschlossen waren, zog man weiter in die Wüste Rub al Khali und entdeckte auf dem Weg nach Norden bedeutende Überreste weiterer präislamischer Städte sowie interessante Graffiti und Felsmalereien. Im Februar 1952 traf die Expedition in Riad, der Hauptstadt Saudi-Arabiens, ein und brachte eine erstaunliche Anzahl an Aufzeichnungen, Fotos und archäologischen Funden mit zurück.

Trotzdem wissen wir noch immer sehr wenig über diese Kulturen, und außerdem genügte es mir irgendwann nicht mehr, über die alten Reiche immer nur zu lesen – ich wollte mich selbst im Lande umsehen und die wichtigsten archäologischen Grabungsorte besuchen, zu denen man heute Zugang hat.

Im Banne der Sabäer

Bisher war mir der Jemen stets so schattenhaft und weit entfernt erschienen, daß ich mühelos eine Reise in dieses Land hatte planen können. Je deutlichere Formen mein Vorhaben nun aber annahm, um so größer und unüberwindlicher türmten sich allmählich auch die Probleme vor mir auf. Ich las aufs neue die Werke der Geschichtsschreiber und Geographen der Antike, die Berichte der Archäologen sowie die oft wenig aufschlußreichen Bücher und Reportagen aus den letzten Jahren.

Nach Hans Helfritz ist der Jemen ein barbarisches Land ohne Elektrizität und mit nur wenigen Autos – was mich jedoch keineswegs abschreckte –, ein Land, in dem man sich die Zeit mit der Verhaftung von Touristen vertreibt, die mit größtem Mißtrauen betrachtet und auf dem schnellsten Wege vom nächsten Hafen aus wieder in ihr Heimatland befördert werden – das erschien mir nun weitaus weniger verlockend. Doch jetzt, zu Beginn der siebziger Jahre, sah die politische Situation im Jemen anders aus als zu den Zeiten von Imam Yahya, der das Land von aller Welt isolierte und den Fremdenhaß der Bevölkerung schürte. Außerdem war Helfritz 1955 ohne Visum in den Jemen eingereist, sein Auftreten und auch sein Gepäck hatten offensichtlich sofort Verdacht erregt.

Ich hatte mir rechtzeitig alle erforderlichen Unterlagen besorgt und sah nun meiner Reise mit Freude und Zuversicht entgegen, zumal der jemenitische Gesandte in Rom, Ahmed Deifellah Alazeib, mich sogar angerufen und sich erkundigt hatte, ob ich an einigen Empfehlungsschreiben für das Außenministerium in Sanaa interessiert sei, die mir bei der Durchführung meines Unternehmens im Jemen sehr helfen könnten. So war ich denn aufs beste gerüstet und mit allem Notwendigen versehen.

Ein Freund, Ingenieur Patetta, der geschäftlich im Jemen zu tun gehabt hatte und erst kürzlich nach Italien zurückgekehrt war, versorgte mich außerdem noch mit den wichtigsten Neuigkeiten. Er erzählte mir, daß sein Aufenthalt in Sanaa sehr angenehm und ohne alle Schwierigkeiten verlaufen sei; außerdem könne ich mich um nähere Auskünfte an einen seiner italienischen Freunde in Sanaa wenden, Dr. Paolo Costa, der mit der Einrichtung der Museen des Landes betraut war. Ich schrieb an Costa, ohne jedoch eine Antwort zu erhalten. Wie niemals zuvor empfand ich vor dieser Reise die Ungewißheit und den Reiz eines wirklichen Abenteuers.

Endlich war der Tag der Abreise gekommen. An einem Sonntag um zwölf Uhr dreißig flog ich von Mailand aus nach Athen und um siebzehn Uhr von Athen über Amman weiter nach Gedda, das sich dem Besucher aus der Vogelschau als ein einziges Lichtermeer präsentierte – über vierzehn Kilometer hinweg glühten Tausende von Lampen und zahlreiche Leuchtreklamen. Obwohl es bereits halb zwölf Uhr nachts war, wehten uns von dem Zementboden und den Pisten des Flughafens immer noch starke Hitzewellen entgegen. Meine anfänglich für Februar geplante Reise fand nun endlich, nach immer neuen Verzögerungen, Ende Juni statt, und im Juni ist das Klima am Roten Meer feucht und sehr heiß.

Nach Erledigung der Zollformalitäten und der Hinterlegung des Passes – alles wurde verhältnismäßig schnell und unkompliziert abgewickelt – befand ich mich endlich um Mitternacht in meinem Zimmer im Hotel »al Attas«. Am nächsten Morgen wollte ich noch vor dem Abflug nach Sanaa die heilige Stadt Mekka besuchen und stellte daher noch rasch einen Zeitplan auf: um sechs Uhr wecken, eine Stunde Vorbereitung auf den Besuch des Heiligtums und Beschaffung der Besichtigungserlaubnis, eine Stunde für die Taxifahrt bis zur Stadt, eine Stunde Aufenthalt und eine weitere Stunde, um pünktlich wieder am Flughafen von Gedda zu sein.

Alles verlief planmäßig. Die einundachtzig Kilometer zwischen Gedda und Mekka kann man gemächlich auf einer zweispurigen, gut ausgebauten Fahrstraße zurücklegen, die durch eine flache und karge Hügellandschaft mit schwärzlichem Geröll führt. In der Nähe von Mekka erstreckten sich zu meiner Linken einige Sanddünen. Die Stadt selbst ist sauber und in typisch arabischem Stil erbaut, überall herrscht lebhaftes Treiben. Die Häuser gruppieren sich um den Haram, ein Monument aus saudiarabischem Marmor – hier befindet sich der heilige Ort, der Mittelpunkt der islamischen Welt.

In Sanaa gab es nach der Landung unseres Flugzeugs einen unangenehmen Zwischenfall wegen meiner recht umfangreichen Fotoausrüstung; die Kamera wurde beschlagnahmt und dabei in einer Art und Weise hin und her geschleudert, daß ich schon befürchtete, mich würde bei meiner Festnahme das gleiche Schicksal erwarten.

Wäre ich jetzt lediglich auf die Hilfe der italienischen Botschaft angewiesen gewesen, die täglich nur von zehn bis zwölf Uhr Sprechstunde hat, so hätte ich wohl ziemlich lange vergeblich warten müssen – zumal der

Botschafter gerade zur Erholung in Taiz weilte. Zu meinem Glück erschien jedoch im rechten Augenblick Dr. Costa, der die Schwierigkeiten aus dem Wege räumte. Alles endete vor einem Polizeibeamten, der endlich meinen Versicherungen einer friedlichen Benutzung der Fotoausrüstung im Jemen Glauben schenkte. Danach brachte mich Dr. Costa in mein Hotel, einen alten Palast, der einst der Königsfamilie gehört hatte. Um fünf Uhr wollte mich Costa wieder abholen und mit mir einen ersten Rundgang durch die Stadt machen.

Das Klima von Sanaa ist auch im Hochsommer sehr angenehm, die Luft klar und trocken. In der Altstadt, die eine eigenartige Faszination und eine besondere Schönheit besitzt, entdeckte ich so viele reizvolle Winkel, daß ich beschloß, irgendwann einmal mit meiner Frau hierher zurückzukommen. Im neueren Stadtteil befindet sich das Nationalmuseum; die Sammlungen sind in einem alten Palast untergebracht.

Um das Land kennenzulernen, mietet man sich am besten zusammen mit einigen anderen Europäern einen Wagen – besonders geeignet sind dafür Landrover oder Toyotas. Ein Europäer sollte im Südjemen niemals allein Besichtigungsfahrten zu antiken Grabungsstätten unternehmen. Die Beziehungen der einzelnen, im Landesinneren lebenden Stämme, vor allem abseits der großen Straßen oder in Gebieten, in denen es überhaupt keine Straßen mehr gibt, sind oft so kompliziert und für einen Fremden undurchschaubar, daß es in jedem Falle besser ist, nichts allein zu unternehmen. Peter-Hannes Lehmann, einer der ganz wenigen Europäer, die das Wadi Jauf während der letzten 100 Jahre besucht haben, weiß ein Lied davon zu singen, was einem im »wilden Jemen« so alles passieren kann: »Um die Schwierigkeiten vor und während einer derartigen Reise zu verdeutlichen, muß ich ein Erlebnis erzählen, das ich zusammen mit meinem Kollegen, dem Fotografen Herbert Peterhofen, auf meiner ersten Reise in den Jemen hatte, im März 1974.

Es war der 29. März. Wir waren zwar erst eine Stunde im Land, aber man mußte kein Landeskenner sein, um schon auf dem Weg vom Flughafen in die Hauptstadt Sanaa festzustellen, daß irgend etwas nicht stimmte: Die Stadt hatte Angst, eine Angst, die geradezu körperlich zu spüren war – Angst vor Gewalt und Aufruhr, vor fremden Eindringlingen, vor Krieg. Sanaas Bewohner verkrochen sich wie Schildkröten in ihren Panzern hinter ihren meterdicken Lehmmauern und verschanzten sich in ihren festungsartigen Wohntürmen, wie sie es während des blutigen Bürgerkrieges getan hatten, der sieben Jahre lang zwischen Royalisten und Republikanern getobt hatte und erst 1969 beendet worden war.

In den Suks, den Basaren, und entlang der Hauptstraße hatten die Händler ihre kleinen Läden mit Stahlplatten und Holzbohlen verrammelt. Kein Kind, keine Frau, nicht einmal ein Bettler befand sich auf der Straße. Dafür wimmelte es von bewaffneten Männern. In ihren gegürteten Futas, den landesüblichen Männerröcken, steckten die traditionellen rasiermesserscharfen Krummdolche, über die Hemden hatten sie kreuzweise Patronengurte geschlungen, über ihre Schultern hingen Mauserkarabiner und modernste sowjetische Schnellfeuerwaffen vom Typ Kalashnikov. In ungeordneten Haufen zogen sie, die meisten barfuß, durch die Stadt auf den Präsidentenpalast zu. Einige schrien mit trillernden überschnappenden Stimmen wie Klageweiber, andere schossen in die Luft. Jeeps und Landrover, vollgepfropft mit Bewaffneten und bestückt mit schweren Maschinengewehren und leichten Flak-Geschützen auf der Ladefläche, kariolten vor ihnen her. Niemand hielt sie auf, niemand stellte sich ihnen in den Weg. Selbst der Verkehrspolizist, der auf der Kreuzung vor dem Palast den Verkehr regelte, hatte seinen Hochstand fluchtartig verlassen – er schien keine Neigung zu haben, diesen Männern im Weg zu sein.

Die Bewaffneten waren den Bewohnern von Sanaa keine Unbekannten – das waren Krieger vom Stamme der Chaulanis, Royalisten, die sieben Jahre lang auf seiten des 1962 gestürzten Imam Sayf al-Islam al-Badr gegen die Republikaner gekämpft und sich auch nach Kriegsende nicht der Regierung in Sanaa unterworfen hatten. Stolz ließen die Chaulanis, die sich im Krieg durch Wildheit und Kühnheit einen gefürchteten Namen gemacht hatten, die verhaßte republikanische Regierung damals wissen: ›Ihr habt uns nicht besiegt. Wenn ihr etwas von uns wollt, dann müßt ihr zu uns in die Berge kommen.‹

Die Chaulanis wußten ihren Wert für die Sechs-Millionen-Einwohner-Republick durchaus richtig einzuschätzen: Der Bergstamm mit seinen rund 100 000 Angehörigen kann gut 30 000 Bewaffnete auf die Beine stellen – das drittgrößte Stammesheer im Jemen – und kontrolliert mit dem Stamm der Beni Husheish die östlichen Verbindungswege von Sanaa zur alten sabäischen Königsstadt Marib und zur angrenzenden Wüste Rub al Khali mit ihren wichtigen Karawanenwegen zu den Emiraten und zum Persischen Golf. ›Solange die Chaulanis nicht befriedet und in das Staatswesen Jemen integriert sind‹, so hatte uns der deutsche Botschafter in Sanaa, Dr. Günter Held, gleich nach unserer Ankunft erklärt, ›so lange kann man von einer Arabischen Republik Jemen noch gar nicht reden. Dieser Stamm entscheidet über das Schicksal des Ostens, und das ist ein unendlich großes Gebiet. Als Feinde sind sie für diese Republik eine große Gefahr.‹

Die Regierung unter Präsident Kadi Abdel Rahman al Iriani hatte diese Gefahr anfangs mit Gewalt auszuräumen versucht. Sie wollte so schnell wie möglich wieder die Wege nach Marib sichern, den dortigen Flugplatz, der im Bürgerkrieg zerbombt worden war, wiederherrichten und die verlassene Garnison erneut mit Soldaten besetzen. Die Attacke kostete einigen Kompanien Soldaten das Leben. Chaulanis-Krieger schossen die Militärlaster, die sich über die steilen Bergpässe quälten, in Brand oder versperrten ihnen mit Steinlawinen den Weg. Dann knallten sie die Soldaten ab – Mann für Mann, und für jeden von ihnen brauchten sie, entsprechend der landesüblichen Sitte, Krieg zu führen, nur eine Kugel.

Nach der alten jemenitischen Weisheit ›Wen du nicht besiegen kannst, den versuche zu kaufen‹ hatte sich die Regierung schließlich aufs Feilschen verlegt. Monatelang wurde verhandelt, und dann hatten die Republikaner den aufmüpfigen Bergkriegern endlich den royalistischen Schneid abgekauft: Für angeblich eine halbe Million silberner Maria-Theresien-Taler und 500 Kalaschnikov-Gewehre sowie 50000 Schuß Munition.

Kaufen und sich kaufen lassen gilt im Jemen durchaus nicht als schimpflich – im Gegenteil: Es ist eine so geheiligte Tradition wie das tägliche Kauen der bitter-öligen, berauschenden Qat-Blätter nach dem Mittagessen und wie für die Frauen das Tragen der alles verhüllenden Doppelschleier auf der Straße. Nun ist das mit dem Kaufen nicht so zu verstehen, daß die ›Ware‹ damit endgültig in den Besitz des Käufers übergeht; der Zahlende kann lediglich eine begrenzte Zeit lang über sie verfügen. Ein altes Sprichwort sagt: ›Du kannst einen Araber nicht kaufen, du kannst ihn nur mieten‹, eine goldene Regel, die die im Jemen lebenden Europäer stets mit dem Zusatz zitieren: ›Aber du solltest immer davon ausgehen, daß ihn auch andere zur selben Zeit gemietet haben.‹

Vor allem die Scheichs haben ihre Stammeskrieger von alters her in erster Linie als stets sprudelnde Geldquelle verstanden – und sie während der endlosen jemenitischen Kleinkriege an den jeweils Meistbietenden als Söldner vermietet. Und wer nicht gekauft wurde, der suchte sein Glück auf eigene Faust. Diese Raubritter- und Landsknechtmentalität, unter der Europa im Mittelalter so litt, ist im Jemen außerhalb der großen Städte und ganz besonders im ›wilden Osten‹ auch heute noch gang und gäbe. Dabei sollte sich niemand auf die Loyalität oder gar Dankbarkeit der ›gekauften‹ Helfer verlassen: Die Aussicht auf größere Beute, ein höheres Bestechungsgeld von anderer Seite vermögen einen jemenitischen Krieger, besonders einen der gefürchteten räuberischen Beduinen in der Rub al Khali, unangenehm rasch umzustimmen. ›Eigentum‹, so wissen die Jemeniten, ›bereitet Schmerzen.‹ Und um sich Schmerzen durch andere nach Möglichkeit zu ersparen, beherzigen sie die treffende Lebensweisheit: ›Je seltener der Besuch, desto größer die Freundschaft.‹

Derartig gewachsenes Mißtrauen gegenüber Fremden hatte die Sanaaniten denn wohl auch am 29. März 1974 bewogen, sich vorsichtig in ihre Wohnfestungen zurückzuziehen, als die wilden Horden der Chaulanis in die Hauptstadt strömten. ›Diese Kerle aus den Bergen‹, sagte mir ein jemenitischer Kaffeeschalenröster in einer sicheren Toreinfahrt, ›sind einfach unberechenbar.‹ Doch die panische Furcht der Republikaner vor den Chaulanis erwies sich als unbegründet: Kaum waren die wilden Krieger vor dem Präsidentenpalast aufmarschiert, da brachen sie unter Freudenschüssen in Jubelschreie aus und ließen den Präsidenten und die Republik hochleben. Am meisten schienen sie davon beeindruckt, daß ihnen die Republik 500 Kalashnikov-Gewehre geschenkt hatte. Das zog – und zieht – im Jemen, wo schon die meisten Zehnjährigen schießen können und ein Mann ohne Gewehr einfach kein Mann ist, immer noch am allerbesten.

Der Präsident kam, gedeckt von Flak- und MG-Schützen seines Heeres und flankiert von einer zwanzigköpfigen Leibwache, auf die Terrasse und dankte seinen neuen Untertanen in beredten Worten. Die Arabische Republik Jemen, so sagte der weißhaarige Rechtsgelehrte mit dem goldenen Krummdolch im Gürtel, sei stolz auf ihre Söhne aus den Bergen, deren Heimkehr in den Rat aller Stämme endlich Frieden im Land einkehren lasse. ›Unsere Republik‹, begeisterte sich Präsident al Iriani, ›ist nach dem Sturz des Königs ein freies Land für freie Männer. Vorher wart ihr alle Sklaven des Imam. Nun seid ihr frei, könnt tun, was ihr wollt, gehen, wohin ihr wollt, und könnt leben, wo ihr wollt.‹

Eine Woche später empfing uns der Präsident zur Audienz, und da wurde dann sehr schnell klar, daß diese beschworene Freiheit so ernst nun auch wieder nicht zu nehmen war. Auf meine Frage, ob wir denn beispielsweise nun die Freiheit hätten, in die bis dahin als ›verboten‹ markierten Gebiete im Osten des Landes zu reisen und ganz besonders in das Wadi al Jauf mit seinen vergessenen Königsstädten Barrakesh und Ma'in, da winkte das Staatsoberhaupt freundlich lächelnd ab: Bedauerlicherweise sei die Straße nach Marib noch in einem so schlechten Zustand, daß er uns der Unbill und den möglichen Strapazen einer solchen Fahrt nicht aussetzen wolle. Wir möchten uns doch noch etwas gedulden. In ein paar Monaten vielleicht... Kurzum: Nein!

Was der oberste Jemenit so freundlich umschrieb, sagte uns einer seiner Staatssekretäre wenig später im Klartext: ›Wir können es uns nicht leisten, daß Sie von dieser Reise nicht zurückkehren. Wir können Sie auf einer solchen Reise nicht schützen. Wir können ja noch nicht einmal unsere eigenen Soldaten, geschweige denn unsere Beamten durch die Berge nach Marib schicken. Und selbst wenn Sie heil durch das Gebiet der Chaulanis kommen – dann sind Sie noch lange nicht am Ziel. Da leben Beduinen, Nomaden, die sich nie unterworfen haben und nie unterwerfen werden. Glauben Sie, daß es sehr werbewirksam für unsere junge Republik wäre, wenn zwei deutschen Journalisten da draußen etwas zustößt, wenn sie beraubt und verdurstet oder so ein kleines bißchen umgebracht aufgefunden werden?‹

Nein, das glauben wir auch nicht. Es wirkt sich schon propagandafeindlich genug in Sachen Entwicklungshilfe aus, was in den sogenannten friedlichen Gebieten der Republik geschah: Auf der Straße von Sanaa nach Saada im Norden zum Beispiel, die von den Chinesen gebaut wurde, hatte ein Scheich, der mit diesem Straßenbau durch ›sein‹ Land nicht einverstanden war, nach dreimaliger Warnung den chinesischen Oberingenieur beim Morgenappell durch einen seiner Männer kurzerhand erschießen lassen – durch einen einzigen Schuß zwischen die Augen, aus hundert Meter Entfernung.

In der Nähe von Dhamar im Süden des Landes hatte ein junger Mann, dessen Familie in Blutrache mit einer anderen Sippe lag, in einem Restaurant mit einem Schuß gleich zwei Leute umgebracht – seinen Widersacher und dann, da die Kugel nicht im Körper des Opfers steckenblieb, sondern weiterflog, unglückseligerweise auch den Wirt der Taverne, der zehn Meter hinter dem Ermordeten stand. Der alarmierte Distrikt-Gouverneur machte kurzen Prozeß mit dem Täter: Er ließ ihn zwischen den Leichen postieren und dort von einem seiner Soldaten erschießen.

Und selbst in der Hauptstadt Sanaa war das Leben nicht immer ganz so modern und bequem wie etwa das Vorhandensein der einen, allerdings funktionsuntüchtigen Verkehrsampel und der insgesamt drei (!) Fahrstühle vermuten ließ: Die im Zentrum gelegene französische Botschaft etwa hatte – ein paar Jahre zuvor zwar, aber anderthalb Jahre nach Kriegsschluß – durch einen Granat-Volltreffer ihr Dachgeschoß verloren. Bei den Nachforschungen stellte sich heraus, daß der vermeintliche Angriff gegen Frankreich auf einem jemenitischen Irrtum beruhte: Die Schützen hatten einer mit ihr verfeindeten Familie mit diesem Granatwerfer einen ›Denkzettel‹ verpassen wollen – angeblich, weil diese sich beim Brautkauf schäbig und knickerig gezeigt hatte.

Kurzum, wir reisten unverrichteter Dinge wieder ab, und das letzte, was ich hörte, war die private Hochrechnung eines im Jemen lebenden Deutschen, der die Zahl der gebrauchsfähigen Schußwaffen auf zwei pro Mann schätzte. Das letzte, was ich sah, war die Statistik, und die verzeichnete, daß im Jahre 1973 noch 99 Jemeniten wegen Mordes öffentlich hingerichtet wurden, pro Woche also mehr als statistische anderthalb – und darin waren die Opfer der grassierenden Blutrache mit Sicherheit nicht alle enthalten.

Achtzehn Monate später, im Oktober 1975, kehrte ich, diesmal in Begleitung des Fotografen Hans-Dieter Bollinger, in den Jemen zurück. Schon auf den ersten Blick sahen wir, daß die jemenitische Karl-May-Welt friedlicher geworden war: Die Männer trugen jetzt – außer der traditionellen Djambija, dem Krummdolch – keine Waffen mehr in der Stadt spazieren. Oberst Ibrahim al Hamdi, der am 13. Juni 1974 durch einen Militärputsch an die Macht gekommen war, hatte das öffentliche Tragen von Schußwaffen in der Hauptstadt bei strengen Strafen verboten und Ausnahmen, etwa für Leibwächter von Würdenträgern, genehmigungspflichtig gemacht – ein geradezu unerhörter Vorgang in einem Land, in dem vor noch nicht allzu langer Zeit bei kleineren Vergehen nicht der Übeltäter, sondern sein Gewehr von der Polizei eingesperrt wurde!

Der neue starke Mann, der ein vages sozialistisches Programm verkündet hatte, hatte auch die bis dahin öffentlich vollstreckte Exekution der zum Tode verurteilten Verbrecher durch die Erschießung im Gefängnishof ersetzt. Mit List und Hartnäckigkeit beschnitt er die noch immer weitreichende Macht der Scheichs, indem er sie gegeneinander ausspielte. Die Armeeposten besetzte er mit seinen Leuten, erhöhte den Sold, besorgte imponierende Waffen und verteilte diese ihm treu ergebene Hausmacht in Garnisonen über den ganzen Jemen. Selbst in der alten Sabäerstadt Marib wachten inzwischen wieder Kompanien Soldaten über die Rechte der Republik und den neuernannten Gouverneur, der diese Rechte – und mehr noch die neuen Pflichten – den bislang unwilligen Wüstensöhnen rund um Marib erst einmal beibringen mußte.

Der während des Bürgerkrieges zerstörte Flughafen war wieder instand gesetzt und die staatliche Fluggesellschaft Yemen Airways flog zweimal wöchentlich für 90 Rials (rund 55 Mark) Touristen dorthin – sofern sie überhaupt flog. Ja, sogar die zwei Stein- und Schlagloch-Pisten nach Marib konnten von Privatautos wieder befahren werden, wenn das auch noch nicht immer ganz ungefährlich war. Ein halbes Dutzend Fahrer war auf der Strecke Sanaa – Marib von bewaffneten Wegelagerern überfallen und ausgeraubt worden.

Doch wenn ich an unseren Besuch der alten Stadt Barrakesh im ›verbotenen‹ Wadi Jauf denke, muß ich sagen, das Abenteuer hat sich gelohnt. Wenn auch die meisten Häuser verfallen sind, zu unförmigen Lehmhaufen zusammengestürzt, von Flugsand bedeckt – alles, was eine Stadt ausmacht, ist deutlich zu erkennen: die Straßenzüge, der gemauerte Brunnen, die Grundreste der Moschee, gekrönt von einem ›Marabu‹, dem Grab eines Heiligen, der Suk mit den besonders kleinen Händlergewölben, die Stadttore, Wehrtürme, der Schlachtplatz am Rande der Mauer. Und dies ist nur die oberste Schicht, die da vor uns liegt, die letzte der vielen Städte mit Namen Barrakesh, die immer wieder im Laufe der letzten dreitausend Jahre neu aufeinandergetürmt wurden, bis die letzte, die jetzige, auf dem etwa fünfzehn Meter hohen Kulturschutthügel stand. Ich glaube, daß diese Stadt Barrakesh, die da vor uns liegt, aus dem 18./19. Jahrhundert stammt. Unvorstellbar, was alles unter ihr begraben liegt.

Keiner kann sagen, wann Barrakesh zuletzt bewohnt wurde. Die Leute wissen nur, daß ihre Väter und Vorväter schon in Megír, in ihrer Stadt, gelebt haben. Die Beni Ashraf kommen nur nach Barrakesh, um nach dem Rechten zu sehen und Eindringlinge zu vertreiben.

Die Sonne sinkt schnell. Die Schatten der Ruinen werden immer länger. Im Eiltempo hasten wir durch das schuttbedeckte Oval, das von der Stadtmauer eingerahmt wird. Ich schätze seine Ausdehnung auf etwa 200 Meter Länge und 150 Meter Breite – ich hätte die Entfernung gern genau abgeschritten, aber dafür ist es, zehn Minuten vor Sonnenuntergang, schon zu spät.

Fasziniert sammle ich bunte Tonscherben und farbig blinkende Glassplitter vom Boden auf. Selbst die kleinsten Reste lassen erkennen, wie schön diese Gläser und Vasen gewesen sein müssen: gebändert, geritzt und glasiert, von Tiefschwarz über Delfter Blau bis zu leuchtendem Karminrot. Ich bin wie närrisch, und mein Sammeleifer steckt die Leibwächter in meiner Nähe an. Lachend reichen sie mir ihre Funde zu. Scheik Manssur sieht es mit Mißfallen. ›Schluß‹, sagt er. ›Die Sonne ist weg. Wir müssen ins Dorf.‹

Ich bin es zufrieden. Morgen können wir den ganzen Tag durch Barrakesh laufen und in Ruhe fotografieren, die Ruinen im einzelnen inspizieren und eine Skizze anfertigen.

Doch es gibt kein Morgen in Barrakesh mehr für uns – vielleicht haben wir zuviel Interesse an den ›Schätzen‹ gezeigt, von denen wir ja nur einen Bruchteil gesehen haben. Für jeden Archäologen liegt hier ein Dorado bereit – aber die Beni Ashraf lassen nicht zu, daß Fremde in ihrer Vergangenheit herumwühlen und die Schätze der Vorfahren – an deren Vorhandensein unter den Trümmern sie felsenfest glauben – wegtragen.«

Doch bevor man sich in Auseinandersetzungen verschiedenster Art einlassen kann, braucht man erst einmal die offizielle Erlaubnis für den Besuch antiker Stätten: An diesen Orten könnte der Fremde nämlich leicht einige Fragmente oder Scherben alter Stücke finden – und einstecken, und da verstehen die Jemeniten, die so eifersüchtig über ihre Schätze aus der Vergangenheit wachen, keinen Spaß.

Als ich zu den Ruinen von Sila hinausfuhr, die auf einer Hochebene in Hada liegen, fanden wir plötzlich bei dem Dorf Nakhlet al Amra den Weg von großen Steinblöcken versperrt und einige bis an die Zähne bewaffnete Jemeniten als Wachtposten daneben. Die Steinblöcke werden von Fall zu Fall erst dann wieder entfernt, wenn sich die Bewaffneten von der Harmlosigkeit der Reisenden überzeugt haben – hält man sich nicht an die »Spielregeln«, wird sofort geschossen. Nach über halbstündigem Palaver und dem Austausch von zahllosen Höflichkeiten durften wir endlich passieren.

Nachdem wir in Sila die Ruinen besichtigt und uns anschließend im Schatten eines paläolithischen Ringwalls etwas gestärkt hatten, machten wir in Nakhlet al Amra dem Dorfältesten unsere Aufwartung, der uns freundlich bewirtete. Hier schien die Zeit stehengeblieben zu sein; der Lärm und Gestank unserer Städte war vergessen, ein angenehmer Wohlgeruch erfüllte die trockene, klare und stille Luft. Meine Begleiter ließen die Nargileh, die arabische Wasserpfeife, kreisen, und ich sprach dem mit Beeren und Erdnüssen gewürzten Pfefferminztee kräftig zu. Wir redeten über Religionen, über Italien und über jemenitische Altertümer.

Sie schlugen mir schließlich vor, mich zu einem heiligen Brunnen zu begleiten, wo ein in der ganzen Umgegend verehrter, heiliger alter Mann wohnte.

Wir brachen auf. Als ich dem alten Mann vorgestellt wurde, starrte ich ihn verblüfft an – er sah meinem Vater ungeheuer ähnlich. Denke ich jetzt an die bei dem heiligen Mann verbrachten Stunden zurück, so scheinen sie unendlich weit zurückzuliegen – fast so weit wie die Kulturen der versunkenen südarabischen Reiche, von deren Weisheit dieser Mann noch etwas bewahrt zu haben schien. Welch ein großes Wissen mögen die Weisen jener Epoche angesammelt haben – besaß der Imam Südarabiens doch sogar noch nach der gewaltsamen Eroberung durch den Islam die kostbarste Sammlung antiker Texte und Handschriften ganz Arabiens! Aber die antiken Bestände der großen Nationalbibliothek sind nicht zugänglich. Von den vorhandenen Manuskripten existiert nicht einmal ein Katalog; und es sieht so aus, als ob in nächster Zeit auch keine derartige Informationsquelle angelegt werden wird. Man weiß nicht einmal, aus welcher Zeit diese eifersüchtig gehüteten alten Texte und Handschriften stammen. Einst genügte ein Befehl des Imam, damit der Bibliothekar die

Kostbarkeiten der Bibliothek den Forschern zeigte, die von Zeit zu Zeit die Manuskripte zu sehen begehrten; doch heute antwortet der Bibliothekar auch auf ein Erlaubnisschreiben des Präsidenten der Republik hin, er sei für seine Bücher nur Gott gegenüber verantwortlich, daher erkenne er auch nur Gott als einzige Autorität an – und alle Türen bleiben zu. Und die Jemeniten geben ihm recht.

Das seltsamste Erlebnis stand mir aber noch bevor. Seit zwanzig Jahren fotografiere ich mit allen nur denkbaren Kameramodellen, auch unter schwierigsten Lichtverhältnissen – zum Beispiel in Museen; ich bin also auf dem Gebiet der Fotografie bestimmt kein Anfänger mehr. Nachdem ich jedoch im Nationalmuseum von Sanaa mehrere Aufnahmen von historisch besonders wichtigen und geheimnisumwobenen Objekten gemacht hatte (etwa von den pränabatäischen Grabmälern), mußte ich später feststellen, daß diese Aufnahmen trotz größter Sorgfalt mißlungen waren. Ich fand doppelt belichtete Negative, obwohl die Filmrolle die einzelnen Aufnahmen vorschriftsmäßig weitertransportiert hatte, und vor einigen Statuen schien ein dichter Schleier oder Nebel zu schweben. Andere Fotografen haben mir erzählt, daß ihnen ähnliches passiert ist. Alle übrigen Fotos, die ich am selben Tage von anderen Motiven gemacht habe, sind ausgezeichnet gelungen!

Kurze Zeit vorher hatte ich übrigens eines Nachts von einer Stadt mit roten Festungsmauern und weißen Marmorpalästen geträumt. Ich stieg von einer geheiligten steinernen Stufe aus einen steilen Pfad empor, bis ich zur Akropolis gelangte. Dort setzte ich mich auf eine Kalksteinbank, die in einer Mulde stand, und sah, daß die Einfassung der Bank das buddhistische Symbol des Hakenkreuzes im Mäandermuster als Reliefschmuck zierte. Plötzlich erblickte ich drei lichtumflossene Männergestalten, die miteinander sprachen. Sie wandten sich dann auch an mich und teilten mir verschiedenes mit, das ich beim Aufwachen jedoch vergessen hatte.

Als wir am nächsten Tage nach einer vierstündigen Fahrt im Toyota kräftig durchgeschüttelt bei den Ruinen von Sila ankamen, sah ich auf den ersten Blick – dies war der Ort, von dem ich geträumt hatte. Die Tempel und die Stadtanlage aus dem Traum waren jetzt allerdings Ruinenfelder; riesige, aufeinandergetürmte Steinblöcke, zerfallen und nicht mehr »wiederzuerkennen«. Ich bemerkte jedoch sofort die Vertiefung im Boden, wo sich die steinerne Bank befunden hatte; ich ließ den aufgehäuften Schutt abtragen, und nach einiger Zeit kam ein Kalksteinfragment zutage, auf dem als Relief ein Mäanderfries aus Hakenkreuzen zu erkennen war. Heute befindet sich dieses Stück, zusammen mit anderen Fragmenten und Scherben, die ich in Sila fand, im Nationalmuseum von Sanaa. Nicht weit von der Mulde entfernt entdeckten wir einen unterirdischen Gang, den wir jedoch nicht besichtigen konnten, da wir für diesen Zweck nicht entsprechend ausgerüstet waren. Die Angestellten des Museums in Sanaa werden jedoch zur Untersuchung dieses unterirdischen Ganges nach Sila zurückkehren

Zum Schluß möchte ich noch eine merkwürdige Geschichte erzählen, die mir meine Frau gleich nach meiner Rückkehr, noch bevor ich ihr von meinen Südarabien-Erlebnissen hatte berichten können, mitteilte:

»Eines Abends – ich war gerade zu Bett gegangen, machte aber noch die gewohnten Entspannungsübungen – ›sah‹ ich mit geschlossenen Augen ein poröses, ockerfarbenes Steinfragment mit unregelmäßigen Umrissen aus der Dunkelheit auftauchen, das als Relief ein Hakenkreuz zeigte. Dann verschwand der Stein; an seiner Stelle tauchte, zuerst verschwommen, allmählich aber immer deutlicher werdend, eine silberne Münze auf – ich war ganz sicher, daß sie aus Silber war. Als ich die Augen öffnete, sah ich die Münze auch im dunklen Zimmer weiterhin deutlich vor mir. Auf einer Seite war ein nach rechts gewandtes Pferd mit erhobenen Vorderhufen und einem Reiter zu sehen; als dieses Bild verschwand, tauchte ein griechischer Kopf im Profil auf. Kurz darauf war die Münze ganz plötzlich wieder verschwunden.«

Eine Silbermünze, wie sie meine Frau beschrieb, hatte ich kurz vor dem Abflug in Sanaa dem Arzt geschenkt, der mich dort wegen plötzlich auftretender Nierenkoliken behandelt hatte und um keinen Preis eine Bezahlung für seine Bemühungen annehmen wollte.

Das von der modernen Archäologie zu (re)konstruierende Bild der alten südarabischen Reiche ist noch immer in höchstem Maße unvollständig; die Kenntnisse der historischen Ereignisse sowie zahlreicher Theorien über das Leben der Menschen dieser versunkenen Kulturen können sich infolge neuer Einsichten durch weitere Funde und Grabungen noch ständig wandeln.

Darum soll zunächst die Grundlage dieses Geschichtsbildes, die archäologischen Grabungsorte, etwas genauer betrachtet werden, die ich entweder durch einen persönlichen Besuch kennengelernt habe oder die mir durch das Studium zuverlässiger Quellen vertraut geworden sind.

Das minäische Reich

Von Sanaa aus fährt man auf einer Asphaltstraße in nördlicher Richtung über Mathamma und die Ruinen von Nachq bis zu den Ausläufern der sogenannten »Oase der Minäer«, wo wir uns etwa zwölfhundert Meter über dem Meeresspiegel befinden. Von dort geht es weiter über Sandpisten und unwegsame Pfade in südöstlicher Richtung bis zu einem künstlich angelegten Terrassenfeld von etwa fünfzehn Metern Höhe: Das ist die bereits von Plinius d.Ä. erwähnte alte minäische Hauptstadt Qarnawu – heute eine gewaltige Ansammlung weit verstreuter Ruinen. Zu ihrer Blütezeit erstreckte sich die Stadt – nach grober Schätzung – über mindestens hunderttausend Quadratmeter, und wahrscheinlich beherbergte sie mehr als dreitausend Menschen in ihren Mauern – für die damalige Zeit eine erstaunlich große Einwohnerzahl. Leider ist auch diese archäologische Stätte sowohl in vergangenen Jahrhunderten als auch in neuerer Zeit immer wieder geplündert worden. Ziegel und Steine wurden für Neubauten wieder verwendet, so daß zu Beginn der Ausgrabungen wirklich nur noch kümmerliche Überreste der einstigen Pracht vorhanden waren. Im nördlichen Teil von Qarnawu sind die Fragmente eines Tempels aus

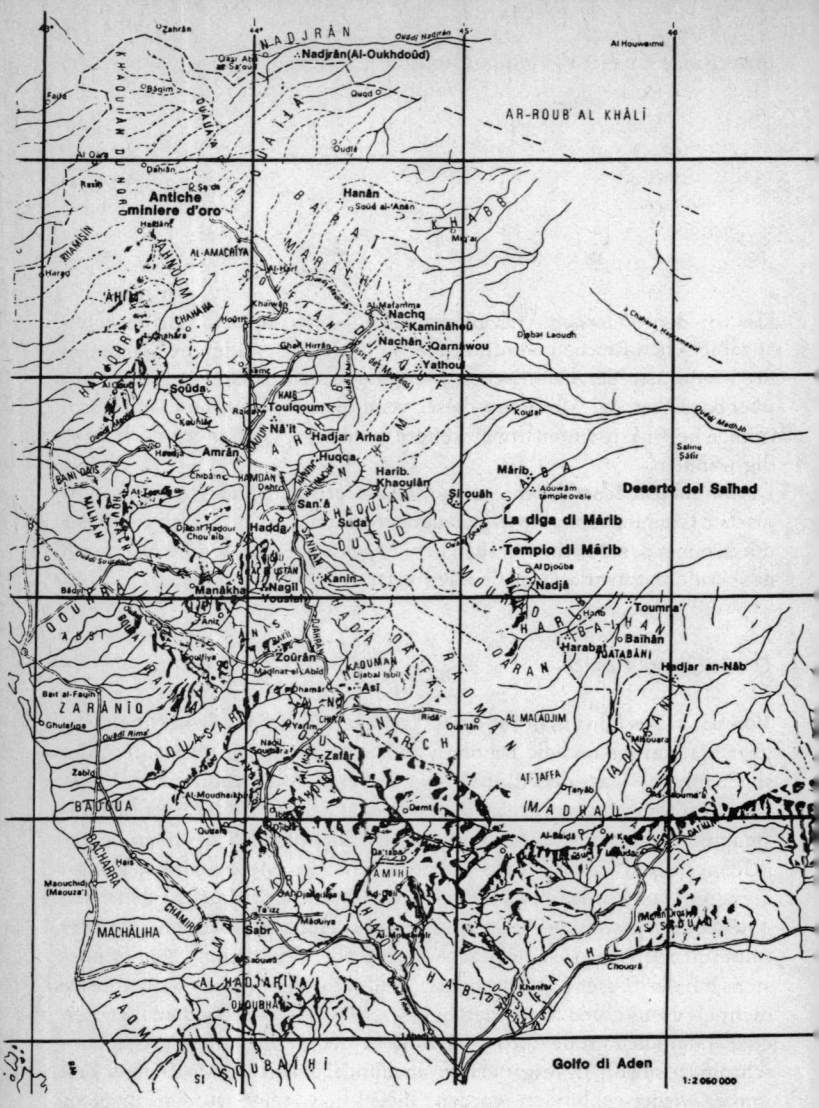

Die archäologischen Ruinen- und Ausgrabungsstätten Südarabiens (die Schreibweise der Ortsnamen auf dieser Karte unterscheidet sich aufgrund einer anderen Transkription von der sonst im Buch gewählten).

gewaltigen Kalksteinblöcken zu erkennen, den der kürzlich verstorbene ägyptische Archäologe Ahmed Fakhry eingehend studiert und in seinem Buch *Archeological Journey to Jemen* genau beschrieben hat. Vom Haupteingang aus, der wahrscheinlich einst von Säulen flankiert war, betreten wir zunächst einen Vorhof und kommen dann in einen der architektonischen Anlage nach typisch minäischen Altarraum, dessen quadratisch behauene Pfeiler in einer Doppelreihe die Einfassungsmauern des Raumes begrenzen. In einiger Entfernung von diesem Tempel finden sich zwei weitere, vollständig von Geröll und Trümmern begrabene Tempel, deren Kalksteindächer fast unversehrt aus dem Schuttberg herausragen. Der wichtigste Tempel steht, wie auch bei anderen, vor allem sabäischen Stadtanlagen, außerhalb der Stadt, und zwar etwa achthundert Meter entfernt von der Stadtmauer auf einer künstlich geglätteten, völlig ebenen Fläche. Wahrscheinlich wurden alle diese Bauten einst auf einer künstlich angelegten Basis errichtet, um die Tempelanlage vor den offenbar häufig stattfindenden Überschwemmungen zu schützen, die stets nach heftigen Regenfällen auftraten, wenn das Kiesbett der Flüsse die starken Wassermassen nicht mehr fassen konnte. Auch heute noch werden zahlreiche jemenitische Häuser mit einem soliden steinernen Fundament gebaut.

Der außerhalb der Stadtmauern gelegene Rasfni-Tempel war dem Gott Athtar geweiht, dem »Herrn der Stärke«, dem »Kampfesmutigen«. Dieser Tempel besaß einst eine weitläufige, hohe Vorhalle, die von drei Reihen mächtiger quadratischer Pfeiler gebildet wurde, die wiederum auf ebenfalls quadratisch behauenen Kalksteinfundamenten ruhten. Diese Vorhalle beeindruckt noch heute durch ihre monumentale Einfachheit und architektonische Strenge. Vor dem Eingang erstreckt sich ein Säulengang aus granitenen Pfeilern, die mit zahlreichen ornamentalen Basreliefs geschmückt sind. Der Tempel selbst besteht ebenso wie der Tempel innerhalb der Stadtmauern aus einer durch sechs gewaltige Mauerpfeiler begrenzten Halle; zwei Tore in den riesigen Mauerblöcken bezeichnen den Ein- und Ausgang. Ahmed Fakhry sah in der Anlage dieses Tempels eine gewissen Ähnlichkeit mit dem ägyptischen Tempel im Tal der zweiten Pyramide von Gizeh, der der Göttin Osiris von Abydos geweiht war. Das Material der Marmorblöcke und Pfeiler von Qarnawu stammt mit Sicherheit aus den fünfzig Kilometer entfernten Marmorbrüchen; die antiken Baumeister mußten also auch einige organisatorische Erfahrung besessen haben.

Etwas weiter südlich von Qarnawu liegt jenseits zweier ausgetrockneter, kiesiger Flußtäler die Stadt *Yathul*, von der schon Strabo zu berichten weiß und die in der Archäologie unter ihrem alten Namen *Baraqis* bekannt ist. Im Norden dieses Ruinenfeldes erheben sich etwas oberhalb der Gesamtanlage die mächtigen Monolithen mehrerer Pfeiler unter einem nahezu intakten Kalksteindach. An dem der Stadtmauer gegenüberliegenden Teil des Komplexes sind die Überreste eines minäischen Tempels zu erkennen, der später als Moschee benutzt wurde. Etwa achthundert Meter von der Stadt entfernt finden sich zu Füßen des Berges die Ruinen eines weiteren Tempels von gewaltigem Ausmaß.

Kehrt man nach Qarnawu zurück und fährt weiter nach Mathamma, so stößt man im Wadi Kharid auf Kaminahu, das in den minäischen Inschriften mit *Harim* bezeichnet und heute *Kharibet al Ali* genannt wird. Innerhalb der alten Stadtanlage lassen sich noch jetzt sehr deutlich zwei größere und zwei ziemlich kleine Tempel unterscheiden; der Haupttempel mit dem höchsten Heiligtum befindet sich auch hier wieder außerhalb der Stadtmauern. Von dem über vier Meter hohen alten Portal steht nur noch ein einziger granitener Pfeiler, die anderen Pfeiler liegen am Boden. Sie weisen reiche, dekorative Ziselierarbeiten auf – feingemeißelte Amphoren, Ölkrüge, Steinböcke, kriechende Schlangen und Tänzerinnen –, die an die mesopotamischen Figuren von Mari am Euphrat erinnern. In der großen Halle im Inneren des Tempels erkennt man noch die Vertiefungen im Mauerwerk für die alten Stelen und Altäre. Das gesamte Ruinenfeld ist mit bearbeiteten Steinblöcken übersät, und immer wieder werden auch Bronzefragmente unter den Trümmern entdeckt.

In Richtung auf einen Gebirgsausläufer, aber immer noch rechts vom Wadi Kharid, befindet sich das antike *Nashan* oder *as Sawda*. Dieser Ort ist dem Zahn der Zeit weitaus stärker zum Opfer gefallen als die anderen Anlagen, weist aber noch bemerkenswerte Überreste der Stadttempel auf. Außerhalb der Mauern liegen nach Osten hin in etwa fünfhundert Meter Entfernung die Ruinen des dem Gotte Athtar geweihten Heiligtums. Hier wurden zwei sehr interessante Tonfiguren gefunden.

Eine dieser kleinen Statuetten ist von Sir Leonard Woolley mit den Figuren der Ausgrabungen von Obeyd im Euphrat-Delta verglichen worden; andere Forscher wieder haben Übereinstimmungen mit den subminäischen Skulpturen von Rhodos aus dem 13. bis 12. Jahrhundert v. Chr. festgestellt.

Die zweite Tonfigur des Athtar-Tempels ist von Carl Rathjens dem ägäischen Kulturkreis zugeschrieben worden, und W.F.Albright hat sie auf »vor 2000 v. Chr.« datiert. Diese kleinen tönernen Figuren sind für all jene Forscher von besonderem Interesse, die die minäische Kultur mit der mykenischen in Verbindung bringen wollen, sowie für eine mögliche frühere – das heißt vor das 10. Jahrhundert v. Chr. – Datierung minäischer Funde.

Auf dem linken Ufer des Wadi Kharib im Norden von Nashan, liegen die Ruinen der auch Strabo, Plinius d. Ä. und anderen Geschichtsschreibern bekannten Festungsanlage von *Nashq*, dem heutigen *al Bayda*. Hier haben einige systematische, jedoch bisher nicht sehr ausgedehnte Grabungsversuche metallene Trinkbecher und Halsketten zutage gefördert sowie Tonfiguren, schwarzbemalte rote Keramikgefäße (wie sie heute noch in Sanaa hergestellt und auf dem Markt verkauft werden), Terrakottageschirr für den Hausgebrauch und den Bestattungskult, Bronzevasen, Alabasterköpfe und Grabstelen. Vor allem die hier gefundenen Tonfiguren sind interessant: Eine davon erinnert an Statuetten, die in Mohenjo Daro* gefunden wurden, die anderen weisen eine entfernte Ähnlichkeit mit jordanischen Tonfiguren auf, die etwa um 1500 v. Chr. entstanden. Weitere Ruinenstätten mit Tempelanlagen befinden sich in Katal, dem heutigen Kharibet al Durayb, wo Harry Philby einen wunderschönen, gemeißelten Fries entdeckte, und in Kharibet Suùd. An diesen Orten haben jedoch verschiedene Erdbewegungen und die langsame Zerstörung durch die Zeit und durch den Menschen fast alle Spuren der Antike verwischt.

Das sabäische Reich

Im Gebiet von Sada und Murad, östlich von Sanaa, erstreckt sich die weite Ebene, die von den Sabäern bewohnt wurde – einst ein fruchtbares Land, heute nahezu begraben unter den Sandmassen des Saihad. Die frühere Hauptstadt der Sabäer, *Sirwah*, ist heute nur noch ein riesiges Ruinenfeld im Westen von Marib. Das bedeutendste Monument ist der Tempel von Almaqah, eine große rechteckige Anlage mit siebenundzwanzig Schritt langen Seitenmauern, die von einer Apsis begrenzt werden. Dieses Bauwerk besteht aus zwei miteinander verbundenen Teilen: einem vorgebauten, mehrere Säulen mit sechzehn abgerundeten Kanten umfassenden Komplex – von dem nur noch zwei Säulen stehen –, der um ein Wasserbecken herum angelegt wurde, und einem rückwärts liegenden Tempelabschnitt mit einem durch sechs große Säulen gebildeten Innenhof. Vor dem Haupteingangstor, das sich in der Mitte der rechten Tempelmauer

---

* Ruinenstätte am Unterlauf des Indus; die größte bekannte Siedlung der Induskultur des 3. Jahrtausends v. Chr.

erhebt, befand sich wahrscheinlich einst eine überdachte Säulenhalle. An der nordwestlichen Mauer ist eine große Nische zu erkennen, eine Art Vorläufer der »mihrab«*. Auf dem Befestigungswall gibt es in der inneren und auch in der äußeren Mauer weitere Nischen. Mit großer Wahrscheinlichkeit wurde diese Tempelanlage im 9. Jahrhundert von dem Mukarrib Yada al Dharik errichtet. Die Überreste von mindestens vier weiteren Tempeln sind in der Ferne deutlich sichtbar.

Die zweite sabäische Hauptstadt, *Marib*, die bekannteste Ruinenstätte Südarabiens, das *Mariaba* der klassischen Schriften, liegt etwa einhundertneunzig Kilometer östlich von Sanaa und 1160 Meter über dem Meeresspiegel am linken Flußbettufer des Wadi Dhana. Das alte Mariaba befand sich an einem idealen Platz – am Kreuzungspunkt der Karawanen aus dem Süden, die mit Handelsgütern aus Indien und aus dem Hadramaut beladen waren, sowie am Beginn der Großen Karawanenstraße nach Norden. Die Stadt scheint sich einst über eine Fläche von mehr als einem Quadratkilometer erstreckt zu haben – die Tempelanlagen der näheren Umgebung nicht mitgerechnet – und war einst ein beliebtes Wallfahrtsziel der Sabäer. Im heutigen, bewohnten Teil von Marib sind noch die Überreste des dem Mondgott geweihten Tempels erkennbar – eine gewaltige, von acht großen, aus einem einzigen Block gehauenen Pfeilern gekrönte Anlage.

Etwa fünf Kilometer talwärts stößt man auf die Ruine des herrlichen Tempels von Awwam, heute Mahram Bilqis genannt oder Großer Tempel der Königin von Saba, der 1951 bis 1952 von der Phillips-Expedition freigelegt wurde. Dieses Heiligtum, das ein Areal von etwa 330 Quadratmetern bedeckt, umgibt eine ovale Befestigungsmauer von annähernd neun Metern Höhe und über vier Metern Breite; die sorgfältig behauenen Steinblöcke der Außenfront sind jeweils etwa eineinhalb Meter lang. Das ins Tempelinnere führende Haupttor öffnet sich in eine säulenumgebene Halle mit drei Türen, die vierundzwanzig Meter in der Länge und neunzehn Meter in der Höhe mißt und von zweiunddreißig Pfeilern begrenzt ist; der äußere Vorhof und der daran anschließende Gebäudekomplex enden wiederum in einer Reihe von vier Meter hohen Säulen. Auf der Ostseite der ovalen Anlage befindet sich ein weiterer, quadratischer kleiner Tempel, der ein Mausoleum gewesen sein mag.

Der älteste Teil dieses dem Mondgott Ilumquh (oder Almaqah) geweihten Tempels wurde von den Sabäern in Anlehnung an die südbabylonische

---

* Die nach Mekka hin offene Gebetsnische in den Moscheen der Moslems; beim Gebet wenden die Gläubigen ihr Gesicht stets gen Mekka.

Bauweise der Rundtempel entworfen. Leider ist dieser Teil bisher noch nicht ausgegraben worden, und darum sind alle Bestimmungen und Datierungen (manche Forscher vermuten das 8. oder 7. Jahrhundert v. Chr. als Entstehungszeit) verfrüht. Im Inneren der Tempelanlage wurde ein großes Mausoleum mit zahlreichen quadratischen Grabkammern ohne Öffnungen freigelegt; jede Kammer bildete eine in sich geschlossene Einheit ohne gemeinsame Zwischenwände.

Etwa zwei Kilometer südlich von Awwam liegt der Tempel von Baran, heute al Ameid, »die Säulen«, genannt, bei dem noch fünf etwa acht oder neun Meter hohe Monolithen stehen. Aus den Ruinen von Marib stammt auch eine dreiundneunzig Zentimeter große Bronzestatue von besonderer Ausdruckskraft; sie befindet sich heute im Nationalmuseum von Sanaa. Die Bronzefigur stellt einen aufrecht schreitenden Feldherrn oder Würdenträger dar, dessen rechte Hand vermutlich einst einen Kommandostab oder ein Zepter gehalten hat; an der linken Hand trägt der Mann einen großen Siegelring. Er ist mit einem kurzen gegürteten Rock bekleidet, über seinem Rücken hängt ein Leopardenfell, das durch die beiden gekreuzten Vorderpfoten auf der Brust des Kriegers zusammengehalten wird. Die Haartracht erinnert an mesopotamische Vorbilder aus der altbabylonischen Stadt Lagasch (3. Jahrtausend v. Chr.). Es handelt sich bei dieser Figur zweifellos um das Werk eines einheimischen Künstlers, dennoch sind hellenistische Einflüsse der Zeit deutlich zu erkennen. Zwei weitere sabäische Bronzestatuen zeigen den gleichen freien und würdevollen Ausdruck in Haltung und Gebärde. Diese Figuren, die heute von einer dicken grünen Kupferschicht überzogen sind, wurden damals aus einem Stück um einen Preßkohlekern herum gegossen; die Bronze selbst ist von gröberer Substanz und weicherer Patina als entsprechendes Material der Mittelmeerländer.

Quer durch das Wadi Dhana erstrecken sich bis zum Fuß des Gebirges die Überreste eines der bekanntesten Bauwerke von Marib, das als eines der Weltwunder der Antike galt – der große Damm. Der arabische Geschichtsschreiber Isfahani berichtet, er sei etwa im 9. Jahrhundert v. Chr. von dem ersten sabäischen König Samohali Yanuf (850–820 v. Chr.) erbaut worden; etwa um die Mitte des 4. Jahrhunderts n. Chr. aber brach der Damm und wurde »von einem gewaltigen Wolkenbruch hinweggeschwemmt«. Der Historiker Yaqut datiert den Dammbruch in die Zeit der ersten abessinischen Herrschaft in Südarabien. Das gewaltige Bauwerk wurde zwar sofort wieder repariert, um 452/53 barst der Damm jedoch erneut und gefährdete die Existenz der Bewohner des Wadis. Zwischen 542 und 570 wurde dann schließlich der gesamte mittlere Teil zerstört,

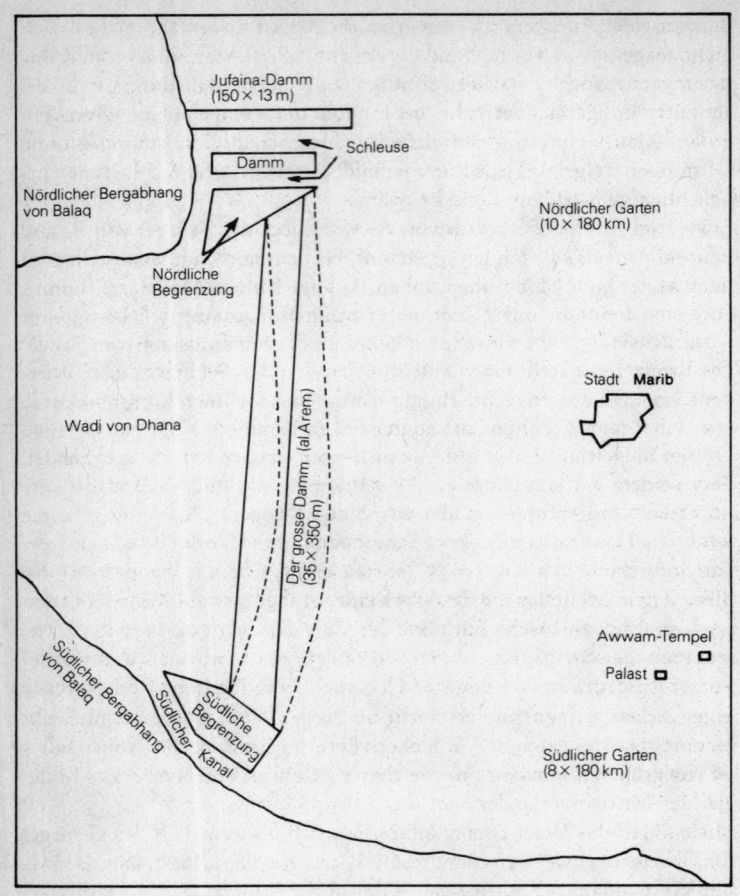

Lageplan des großen Dammes von Marib.

und es kam zu der im *Koran* beschriebenen verheerenden Katastrophe
(siehe S. 101 f.). Zwei jemenitische Stämme waren gezwungen, gen Norden zu ziehen, und das Tal erholte sich nie mehr von der Überschwem-
mung; nach und nach verödete das Wadi und verwandelte sich im Laufe
der Jahrhunderte in ein unfruchtbares Gebiet.
In Südarabien gab es zahlreiche Dämme, und wir können die auch heute

noch bemerkenswerten Ruinen dieser großen Bauwerke bewundern, die vom technischen Standpunkt aus zum Teil sogar noch höher und vollkommener waren als der berühmte Damm von Marib. Dieser Damm bestand aus drei Abschnitten, die man, mit Überlaufkanälen und Schleusen versehen, aus den Bergflanken herausgehauen hatte. Für die Verteilung des Wassers und eine gleichmäßige Bewässerung der umliegenden Felder sorgten massive Schleusenkanäle, die das Wasser in zwei als »Nord-« und »Südgärten« bekannte Anbaugebiete leiteten. Zwischen den beiden Berghängen des Balaq, die das Wadi begrenzten, entsprang der Fluß Dhana; hier erstreckte sich auch der fünfunddreißig Meter hohe und dreihundertfünfzig Meter lange Damm vom linken zum rechten Flußufer. Der dreizehn Meter breite und einhundertfünfzig Meter lange Jufaina-Kanal leitete die Wassermassen in zwei zusätzliche Schleusenkanäle. Die landwirtschaftlichen Anbauflächen um den Damm wurden von über sechzig regulierbaren Wasserquellen versorgt. Der »Nördliche Garten« umfaßte ein Gebiet von zehn mal einhundertachtzig Kilometer, der »Südliche Garten« maß acht mal einhundertachtzig Kilometer – ein wahres Wunderwerk technischer Planung und Durchführung.

Auf dem Berge Balaq im Murad, fünf Kilometer von Marib entfernt, erhebt sich ein einzelner, sieben Meter hoher Obelisk, auf dessen Spitze die göttlichen Symbole des Halbmondes und der Sonne eingemeißelt sind.

Etwa zwanzig Kilometer südwestlich von Marib liegt, vollkommen isoliert von anderen Bauten, die Ruinenstätte des antiken Marib, heute *el Mesagid* genannt. Dort befindet sich einer der ältesten sabäischen Tempel mit elliptischem Grundriß, der aufgrund »später Datierungen« in das 9. Jahrhundert v. Chr. verwiesen wird. In der Ruinenstadt sind Kapitelle und behauene Steintafeln mit realistischen Motiven entdeckt worden: Die ältesten zeigen deutlich griechischen Einfluß; die jüngsten weisen, wie mir gesagt wurde, starke sassanidische Stilelemente auf.

Ähnlich zahlreiche Funde wurden in *Nadja* gemacht, der letzten großen sabäischen Stadt des Murad.

Von Sanaa aus gelangt man auf der nördlichen Landstraße nach Raida und von dort weiter auf einem rechter Hand im Ort abzweigenden Schotterweg zu den ausgedehnten Ruinenfeldern von *Nait*, die früher schon von A. S. Huzayyin und in neuerer Zeit von einer deutschen Expedition erforscht wurden. Die islamischen Historiker berichten, die Stadt sei von dem König Shahràn ben Lahfàn gegründet worden. Bei den Ruinen befindet sich eine große säulengeschmückte Zisterne sowie ein Tempel, auf dessen Mauerfundament heute jedoch nur noch zwei Pfeiler stehen. Bei den überall verstreuten Fragmenten behauener steinerner Architrave glaubte Huzayyin einen starken hellenistischen Einfluß festzustellen, zurückzuführen auf die ptolemäischen Handelsbeziehungen mit Südarabien.

Fährt man weiter nach Osten bis Hadjar Arhab, so sieht man am linken Ufer eines Nebenflusses im Wadi Kharid die bereits von Glaser besuchten und beschriebenen Ruinen von *Sirwah Arhab*. Die Anlage umfaßt einen großen rechtwinkeligen Tempel mit mehreren Pfeilern von quadratischem Querschnitt sowie einen säulengestützten, mit einem Flachdach versehenen Altarraum. Es scheint, als sei das Wasser von einem zentralen Becken im Dach aus in das Innere geleitet worden.

Wenden wir uns nun nach Süden, so kommen wir zu den Ruinen von *Huqqa;* hier wurden die ersten wirklich wissenschaftlichen Ausgrabungen in Südarabien vorgenommen: 1928 legten Rathjens und Wissmann dreihundert Meter südlich der Stadt einen ausgedehnten, der Sonnengöttin Dhat Badan geweihten Tempelkomplex frei. In einem quadratischen, von Säulen umgebenen Innenhof, der typischen Anlage aller sabäischen Heiligtümer, befindet sich das große Opferbecken. Auf einer überdachten Treppe steigt man zum Altarraum empor, dem zahlreiche Räume angegliedert sind, deren Anordnung jedoch heute aufgrund der beträchtlichen Schuttmassen, die sich dort aufgetürmt haben, nicht mehr zu erkennen ist. Im Tempel wurden noch mehrere Wände mit buntbemalten Stuckarbeiten entdeckt sowie einige mit Marmorplatten verkleidete Wandflächen, die durch ihre Bearbeitung den Eindruck einer Mauer mit getäfelten Mittelpaneelen erwecken sollten. Diese Stein- bzw. Marmorplatten mit dekorativen Skulpturen oder der Imitation aufgesetzter Paneele finden sich in fast allen sabäischen und auch minäischen Tempelanlagen. Die bunten Stuckarbeiten sind besonders interessant, weil ihre Malweise dekorative Stilelemente aufweist, die an die Kunst der mykenischen, spätmykenischen und phönizischen Epochen erinnern. Außerdem wurde beim Bau dieses Tempels bereits der Typus der frühen, primitiven, islamischen Moschee verwirklicht.

Im Laufe der Grabungen fand man auch zahlreiche Bronzestatuen, Votivfiguren und Halsketten sowie eine größere Anzahl von Tonscherben. Über die Arbeit vor Ort berichten Rathjens und Wissmann:

»Das Ruinenfeld liegt etwa 300 Meter südlich des letzten Hauses von Huqqa. Der Tempel hat anscheinend auch im Altertum abseits der Siedlung gelegen, denn nirgends im Umkreis der Ruinen des Tempels haben wir andere Ruinenreste feststellen können. Auch andere sabäische Tempel standen abseits der Siedlungen, so der von Sirwah in Arhab und die Tempel südöstlich Marib und bei Ma'in. Halévy, der von allen europäischen Reisenden die meisten Ruinen sabäischer Siedlungen gesehen hat, sagt sogar..., daß jede sabäische Stadt außerhalb der Mauern einen Tempel besaß, der der Stadtgottheit geweiht war.

Das Tempelgebäude lag auf einem kleinen Hügel, der durch eine Aufstauung innerhalb des älteren Lavastroms, auf dem auch das Dorf liegt, gebildet worden ist. Eine flache Senke trennt diesen Hügel von dem wieder etwas höher gelegenen Gelände von Huqqa. Im Gebiet dieser Senke verschwindet der Steilabhang, der den Lavastrom im Westen begrenzt und der sowohl an der Westseite des Dorfes Huqqa wie auf der Westflanke des Tempelhügels vorhanden ist.

Nach den anderen Seiten, nach Norden, Osten und Süden, senkt sich der Tempelhügel allmählich zu den umliegenden ebenen Flächen. Der westliche Steilhang ist nicht ganz einheitlich. Er löst sich in seinem südlichen Teil, der noch etwa 300 Meter jenseits des Tempels sich fortsetzt, in zwei Stufen auf. Die untere Stufe ist etwa 5 bis 10 Meter breit, an einzelnen Stellen noch darüber hinaus. Bei dem Tempel beträgt die Gesamthöhe der Stufe etwa 6 Meter, weiter südlich etwas mehr. Die erste Stufe liegt etwa auf halber Höhe, also 3 bis 4 Meter über dem Talboden. Die Stufe bildet entweder eine Wand oder ist in einzelne, teilweise sehr große Blöcke aufgelöst, die wie vom Steilhang abgesprengt erscheinen. Der ganze untere Teil des Steilhangs besteht aus einer schiefen Ebene von kleinerem Blockwerk von Kopf- bis zu Faustgröße. Die Oberfläche des Lavastroms auf dem Hügel war nur von wenig Geröll bedeckt und zeigte teilweise noch schön ausgebildet die Struktur der Fladenlava, was darauf schließen läßt, daß der Lavastrom, auf dem Huqqa und der Tempel erbaut sind, nicht von allzu hohem Alter sein kann.

Wir haben uns sofort die Frage gestellt, ob der Steilhang, der den ganzen westlichen Rand des Lavastroms, auf dem Huqqa und der Tempel liegen, eine natürliche Bildung ist oder ob er künstlich dadurch entstand, daß man an dieser ganzen Linie die Steine gebrochen hat, aus denen die Bauwerke von Huqqa aufgebaut sind. Steinbrüche, die heute noch in Gebrauch sind, fanden sich im südlichen Teil des Abfalles. Wenn man eine natürliche Entstehung des Steilrandes annimmt, so ist die einseitige Ausbildung des Steilhanges an sich schon eigenartig. Man müßte ferner ein recht hohes Alter für die Entstehung des Lavastroms ansetzen, denn die abtragenden Kräfte, die hier eine derartige Wandbildung schaffen könnten, setzen eine sehr lange Zeit der Bildung voraus.

Allerdings müßte die Anlage dieser Steinbrüche recht alt sein, und sie wären seit dem ersten Aufbau der Siedlung von Huqqa streckenweise nicht mehr benutzt worden, denn die Inschriften und Zeichnungen, die sich überall an den Wänden und auf den Blöcken dieser Steilmauer finden, sind zu einem Teil vor der Zerstörung des Tempels und der nach unserer Annahme gleichzeitigen Zerstörung der ganzen Siedlung von Huqqa zur Himjarenzeit angebracht. Wo sich jüngere Inschriften und Zeichnungen finden, liegen sie über oder neben den mit sabäischen Buchstaben geschriebenen.

Da an diesem Steilhang in dem Teil unter dem Tempel, der dicht an ihn herantritt, nirgends Reste oder Anzeichen für eine Treppenanlage festzustellen waren, so können wir annehmen, daß die Front des Tempels nicht nach dieser Seite gerichtet war, wofür, wie wir sehen werden, auch der Grundriß spricht. Wenn man sich ferner die Huqqa umgebende Landschaft anschaut und als Standpunkt den Tempelhügel nimmt, so blickt man im Norden, Westen und Süden auf eine öde, schwarze Vulkanlandschaft, im Osten dagegen öffnet sich der Blick auf die von fruchtbaren Feldern bedeckte und von Siedlungen übersäte Ebene von heller freundlicher Farbe, die am Horizont begrenzt wird von den pittoresken Formen der Sandsteingebirge, die in den buntesten Farben prangen. Man könnte denken, daß dieser Aussicht zugewandt die Front des Tempels lag.

Leider hatte man mit den Grabungen bereits seit zwei Tagen begonnen, als wir in Huqqa ankamen, so daß wir den Ruinenhügel nicht mehr im ursprünglichen Zustande sahen. Immerhin hatte man nur an der Süd- und Südwestseite gegraben. Die Oberfläche des Hügels war mit einem Trümmerwerk von meist unbehauenen Steinen bedeckt, die lose übereinanderlagen und die verschiedensten Größen hatten. Dieses lockere Trümmerwerk war zwischen $1/4$ und $1/2$ Meter mächtig. Darunter begann fester Boden, in dem die Steine fest eingebettet lagen. Die Arbeiten gingen so vonstatten, daß man im Süden anfing und langsam nach Norden vorrückte. Zuerst wurden die oberflächlich liegenden losen Steine von einer Reihe von Arbeitern nach Norden weitergeworfen. Diese Arbeitergruppe rückte im Verlaufe der Arbeiten langsam über den ganzen Hügel hinweg, so daß die oberflächlich liegenden Steine allmählich zu einem großen Wall im Norden des Tempels aufgehäuft wurden. Andere Gruppen begannen währenddessen schon mit den Ausschachtungen. Zuerst wurde ein Graben von Süden nach Norden vorgetrieben. Als man auf die ersten Mauern stieß, folgte man diesen nach links und rechts, so daß man von nun an in breiter Front ausschachtete. Die Soldaten und Arbeiter benutzten die etwa 1 Meter lang bestielten Hacken der Einwohner von Huqqa sowie bei vorsichtigen Arbeiten ihre krummen Dolchmesser. Um den Schutt, der zuerst mit Pflügen gelockert wurde, fortzuschaffen, benutzten sie eigenartige Schaufeln aus Eisen mit einem $1\,^{1}/_{4}$ Meter langen Stiel aus

Holz. Die eigentliche Schaufel war etwa 20 Zentimeter hoch und 80 Zentimeter breit und am Oberrand ihrer beiden Seiten, links und rechts, waren Stricke befestigt, die etwa 1 1/2 Meter lang waren. Diese Schaufel wurde so bedient, daß ein Mann sie am Stiel anfaßte und sie wie eine gewöhnliche Schaufel bediente, während ein oder zwei Mann die Stricke anfaßten und die Schaufel auf sich zu zogen. Auf diese Weise wurde sehr schnell der feinere Schutt transportiert, meist auf Haufen, die dann von den von Ochsengespannen gezogenen größeren Schaufeln weitergeschafft wurden. Auch diese sind Südarabien eigentümlich. Es sind Holzschaufeln von 1/2 Meter Breite und 1 1/2 Meter Länge. An beiden Seiten sind unten die Ketten für die Zugtiere befestigt. In der Mitte der oberen Kante der Schaufel steht ein Stiel hoch von etwa 15 Zentimeter Länge. Hier geht vom Oberrand des Brettes eine dritte Kette, von gleicher Länge wie die beiden anderen, zu den Zugtieren. Die Schaufel wird so bedient, daß sie beim Anziehen der Tiere erst waagerecht, dann immer steiler in den zu transportierenden Schutt hineingezogen wird. Die beiden seitlichen unteren Ketten werden dadurch gespannt, während zugleich zwei Leute zur Belastung links und rechts auf den oberen Rand der Schaufel treten. Der Schutt wird mit diesem Gerät also fortgeschoben, und zwar setzen sich die Tiere, sobald sie den Widerstand verspüren, in Trab... Alle hierbei zutage tretenden größeren Steine wurden währenddessen von den Arbeitern auf der Südseite des Grabungsfeldes aufgehäuft. Als immer mehr Raum für die Arbeit der Gespanne entstand, wurde der Schutt durch diese statt wie anfangs nur nach Süden, jetzt auch nach Osten und zuletzt auch nach Nordwesten aus dem Grabungsfeld hinausgeschoben.

Der Schutthügel hatte vor Beginn der Arbeiten hufeisenförmigen Grundriß. Er war im Westen am höchsten, und die im Innern des Hufeisens liegende Mulde öffnete sich nach Osten. Die Mundlöcher der Zisterne waren freigehalten, da diese von den heutigen Bewohnern von Huqqa noch gebraucht wird. So lag ein Mundloch, von größeren Steinen umgeben, in der zentralen Mulde, das andere etwas nördlich der Anhäufung. Wenn man aus diesem Zustand des Schutthügels Schlüsse ziehen will, so kann man annehmen, daß das Gebäude, dessen Schutt den Ruinenhügel bedeckt, am kompaktesten und höchsten im Westen, im Norden und Süden etwas niedriger war und im Osten das wenigste Mauerwerk besaß. Im Innern befand sich ein freier Raum, der rings von den Gebäuden umgeben war...«

Etwa zwanzig Kilometer von Huqqa entfernt, in südwestlicher Richtung, liegt die alte Hauptstadt der Sabäo-Himjariten, *Harib Khaulam*. In der Talebene, die mit archäologischen Trümmern übersät ist, lebt der Stamm der Beni Abd. Die Angehörigen dieses Stammes sind hellhäutig, ihre Haare ähneln denen der Hindus. Die Beni Abd behaupten, die Nachkommen eines der ältesten minäischen Volksstämme zu sein.

Auf Harib Khaulam folgt *Suda*; hier wurden Bronze-, Alabaster- und Marmorstatuen gefunden, und die Mauersteine der Häuser zeigen eingemeißelte sabäische Inschriften und Dekorationen. In die Hauptfront eines großen Gebäudes hat man einen behauenen Obelisken eingemauert sowie einen Kalksteinblock mit einer längeren Inschrift über der Tür, und auf dem rechten Eckpfeiler des Dachfirstes ragt ein sabäisches Kapitell aus der Blütezeit der Epoche empor.

Kehrt man auf die nach Sanaa führende Asphaltstraße zurück, so sieht man westlich von Huqqa die kleine Stadt *Amran* liegen, deren Häuser zum großen Teil auf den Fundamenten alter sabäischer Bauten errichtet wurden, die damit jeder wissenschaftlichen Untersuchung entzogen sind. In Amran wurden Bronzetafeln und Kleinfiguren gefunden, außerdem Überreste von Halsketten und ein wunderschöner bronzener Putto mit späthellenistischen Zügen, der wahrscheinlich das Werk eines lokalen Künstlers ist; er befindet sich heute im Nationalmuseum von Sanaa. So wie in ganz Südarabien gibt es auch hier mehrere Epigraphe und dekorative Ornamente auf alten Mauersteinen, die zum Bau neuer Häuser wiederverwendet wurden.

Das nächste Ziel unserer Rundreise ist *Sanaa*, die heutige Hauptstadt des Jemen. In der Altstadt sind noch immer unmittelbar neben den Moscheen und anderen Gebäuden der islamischen Zeit eindrucksvolle Überreste der sabäischen und himjaritischen Epoche zu sehen. Im äußersten Osten der Stadt ragte einst das heute »Festung« oder »Zitadelle« genannte monumentale Bauwerk der Sabäer, *il Ghumdan*, empor (und nicht, wie einige Wissenschaftler behaupten, dort, wo heute die große Moschee steht). Hamdani sah etwa um das Jahr 940 n. Chr. noch seine gewaltigen Ruinen, und der berühmte afghanische Gelehrte Biruni (973–1048) schreibt:

»Sanaa ist eine der größten Städte des Jemen; mit seinem Wasserreichtum und der üppigen Vegetation erinnert es an Damaskus; östlich von Aden und nach Norden gewandt liegt die Stadt eingebettet in die Berge. Das Klima ist mild und gemäßigt, Winter- und Sommertage gleichen einander. Sanaa war einst der Sitz der himjaritischen Könige; es findet sich da eine gewaltige Ruinenstätte, Ghumdan genannt; dort erhob sich einst der Palast des Königs.«

Nach islamischen Beschreibungen war il Ghumdan eine große Festungsanlage mit zwanzig Stockwerken, von denen ein jedes zwanzig Ellen maß. Der Palast soll nahezu zweihundert Meter hoch gewesen sein – das höch-

Links: Zisterne am Stadtrand von Sanaa. Die kleinen Becken wurden in der traditionellen himjaritischen Bauweise in islamischer Zeit hinzugefügt.
Rechts: Der »Hohe Ort« im Flußbett des Wadi Dhar. Der Opferaltar mit der Vertiefung zum Auffangen des Opferblutes und das Weihebecken sind unmittelbar aus dem geglätteten Felsen gehauen.

Präislamische Wasserbecken in der Wüste, die noch während der islamischen Zeit des Mittelalters in Betrieb waren, bis in der heutigen Wüstenzone andere Wasservorkommen entdeckt wurden.

Felsengrab am »Heiligen Ort« bei Sadal im Süden von Sanaa.

Rechte Seite: Der »Palast auf dem Felsen« im Wadi Dhahr, in der Nähe von Sanaa.

Durch Steinblöcke markierter Pfad zur Opferstätte im Wadi Dhahr.

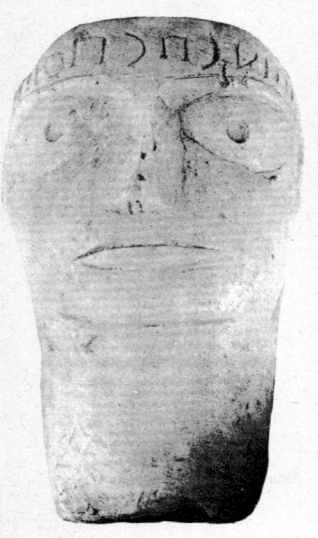

Links: Votivkopf eines Ahnen aus Alabaster (Archäologisches Nationalmuseum Rom).
Rechts: Frauenkopf aus Alabaster, der bei den Ausgrabungen des Awwam-Tempels entdeckt wurde.

Einer der beiden in Timna gefundenen Bronzelöwen mit Putto (75–50 v. Chr.).

Eine für die präislamische Architektur typische Hausfront in Sanaa.

Die aus den verschiedensten Zeiten stammende Stadtmauer von Sanaa.

Rund 21 Hektar bedeckt das Gebiet von Timna, der alten Hauptstadt von Kataba.
Hier eine Schrägaufsicht auf den Haupttempel, dessen Grundriß noch immer recht
gut zu erkennen ist.

Rechte Seite: Die Ruinen der Stadt Petra in Jordanien.

Wie eine Insel erhebt sich Hisn al Ghorab über einer Landzunge in der Bucht Bir
Ali. Auf seinem Gipfel befinden sich Gebäudereste und Zisternen.

Links: Überreste der gigantischen Mauern von Ma'in.

Unten: Fragmente eines Löwenkopfes aus Timna.

ste Gebäude des Altertums nach dem Turm von Babel. Seine vier Seiten zeigten Steine verschiedener Farbe: Die Hauptfront war weiß, die anderen Wände schwarz, rot und grün. An den vier Ecken (nach einem anderen Bericht vor den vier Eingangstoren) des Gebäudes befanden sich vier steinerne Löwen mit aufgerissenen Mäulern, die bei starkem Wind von der Wüste her dank einer Echovorrichtung lautes Gebrüll hören ließen. Auf den Querrinnen des Daches saßen auf der einen Seite zwei bronzene Adler mit ausgebreiteten Flügeln, auf der anderen Seite zwei aufgerichtete Löwen. Mitten in der Hauptfassade des Palastes hat sich laut Hamdani einst eine hohe Alabasterplatte mit ornamentalem Schmuck befunden. An einer bestimmten Stelle des Bauwerks soll es auch eine Sanduhr gegeben haben, von der man Tag und Nacht die Zeit ablesen konnte. Das Eingangsportal der Zitadelle war mit einer Marmorplatte verkleidet, die sich nur bewegte, wenn der Herr des Palastes es wünschte. Der Komplex wurde 532 n. Chr. bei einem abessinischen Überfall zerstört.

Ein weiteres bemerkenswertes Bauwerk des antiken Sanaa, wenn auch aus der Spätzeit, war die Qalis, die »Große Kirche«, 530 n. Chr. von dem abessinischen Vizekönig Abraha erbaut, der – allerdings erfolglos – auch versuchte, die heilige Stadt Mekka zu erobern. Die Kirche besaß einen quadratischen Grundriß und wurde ganz aus verschiedenfarbigen, durch hölzerne Querbalken voneinander abgesetzten Lagen großer Steinblöcke erbaut. 765 n. Chr. stürzte sie in sich zusammen, erhalten blieb nur das kreisrunde Baptisterium Gurget al Qalis, das nach christlicher Überlieferung eine von Erzbischof Theophilus um 350 n. Chr. errichtete Taufkirche war. Unter allen in Sanaa gefundenen Stücken aus antiker Zeit ragte vor allem eine prachtvolle Marmorstatue in griechischem Stil heraus, die nach ihrer Entdeckung von Fanatikern zertrümmert wurde; ein unbekannter Engländer konnte nur noch den Kopf der Figur retten.

Etwa zwanzig Kilometer südlich von Sanaa liegt die Zitadelle von *Ghayman* (heute *Kanin*), der einstigen himjaritischen Hauptstadt. Die monumentale Anlage, die sich auf dem Gipfel eines Berges erhebt, besitzt noch Teile der alten Befestigungsmauer – genauso wie die alte Festung *Barrakesh*, die, vergleichbar einer gotischen oder romanischen Zwingburg, immer noch vollständig von ihrer ursprünglichen Festungsmauer umschlossen ist. Im Gebiet von Ghayman wurden Statuen, Kapitelle sowie Fragmente von Bronzefiguren gefunden. Im Grab des Königs Abkarib assad, der etwa in der ersten Hälfte des 6. Jahrhunderts n. Chr. lebte, entdeckte man zwei besonders schöne Bronzeköpfe, von denen der eine die genaue Kopie eines griechischen Originals ist, der andere dagegen starke persische Einflüsse aufweist.

25. In Museo Constantinopolitano. CIH 535:

(inscription in Sabaean script, 10 lines)

V. 8: pro ⟨script⟩ lege "⟨script⟩

26. In San'ā'; fama est hunc titulum e vicino palatio Ġumdān in mosquitam *al-ğāmiʿ al-kabīr* vocatam adlatum fuisse. CIH 1:

(inscription in Sabaean script, 5 lines)

27. In Museo Luparensi. CIH 544:

(inscription in Sabaean script, 10 lines)

Eine Seite des Corpus Inscriptionum Semiticarum mit der Reproduktion eines Epigraphs von dem Festungspalast il Ghumdan in Sanaa (Mitte).

Noch weiter im Süden sehen wir in der Nähe der heutigen Siedlung Nakhlet al Amra die alte Festung *Sila*, die früher einer Akropolis gleich das ganze fruchtbare Tal beherrschte. Heute ist Sila ein Ruinenfeld, auf dem immer wieder Fragmente alter Statuen und dekorativer Friese entdeckt werden. Im Nationalmuseum vor Sanaa ist eine fast zweieinhalb Meter große Bronzestatue zu bewundern, die dort gefunden wurde. Die Stadtmauern von Sila bestanden aus rötlichen Quadersteinen, während die Gebäude – nach den Überresten zu urteilen, die ich gesehen habe – auf kannelierten, weißen Marmorsäulen errichtet worden waren. Unter den Schuttmassen der äußeren Stadtmauer stießen wir, wie bereits erwähnt, auf den Eingang zu einem in den Felsen gehauenen unterirdischen Tunnel, der zu einer Grotte führt. Wahrscheinlich war die Zitadelle von Sila der letzte Verteidigungs- und Zufluchtsort der himjaritischen Herrscher, deren letzter König, Dhù Nuwas, etwa 525 n. Chr. starb und in der Nähe der Festung bestattet wurde.

Fahren wir weiter auf der Asphaltstraße von Sanaa in Richtung Süden, biegen wir bei Yarim um den Fuß des Gebirges zu unserer Linken und gelangen sehr bald nach *Zafar el Haol*, der letzten sabäisch-himjaritischen Hauptstadt. Vor uns erstreckt sich ein gewaltiges Ruinengelände, aber von den großen Bauwerken der Vergangenheit findet sich keine Spur mehr. Auch hier errichtete Erzbischof Theophilos eine Kirche, die nach ihrer Zerstörung als Baumaterial für neue Islamische Bauwerke diente.

Das katabanische Reich

Das katabanische Reich erstreckte sich südöstlich von Marib im Gebiet von Beihan und grenzte ebenso wie das Reich der Sabäer an die Wüste Saihad, deren Sandmassen heute das alte Kataba bedecken.

Katabas Hauptstadt *Timna*, im Altertum auch Tamna, Temna oder Thomna genannt (heute *Kohlan*), lag am linken Flußufer des Wadi Beihan, das einst ebenso wie Marib durch einen großen Damm mit Schleusenkanälen befestigt war. Timna wurde im 20. Jahrhundert von G. B. Bury wiederentdeckt; und der Archäologe R. A. B. Hamilton fand dort mehrere Alabasterstatuen. 1950 bis 1952 unternahm die amerikanische Expedition unter der Leitung von Wendell Phillips dort Grabungen im großen Stil und überführte anschließend bedeutende Fundstücke in die Vereinigten Staaten – zum Beispiel einen großen weiblichen Alabasterkopf, der an ähnliche sabäische Meisterwerke erinnert, und eine fünfzehn Zentimeter hohe Kleinbronze des Trunkenen Dionysos, die offensichtlich griechisch-römische Einflüsse aufweist. Das schönste Stück jedoch, das nach New York gebracht wurde, ist zweifellos ein auf einem Bronzelöwen reitender Putto von einundsechzig Zentimeter Höhe; auf dem Sockel der Statue steht eine längere Inschrift in alten katabanischen Schriftzeichen. Die Bronzestatue war entsprechend der Inschrift von einem katabanischen Künstler unter Verwendung hellenistischer Stilelemente angefertigt worden. Bei weiteren Grabungen wurden goldene Halsketten und andere Schmuckstücke entdeckt sowie Tonscherben und aus Griechenland importierte Keramik, silberne Gerätschaften und Elfenbeinfragmente – letztere stammen vor allem aus dem etwa einen Kilometer von der Stadt entfernten Friedhof von Timna.

Über die Anlage Timnas schreibt Brian Doe:

»Die Ruinenstätte von Hajar Kohlan umfaßt etwa 21 Hektar. Ihr längster Durchmesser beträgt 612 Meter, während man an der schmalsten Stelle nur noch rund 320 Meter mißt. Ihre Höhe über dem Bett des Haupt-Wadi beträgt beim Südtor knapp 24 Meter. Wie es scheint, hat man die Stadt auf einem von der Natur geschaffenen Kliff am Nordeingang des Wadi angelegt. Timna war eine ummauerte Stadt mit mehreren Toren. Teilweise bildeten Häuseraußenwände einen Bestandteil der Stadtmauer, und an der Südseite fand man auch außerhalb der Mauer von Häusern herrührende Überreste steinernen Mauerwerks.

Anscheinend gab es vier Tore: das sogenannte ›Südtor‹ im Südwesten sowie weitere Torbauten an der Südost-, Nordwest- und Ostseite.

Das Südtor ist von zwei Bastionen umgeben. Es ist für den Epigraphiker, den Inschriftenkundler, von größter Bedeutung, denn 3 Meter über dem Bodenpflaster befindet sich an der massiven Mauer eine Inschrift mit den Gesetzen der Stadt. Das Gemäuer mit seinen breiten, unregelmäßigen Lagen roher Blöcke, von denen einer 2,44 mal 0,61 Meter mißt, verrät eine archaische Bauweise und scheint aus einer früheren Phase der Stadtgeschichte zu stammen, vielleicht aus der gleichen Zeit wie die unteren Mauerzüge des Haupttempels. Auf der linken Torbastion scheint es einst ein kleines Haus für die Wache gegeben zu haben. Noch immer befindet sich hier in situ für die Wache eine hohe, ebene Plattform.

Im Gegensatz zu anderen Torbauten Südarabiens bemerkt man hier zwei senkrechte Einlässe im Mauerwerk. Sie waren zur Aufnahme der Seitenbalken eines hölzernen Türrahmens bestimmt. Es gab folglich hier nicht nur eine Türöffnung, sondern eine regelrechte Tür, und Nischen weiter oben in der Mauer lassen vermuten, daß diese Tür auch oben einen hölzernen Sturz (Querbalken) hatte.

Noch unerforscht sind die anderen Torbauten an der Ost- und Nordwestseite der Stadt, doch die Grabungen ortsansässiger Bauunternehmer, die auf der Suche nach Baumaterial waren, haben die Bastionen des Südwesttores zum Vorschein kommen lassen. Hier verrät das Mauerwerk mehr Kunstfertigkeit. Die gut zugeschnittenen, mit dem Hammer bearbeiteten, ordentlich verlegten rechteckigen Blöcke und die ganze Art dieser Mauerung nehmen eine Bauweise vorweg, die man später bei privaten Bauten innerhalb des Stadtgebietes anwandte.

Unweit vom Stadtzentrum befindet sich der Haupttempel. Seine Achse hält sich im großen und ganzen an die Ostwestrichtung. Seine Grundfläche mißt etwa 49 mal 3,60 Meter (?). Man kennt dieses Heiligtum als Athtar-Tempel. Im unteren Teil bestehen die Mauern dieses großen Gebäudes aus unbehauenen, massiven Granitblöcken, die unregelmäßige Lagen bilden. Im Osten, Norden und Süden springt das Mauerwerk in Abständen vor und bildet Bastionen, die mit zurückgesetzten Mauerabschnitten (Kurtinen) abwechseln. Hier scheint mesopotamischer Einfluß wirksam gewesen zu sein. In seiner höheren Schicht besteht das Mauerwerk aus Kalksteinblöcken von regelmäßigem Zuschnitt. Hier zeigt sich größeres Raffinement; anscheinend hat man auch den ursprünglichen Plan erweitert und verbessert. Wahrscheinlich fand der Bau dieses Tempels in vier Etappen statt. Von der ersten Phase zeugt heute noch das massive Mauerwerk der untersten Schichten. Sie sind wohl die ältesten Teile dieses Heiligtums selbst. Zwar liegen unter ihnen noch ältere Mauerreste, doch gehören diese nicht mehr zu dem Tempel, sondern zu einem viel früheren Bau, der sich vor der Errichtung des Tempels an dessen Stelle befand. Die zweite Bauperiode ist durch Erweiterungen gekennzeichnet, die im 3. Jahrhundert v. Chr. vorgenommen wurden, Hof und Treppen kamen vermutlich unter den Königen des 1. Jahrhunderts v. Chr. hinzu. Im Tempel fand man tiefrote und cremefarbene Platten aus poliertem Marmor. Wahrscheinlich waren mit ihnen einst die Innenwände des Tempels verkleidet. Die Stärke dieser Platten schwankt zwischen knapp 4 und etwas mehr als 6 Zentimetern.

In seinen Hauptzügen läßt sich der Tempelgrundriß wie folgt beschreiben: Eine breite Freitreppe führte zu dem an der Nordseite liegenden Haupteingang. Durch ihn gelangte man in einen säulenumstandenen Vorhof, ein Atrium, dessen Boden mit rötlichen Kalksteinplatten ausgelegt war. Einige der Basen seiner quadratischen Säulen sind noch erhalten. Etwa 1955 wurde eine kleine Treppe zerstört, die in einem der nischenartigen Kurtinen-Zwischenräume zwischen zwei Bastionen des ursprünglichen Mauerwerks angebracht war und die zum Vorhof führte. An der Ostseite dieses Vorhofs befanden sich die fünf 7,62 Meter breiten Stufen und die Säulenfassade des inneren Heiligtums. Heute erblickt man auf dem Boden dieses höhergelegenen Tempelabschnitts die Überreste vieler niedriger Mauern, die einst beiderseits der Hauptachse des Tempels einzelne Räume abtrennten. Unbekannt ist zur Zeit noch, welchem Zweck sie dienten, wenn es sich nicht um Grabkammern handelte. Die Tempelmagazine befanden sich an der Westseite des Vorhofs. Wie das ausgezeichnet verlegte Mauerwerk der Tempel-Westwand zeigt, gehörte dieser Teil zu den später umgebauten Tempelabschnitten...

Zwei in ihrer Konstruktion vorzügliche Bauwerke... sind als Haus Yafaan und Haus Yafash bekannt. Sie liegen an der Westseite der Stadt, und zwar das Haus Yafaan näher dem Südtor. Bedeutung hat Haus Yafash vor allem wegen seiner sechs Inschriften. Die fraglichen Texte – sie wurden alle bei den amerikanischen Grabungen entdeckt – lassen nicht nur eine Entwicklung des Schriftbildes erkennen, sondern geben außerdem Aufschluß über die Thronfolge einer ganzen Reihe katabanischer Könige.«

Vierzehn Kilometer südlich von Timna liegt *Hajar an Nab* (heute *Hajar ibn Humaid*), wo bei Ausgrabungen relativ tiefe Erdschichten freigelegt worden sind, die zwischen 1400 und 1200 v. Chr. datiert werden. Hier wurde auch ein dem Mondgott geweihter Tempel vom Schutt der Jahrhunderte befreit, in der Bodenaushebung fand man Tonscherben und Keramik von deutlich syrisch-palästinensischem Stil.

Zu den weiteren, archäologisch bedeutsamen Ruinenstätten Katabas gehört *Harabat* in den Bergen von Beihan, im äußersten Westen des Landes, fast an den Grenzen der Republik Nord-Jemen; ferner *Hajar Hanu al Zireir*, ein großes Ruinenfeld, das noch nicht ganz erschlossen ist, aber reiche Funde verspricht (bisher wurde dort ein Kalksteinrelief mit zwei einander gegenüberstehenden Stieren entdeckt); *Mukeiras* an der alten Karawanenstraße von Aden nach Beihan, wo eine große zerbrochene Grabstele und zahlreiche, kleinere Stücke gefunden wurden; *Gaibun* im Süden von Meshed, wo der einzige südarabische Tempel mit vollkommen quadratischem Grundriß steht: Jede Mauer mißt vierundzwanzig Schritt. In Gaibun wurde auch ein wunderschönes Bronzepferd gefunden, das etwa einen Meter hoch ist und zwei sehr naturgetreu nachgebildete Köpfe hat; diese Bronzeskulptur gehört heute zu einer Privatsammlung.

Hadramaut

Östlich von Kataba lag das Königreich Hadramaut, ein Gebiet, das heute reich ist an archäologischen Schätzen; von Zeit zu Zeit wurden sogar infolge plötzlichen Hochwassers an den Flußufern Bronzestatuetten und Tonscherben aus antiker Zeit angeschwemmt. Die Hauptstadt des Hadramaut, *Shabwa*, wurde als jenes »Sabota« identifiziert, von dem Plinius d. Ä. behauptete, es berge 60 Tempel in seinen Mauern. Bei Grabungen traten die Überreste eines massiv gebauten Palastes sowie ein Tempel des Athtar zutage; vor dieser Anlage wurde ein mit bunten Stuckdekorationen verzierter, gepflasterter Boden freigelegt. Das im alten Shabwa verwendete Baumaterial stammt aus den etwa fünfzig Kilometer weit entfernten Steinbrüchen, die sich in einem schwer zugänglichen Gebirgstal befinden.

Fast das ganze Hadramaut ist von großem archäologischem Interesse: In der Stadt *Maber* wurde ein Tempel entdeckt, der große Ähnlichkeit mit der fünfundvierzig Kilometer weiter nach Osten zu gelegenen Anlage von *Husn as Suwaydat* aufweist. Eine ausgedehnte Ruinenstätte mit sehr interessanten Funden, die von einem besonders schön verzierten Säulenkapitell bis zu einer goldenen Statuette reichen, befindet sich *Bir Hamad* im Wadi Duhr; weitere Ruinenfelder liegen bei Gaibun südlich von Meshed, im Wadi Hajarayn; in *Hureyda* im Wadi Amd; bei *Qerosa* im Wadi Adim; bei *Naqab al Hajar*, wo man auch eine mächtige Befestigungsmauer der alten Stadtanlage bewundern kann; und bei *Sait* in der Nähe von Shibam.

Bei der Mündung des Wadi Gerdan wurde die Statue eines spartanischen Kriegers aus dem 7. Jahrhundert gefunden, die ein Beweis dafür sein könnte, daß bereits viel früher Handelsbeziehungen zwischen Südarabien und Griechenland bestanden, als die Wissenschaft bisher annahm. In dem ausgedehnten Gebiet zwischen dem Jemen und der Küste von Dhofar stößt man immer wieder in den kleineren Flußbetten sowie in den großen Wadis auf archäologische Funde von Bedeutung. Man hat bisher nur eine sehr oberflächliche Kenntnis von den Ruinenstätten dieses Gebietes; und zahlreiche, vom Wüstensand verschüttete Städte und Festungsanlagen der Antike ruhen noch immer unentdeckt in den Flußtälern und unbekannten Wüstenzonen dieses Landes.

Dhofar

Vom Hadramaut aus im Osten lag an der vom Indischen Ozean begrenzten Küste das alte Reich von Dhofar. Hier waren die Häfen und Handelsplätze der Schiffe, die ihre kostbaren Frachten aus Indien und dem Fernen Osten nach Südarabien brachten; in Dhofar besaßen die größten und

mächtigsten Perlenhändler der Antike prachtvolle Häuser und Paläste.
»Die Provinz Dhofar liegt rund tausend Kilometer westlich von Maskat
und hat eine etwa 320 Kilometer lange Küstenlinie, die sich zwischen den
Punkten Ras Darbat Ali und Ras Shuwamiyah erstreckt. Die Ostgrenze
der Provinz verläuft landeinwärts von Ras Shuwamiyah 250 Kilometer
lang bis Ramlet Mughshin. Im Norden verläuft die Grenze über etwa 350
Kilometer entlang der großen Sandwüste (El Rimal) bis Ramlet Shuait,
ihrem westlichsten Punkt. Hier wendet sich die Grenze nach Süden und
läuft quer durch die Wadis Shuait, Khawat und Mitan, von dort nach Djebel Sadakh im Wadi Habrut und schließlich hinab nach Ras Darbat Ali
an der Küste. Diese Grenzlinie trennt die Stämme der Provinz Dhofar von
jenen des Ost-Aden-Protektorates.

Wir [Wendell Phillips und sein Team] sahen uns der Aufgabe gegenüber,
dieses abgesonderte und schwer zugängliche Gebiet zu erforschen, das mit
seiner Gesamtfläche von annähernd 60 000 Quadratkilometern fast so
groß ist wie der Staat Ohio und größer als ganz Portugal. Vor neunzehn-
hundert Jahren hatte der Verfasser des *Periplus des Erythräischen Meeres* [Reisebericht eines unbekannten griechischen Schiffskapitäns aus
dem 1. Jahrhundert n. Chr.] diese Gegend wie folgt beschrieben:
›Das Land weicht sehr stark zurück, und dann kommt eine sehr tiefe und
breite Bucht, genannt Sachalites; und das Weihrauchland, gebirgig und
schwer zu durchqueren, in dicke Wolken und Nebel gehüllt, wo Weihrauch von Bäumen gewonnen wird. Diese Weihrauch spendenden Bäume
sind nicht sehr groß; sie geben Weihrauch, der in Tropfen an der Rinde
klebt, so wie die Bäume in Ägypten ihren Harzgummi weinen. Der Weihrauch wird von den Sklaven des Königs eingesammelt und von jenen, die
zur Strafe hinausgeschickt werden.‹
Die Hügel und Berge hinter Salalah waren also in alter Zeit die Haupt-
quelle der märchenhaften aromatischen Reichtümer gewesen, die die
lange Straße quer durch Südarabien und am Roten Meer entlang hinauf
zum Mittelmeer gezogen waren und auf diesem Weg große Königreiche
und die Städte Shabwa, Timna und Marib hatten erstehen lassen. Wenn
diese Städte durch den Weihrauchhandel zu Größe und Wohlstand auf-
gestiegen waren, was konnten wir dann in dem Land selbst erwarten, das
den größten Teil des Weihrauchs erzeugt hatte? Man durfte wohl mit
einigem Grund auch hier auf reiche Städte und die Ruinen einer mächtigen und bedeutenden antiken Zivilisation hoffen. Aber bisher hatte noch
niemand in Oman irgendwelche archäologische Arbeiten unternommen.
Niemand hatte antike Inschriften oder Steine gefunden, die als Grabmäler
versunkener alter Städte aus dem Sand herausragten. Die schmale Küsten-

ebene war übersät mit Kalksteinruinen, aber alle Hinweise auf der Oberfläche besagten, daß sie aus dem arabischen Mittelalter, also der Zeit nach dem Heraufkommen des Islam, stammten.

Antike Schriftsteller wie Claudius Ptolemäus und Flavius Arrianus hatten das Gebiet von Dhofar als das Zentrum der arabischen Zivilisation in den großen Tagen von Timna und Marib beschrieben. Obwohl diese Angaben aus zweiter und dritter Hand herrührten, mußten sie sich doch auf gewisse Tatsachen gründen, und sie bestätigten, was uns unser gesunder Menschenverstand sagte. Dennoch tappten wir jetzt zum erstenmal völlig im dunkeln. Auf unseren bisherigen Expeditionen waren unsere Ziele immerhin bekannt gewesen, wenn sie auch nicht klar und deutlich zutage traten. Timna und Marib existierten, ihre genaue Lage war bekannt. Wir konnten hinfahren und graben. Hier in Oman war die Sache völlig anders. Wie betrachteten das weite Land mit seinen Ebenen, Hügeln, Bergen und seiner Wüste und sagten uns: ›Irgendwo hier muß es antike Ruinen geben, Städte mit Tempeln, Gräbern, Häusern, geschnittenen Inschriften, Töpfereien, Statuen – alles begraben unter dem Sand vieler Jahrhunderte. Aber wo sind sie? Können wir sie finden und ihre Geheimnisse entschleiern?‹...

Wir begannen mit der Erkundung der Gegend und suchten nach einer Stätte, an der wir arbeiten konnten. Ein rascher Ausflug zu den Vorbergen des geheimnisvollen Kara-Gebirges, das die Ebene von Dhofar umschließt, erweckte in uns den Wunsch, das ganze Gebiet bis hinauf zur endlosen Sandwüste des ›Leeren Viertels‹ im Norden zu erforschen. Dieses Kalksteinparadies mit seinen bewaldeten Abhängen, Seen und Wasserfällen – der Marbat-Wasserfall ist mehr als 170 Meter hoch – mußte die Aufklärung für unzählige archäologische Geheimnisse bergen. Dr. Albright wählte jedoch als erste Grabungsstätte einen wesentlich näher gelegenen Platz, einen hohen Hügel dicht am Meeresstrand, der den Namen al-Balid trug und ausgedehnte Ruinen enthielt. In mohammedanischen Zeiten hatte diese Stadt unter dem Namen Mansura bestanden. Sie war im Jahre 618 n. Chr. zerstört worden, und vorher hatte an dieser Stelle wahrscheinlich die antike Stadt Zafar gestanden, deren Fürst ein ausschließliches Monopol über den Weihrauchhandel besaß und jeden kurzerhand hinrichten ließ, der es wagte, in sein Gebiet einzudringen...

Dr. Jamme entzifferte eine neu ausgegrabene Bronze-Inschrift, die den Namen des hadramitischen Mondgottes Sin erwähnte und zum erstenmal den Namen SMHRM (Sumhuram), einer seit langem verschwundenen Stadt, angab. Als nächstes kam eine seltsame Inschrift auf einem Steintrog, die von links nach rechts lief und sonderbare Buchstabenformen aufwies, wie sie bisher nur auf Inschriften der biblischen Chaldäer gefunden worden waren.

Etwa fünfundvierzig Kilometer östlich von Salalah, oberhalb des schönen Khor-Rory-Sees, hatte Dr. Albright unsere erste vorislamitische Stadt in Oman gefunden. Vor zwei Jahrtausenden oder mehr bewachte diese uneinnehmbare Stadtfestung den besten Hafen an der Küste von Dhofar, dessen wichtigstes Ausfuhrprodukt Weihrauch war.

In der Nähe des Nordtores der Stadt und angelehnt an die Stadtmauer lagen die Ruinen eines bedeutenden Tempels mit riesigen, massiven Mauern. Dr. Albright grub diesen Tempel vollständig aus. Es war das erstemal, daß in Arabien ein vorislamitischer Tempel völlig freigelegt wurde. Außer komplizierten Vorrichtungen für religiöse Waschungen, zwei Opferaltären und einem versteckten Schatz von Bronzemünzen wurden hier sieben wichtige Inschriften entdeckt, die in den Mauern des inneren Stadttores eingemeißelt waren.

Mehrere dieser Inschriften erwähnten König Al Iz von Hadramaut, der uns aus dem *Periplus* und anderen klassischen Schriften als Eleazus, König des Weihrauchlandes, bekannt war. Sie erwähnten außerdem die Stadt Shabwa, die dortige hadramitische Provinz und ihren Gouverneur. Hier also, zwölfhundert Kilometer von den Städten entfernt, die der Weihrauchhandel großgemacht hatte, besaßen wir den ersten konkreten Nachweis, daß das Gebiet von Dhofar im Altertum mit diesen, weit im Westen gelegenen Hauptstädten von Königreichen in direkter Verbindung gestanden hatte. Hier sprachen nachdrückliche Anzeichen dafür, daß sich das Königreich Hadramaut kurz vor Beginn der christlichen Ära von Beihan bis nach Dhofar erstreckt hatte. Kein Wunder, daß dieses Königreich das Weihrauchland genannt wurde! Jetzt war es nicht mehr nötig, Vermutungen über Wälder von Weihrauch spendenden Bäumen im Wadi Hadramaut anzustellen, wo heute sehr wenige Anzeichen dafür vorhanden sind, daß dort einstmals solche Wälder gestanden haben. Hadramaut war das Weihrauchland, weil es ein ungeheuer ausgedehntes Königreich war, das sich über halb Arabien erstreckte und den größten Weihraucherzeuger einschloß – nämlich Dhofar.«

Soweit Wendell Phillips Bericht über die Erfahrungen und Funde »seines« Archäologen-Teams in diesem Gebiet.

In ganz Südarabien gibt es noch eine überwältigende Fülle an archäologischen Schätzen zu heben, von Zuran bis nach Harabat, von Asi bis zu den antiken Goldminen zwischen Hadan und Dahian im Norden des Landes, bei Khaulan. Auch in anderen Teilen Arabiens werden ständig archäologische Entdeckungen gemacht: im Nordwesten des Landes, in Tayma und

Dedan (heute Ula), in Hejra und Ram sowie im äußersten Süden bei Ru-
wafa, bis hin nach Mekka. Ganz ähnlich ist es in Afrika und Äthio-
pien.Südarabische Forscher interessierten sich schon lange für die Arabien gegenüberliegende Küste des Roten Meeres: Einmal brauchten die
Araber einen Stützpunkt zur sicheren Überquerung der Meerenge von
Bab el Mandeb, zum anderen waren sie natürlich stets an den Rohstoffen
Afrikas interessiert: Elfenbein, Ebenholz und Weihrauch. Aus einfachen
Umschlagplätzen für Handelsgüter wurden bald blühende Kolonien, die
nicht zuletzt auch aufgrund der gleichen klimatischen Bedingungen in
Äthiopien und Südarabien florierten. Auf den Hochebenen des Landes-
inneren, in Goggiam und Gondar am Tigris, vor allem aber in Aksum, fin-
den sich zahlreiche Spuren südarabischer Kultur. In Haulti Melazò, zehn
Kilometer von Aksum entfernt, gibt es ein dem Mondgott Ilumquh ge-
weihtes, südarabisches Heiligtum, wo eine sehr schöne, sitzende, weibliche Statue gefunden wurde sowie zwei Stierskulpturen und mehrere
Tonfiguren indischer Herkunft – während man in Hauila Assarau, in der
Umgebung von Mukalla, zahlreiche Spuren der saudi-arabischen Kultur
nachweisen konnte: eine große Kalkstein-Statue, einen Altar, eine bronzene Votivtafel sowie mehrere Kultgegenstände; viele dieser Funde wiesen südarabische Inschriften auf.
Die archäologischen Ausgrabungen in Äthiopien vermitteln ein ziemlich
klares Bild der antiken Kulturen. Wir können dort sowohl die Besonderheiten profaner Architektur sehr genau bestimmen, deren bedeutendste
Überreste wir in den großen Palästen von Endà Midaèl, Endà Semòn und
Taccà Mariàm bei Aksum vor uns haben, als auch jene religiöser Bauten,
wie zum Beispiel bei dem großen Tempel von Yehà und den charakteristischen Obelisken, die sich von den ägyptischen Obelisken grundlegend
unterscheiden und ebenfalls in Südarabien zu finden sind, wenn auch nur
in wenigen Exemplaren. Allein in dem Gebiet um Aksum sind etwa hundert dieser Obelisken untersucht worden, von denen der höchste über
dreiunddreißig Meter mißt.
Weitere Forschungen wären vor allem in Petra, in Jordanien, zu betreiben
– dort stieße man wohl auch auf Beweise für meine Theorie von der südarabischen Abstammung der Nabatäer.
Aus all diesen »Mosaiksteinchen« kann jedoch schon heute ein ganz eindrucksvolles Bild der südarabischen Kunst und Architektur gewonnen
werden.
In der Architektur Südarabiens begegnet man immer wieder dem quadratischen, monolithischen Pfeiler aus Marmor oder Granit. Die Monolithen
erreichten eine Höhe von vier bis neun Meter; sie erhoben sich auf Stand-

platten, sogenannten Plithen, und wurden bevorzugt für den Bau von Torbogen, Propyläen, Säulenhallen und Gängen sowie zum Abstützen von Architraven und Säulen ohne Kapitelle verwandt. Dieser Stil scheint absolut autochthon zu sein; und die Verwendung und Anordnung großer Kalksteinblöcke und -platten, die ohne Bindemittel, aber dennoch fugenlos aneinandergereiht wurden, sind Beweis für das große handwerkliche Können der südarabischen Steinmetze.

Im Laufe der Jahrhunderte wurden nach quadratischen Pfeilern dann Säulen mit mehrfach gerundeten und gekanteten Verstrebungen gebaut, schließlich auch polygonale und vollkommen runde Säulen. Man fand sogar einige wenige Überreste gewundener, mit stilisierten Weinrebenornamenten verzierter Säulen, während die frühesten, quadratischen Kapitelle nur mit sehr einfachen Einschnitten im Säulenkopf verziert waren. In der Spätzeit gab es auch Kapitelle mit Stilmischungen oder leicht ionisch beeinflußte Ausführungen mit stilisierten Blattwerkornamenten. Wie in der europäischen Gotik wurden die Kapitelle auf sehr dekorative Weise mit Zahnornamenten verziert, die so zugeschnitten waren, daß ihre vertikale Seite leicht angewinkelt hervortrat; auf diese Weise erreichte man ein äußerst eindrucksvolles Spiel von Licht und Schatten. Zu der üblichen Gradlinigkeit der südarabischen Ornamentik bildete diese hochstilisierte Kunst des Säulen- und Kapitellbaus einen reizvollen Gegensatz; es wurden jedoch nur wenige Beispiele dieser Art gefunden – unter anderem bei einem nabatäischen Palast-Grabmal in der Nähe der Stadt Petra.

Die meisten Bauwerke bestanden aus großen, roh behauenen Mauerblöcken von ungleichmäßigem Zuschnitt, die nahezu fugenlos aufeinandergelegt wurden. Die Mauerwände waren oft durch erhaben abgesetzte Ränder und quadratisch ausgehauene Mittelfelder tafelförmig voneinander abgesetzt; Varianten dieser Bauweise wurden durch Verkleidungsplatten aus Marmor oder Kalkstein erreicht. Man fand Überreste von Palast- und Tempelwänden, die Nischen und Fenster in dieser Verkleidungstechnik aufwiesen; auch hierbei wurde der von den südarabischen Baumeistern offenbar sehr geschätzte Effekt von Licht- und Schattenkontrasten erzielt.

Die plastische Darstellung war für die Südaraber der Antike von großer Bedeutung, besonders bei den Kultobjekten. So heißt es zum Beispiel auf einem unveröffentlichten Epigraph, der sich im Römischen Nationalmuseum für Archäologie befindet: »Sie haben ihrem Herrn Tahlab von Rejamam, dem Gebieter von Kabadam, fünf Statuen geweiht, damit er ihren Herrscher Ilsharah Abdul, König von Saba und von Dhù Raydan sowie

seinen Sohn Utaram schütze, auf daß er sie selbst und das Haus des Raja-
man schütze, sowie seine Edlen und ihre Besitztümer und ihre Herzen
mit Dank erfülle.«

Seit den frühesten Zeiten ist die Einfuhr von Weihefiguren aus Indien
und den Ländern des klassischen Altertums nach Südarabien belegt. In
der autochthonen Bildhauerkunst sind zwei Stilrichtungen zu unterscheiden, von denen wir nicht wissen, ob sie chronologisch aufeinander-
folgten oder gleichzeitig nebeneinander bestanden. Eine dieser Richtungen weist klassische Einflüsse auf und versuchte, aus Griechenland, Rom
und dem ptolemäischen Ägypten eingeführte Kunstwerke zu imitieren.
Außerdem wurden bis zu zwei Meter hohe Statuen von fast barbarischer
Schönheit und Ausdruckskraft gefunden, die ausgesprochen naturali-
stisch modelliert waren.

Die zweite Stilrichtung zeichnet sich durch eine besondere Strenge in der
Form aus; manchmal erinnern diese auch als Reliefs gemeißelten Skulpturen in der Sparsamkeit ihrer Mittel an die Werke des Kubismus.

Auf den Gebieten der Kleinplastik und der Goldschmiedekunst wurden
im alten Südarabien wahre Meisterwerke hervorgebracht. Die Geschichtsschreiber der Antike berichteten uns bereits von prächtigen Mar-
morwänden, die mit erhaben gearbeiteten Reliefplatten aus Bronze, Silber und Gold verkleidet waren, ein Beispiel dieser Art mit
Bronzebeschlägen auf Marmor ist im Nationalmuseum von Sanaa zu bewundern. In den Palästen gab es reichgeschnitzte und kostbar verzierte
Prunkmöbel, Teller und Trinkbecher aus Edelmetallen, Hausrat und Toi-
lettengegenstände aus Gold und Silber, Vasen und Fläschchen aus Marmor und Alabaster. Die Bruchstücke eines Alabasterthrones sind heute
ebenfalls im Nationalmuseum von Sanaa zu sehen; in zahlreichen anderen Museen und Privatsammlungen der ganzen Welt finden sich Statuetten aus Gold, Silber und Bronze sowie Schmuck — edelsteinverzierte
goldene Halsketten und Ohrringe, Haarspangen, Broschen, Ringe mit
Siegelsteinen aus Onyx und Bergkristall, Armreifen und beschlagene
Gürtel.

Die Kunst der Alabasterbearbeitung hat sich im Jemen die Jahrhunderte
hindurch bis auf den heutigen Tag erhalten. In den Basaren und auf den
Märkten der arabischen Städte finden sich neben neueren Formen auch
noch viele Beispiele für einen traditionellen Stil.

Die rosa Glückssteine

Unsere Rundreise zu den archäologischen Stätten Südarabiens hat bereits gezeigt, wie groß die Wissenslücken der Historiker im Hinblick auf die alten Kulturen noch immer sind und wie wenig Genaues man über das Reich der Minäer, das Hadramaut, Dhofar, Ausan sowie über die Reiche der Himjariten, der Sabäer und das Reich von Kataba sagen kann. So vertreten zum Beispiel einige Geschichtswissenschaftler die Hypothese, diese Reiche hätten, mit geringfügigen chronologischen Verschiebungen, gleichzeitig nebeneinander bestanden, während andere eine chronologische Abfolge vom 9. Jahrhundert v. Chr. bis zum 8. Jahrhundert n. Chr. annehmen. Und von einigen ganz frühen Reichen kennen wir nicht mehr als ihre Namen: Sumay, das wohl älteste arabische Reich überhaupt, und Hazim.

Die Befürworter einer »späteren Datierung« der Epochen und alten Reiche stellten folgende historische Ordnung auf:

1. *Minäisches Reich* (1400–850 v. Chr.),
   befand sich im Gebiet von Djof (Djawf), seine erste Hauptstadt war Ma'in, die spätere Qarnawu.
2. *Hadramitisches Reich* (1020 v. Chr.–65 n. Chr.),
   mit der Hauptstadt Shabwa.
3. *Katabanisches und Ausanisches Reich* (865–540 v. Chr.),
   mit der Hauptstadt Timna (auch Tamna, Temna, Thomna).
4. *Himjaritisches Reich, Königreich von Saba* (115 v. Chr.–533 n. Chr.),
   mit der Hauptstadt Zafar.

Über das alte minäische Reich wissen wir kaum etwas. Es ist lediglich überliefert, daß die Minäer als eines der ersten Völker der Antike ausgedehnten Weihrauchhandel betrieben. Der älteste Name des Reiches selbst und seiner Hauptstadt war Ma'an, das sich später in Ma'in (»Quellwasser«) wandelte. Eine Siedlung Ma'an gibt es heute noch im Norden Saudi-Arabiens nahe der jordanischen Grenze; hier, an der alten Handelsstraße des Nordens, befand sich einst eine bedeutende minäische Kolonie. Das Reich der Minäer erstreckte sich vermutlich bis an die Grenzen Jordaniens, wie einige in Ua und Tabuk im Norden Saudi-Arabiens gefundene Inschriften bezeugen. Über Äthiopien hatten die Minäer direkte Handelsbeziehungen mit den Ägyptern, und sie pflegten auch ständigen Warenaustausch mit einigen Völkern Kleinasiens und Indiens. Zeugnisse minäischer Siedlungen entdeckte man sogar auf der griechischen Insel Delos; auch in Memphis, Ägypten, und in Uruk Warqa, Babylonien, wurden zahlreiche minäische Epigraphe gefunden. Auf dem Höhepunkt ihrer kulturellen Entwicklung war Qarnawu die Hauptstadt der Minäer, das heutige Haribet im Gebiet von Djof im Süden, das 1870 von Halévy besucht worden war; ihr religiöses Zentrum war Yathil, heute Barrakesh, im Süden von Qarnawu.

Etwa um 420 v. Chr. nach der sogenannten »frühen Datierung« – ca. 80 n. Chr. nach der »späten Datierung« – kämpften die Minäer gegen die Sabäer, die als die Angreifer und Invasoren des minäischen Reiches gelten. Zwischen den Minäern und den Sabäern bestanden vor allem sprachliche Unterschiede: Die Minäer bedienten sich – ebenso wie die Katabanier und die Hadramiten – einer archaischen semitischen Sprache, die sich durch eine auf »S« endende Ableitungssilbe der dritten Person auszeichnet – sowie auch das Babylonische und das Ägyptische; die Sabäer besaßen zwar eine der minäischen nahe verwandte Sprache – sie benutzten die gleiche Kausativ-Vorsilbe –, doch die Ableitungssilbe der dritten Person endete auf den Buchstaben »H« wie bei den Hebräern, den Aramäern und den Nordarabern. Daraus ist zu folgern, daß ältere Völker wie die Minäer, die Katabanier und die Hadramiten entweder autochthon waren oder vor 1500 v. Chr. in Südarabien einwanderten, während die Sabäer ursprünglich als Nomaden lebten und erst um 1200 v. Chr. aus den Wüsten des Landesinnern nach Südarabien zogen.

Die ersten Herrscher des sabäischen und auch des katabanischen Reiches waren die Mukarrib, die Priesterkönige. Nach einer Herrscherfolge von zwölf Priesterkönigen ernannte sich Kareb ell Watar zum Malik, zum ersten König. Sein Vorgänger, Yothamer Baeyn ben Smoh Ali Yanuf, hatte die südlichen Provinzen erobert und Kataba unterworfen. Kareb ell Watar eroberte nun das minäische Reich, das Hadramaut sowie das mächtige Reich von Ausan, das sich über die ganze ostafrikanische Küste bis hinunter nach Sansibar ausdehnte.

Die Expansion des sabäischen Reiches erfolgte gleichzeitig mit der Unterwerfung und Kolonisierung Äthiopiens in Afrika, wo die Südaraber schon seit langem ihre Handelsniederlassungen besaßen. In Äthiopien war zur Zeit des sabäischen Einfalls in Ma'in bereits der minäische Stamm der

Habashat eingewandert, der später dem Lande Abessinien seinen Namen gab.

Die sabäische Vormachtstellung war jedoch nur von kurzer Dauer, denn dem großen katabanischen Reich vermochten die Sabäer keinen Widerstand entgegenzusetzen. Die Katabanier hatten damals schon das Reich von Ausan bis zur Meerenge von Bab el Mandeb besetzt, und zur Zeit des Eratosthenes (225 v. Chr.) belagerten sie gerade die sabäische Hauptstadt Marib.

Etwa um 115 v. Chr. mußten sich alle diese Reiche unter die Herrschaft der Himjariten – ein junger, aufstrebender Nomadenstamm – beugen, deren Herrscher sich Könige des Reiches von Saba und von Dhù Raydan (Kataba) nannten; bald hieß das gesamte Gebiet »Himjaritisches Reich«. Seine Hauptstadt war die an der Handelsstraße zwischen Sanaa und Hodeida gelegene Stadt Zafar, einige Kilometer südlich des heutigen Yarim. Wendell Phillips ist der Ansicht, daß die Einigung des Himjaritischen Reiches um 70 n. Chr. erfolgte. Im *Periplus des Erythräischen Meeres*, also etwa 50 n. Chr., wird das Himjaritische Reich jedoch bereits erwähnt – es muß also schon länger existiert haben.

Die kriegerischen und stolzen himjaritischen Könige standen fortwährend im Kampf, um die Grenzen ihres Reiches zu vergrößern oder sie vor den Überfällen der Nomaden zu schützen. Ein Epigraph verzeichnet:

»Ilsharah Ahdub und sein Bruder Yatail Bayyin, König von Saba und Dhù Raydan, die Söhne des Fari Yanhub, des Königs von Saba, haben Ilumquh, dem Mond... diese silberne Statue geweiht, da er seinen Diener Ilsharah Ahdub erhört und ihm geholfen, die Truppen und Stämme zu unterjochen, die ihn bekriegten, Stämme des Nordens und des Südens, aus dem Lande und der Steppe... Sie führten einen Kriegszug gegen das Land Muhanifun, begingen dort Gemetzel und Grausamkeiten, nahmen Gefangene und reiche Beute... Von dort aus überquerten sie den Fluß Yagran und überfielen die Stadt Targaman. Ilumquh gestattete ihnen, die Stadt Targaman zu erobern, sie richteten dort ein Blutbad und viel Leid an... Danach begaben sie sich zu der Stadt Nad... und von dort nach Osten in das Land Qashanum. Sie eroberten und verheerten die Stadt Aidhanum, besetzten den Osten des Landes Qashanum, töteten und nahmen reiche Kriegsbeute und Gefangene. Später kehrten sie zu der Stadt Nad zurück.«

Um 90 v. Chr. unterwarfen die kriegerischen Himjariten auch die Stadt Ma'in. Kurz darauf eroberten die Hadramiten, die gegen die Himjariten kämpften, das Reich von Kataba. Aus dieser politischen Situation wollten die Römer ihren Nutzen ziehen: Sie sandten ein großes Heer unter dem Kommando des Aelius Gallus aus zur Eroberung des Königreiches von Saba. Über diesen erfolglosen Feldzug hat Strabo ausführlich berichtet.

Aelius Gallus war mit zehntausend Mann nach Petra gezogen, wo der römische Minister Sylläus auf seine Befehle wartete. Nach einem langen und beschwerlichen Marsch erreichten die römischen Soldaten endlich einen kleinen Hafen am Roten Meer und ließen sich dort vom Sommer bis zum Ende des folgenden Winters zu einem ausgedehnten Feldlager nieder.

»Mit dem Heere wieder aufgebrochen«, schreibt Strabo, »zog Gallus zufolge der Treulosigkeit der Wegweiser durch solche Gegenden, daß sogar Wasser auf Kamelen mitgeführt werden mußte. Daher gelangte er erst nach vielen Tagen in das Land des Aretas, eines Verwandten des Obodas. Nun nahm ihn zwar Aretas freundlich auf und brachte ihm Geschenke dar, allein der Verrat des Sylläus machte auch jenes Land schwer zu passieren. Denn der Umwege halber durchzog er dasselbe, welches nur Spelt* und wenige Datteln und Butter statt des Öles lieferte, in dreißig Tagen. Das zunächst folgende Land, in welches er kam, war von Wanderhirten bewohnt und in der Tat größtenteils menschenleer: es hieß aber Ararene und der König Sabos. Auch dieses durchzog er auf Umwegen, fünfzig Tage verschwendend, bis zur Stadt Negrana und einem friedlichen und fruchtbaren Lande. Der König entfloh, die Stadt aber wurde im ersten Anlauf genommen. Von da gelangte er in sechs Tagen an den Fluß. Als sich hier die Barbaren in ein Treffen einließen, fielen von ihnen gegen zehntausend, von den Römern aber zwei Mann; denn jene ganz unkriegerischen Leute bedienten sich der Waffen sehr ungeschickt, nämlich der Bogen, Lanzen, Schwerter und Schleudern, die meisten aber zweischneidiger Äxte. Gleich darauf eroberte er auch die von ihrem Könige verlassene Stadt Aska. Von hier kam er zur Stadt Athrula, und nachdem er sie ohne Kampf eingenommen, eine Besatzung hineingelegt und für (Proviant) Getreide und Datteln gesorgt hatte, gelangte er zur Stadt Mariaba beim Volke der Rhammaniten, welche unter Ilasarus standen. Sechs Tage lang brannte und belagerte er sie, da aber Wassermangel eintrat, stand er davon ab. Er war hier zwei Tagereisen vom Gewürzlande entfernt, wie er von den Gefangenen hören konnte. Auf diesen Zügen verbrachte er, treulos geführt, eine Zeit von sechs Monaten. Er erkannte es bei der Umkehr, zu spät den Anschlag durchschauend, und kehrte auf einem anderen Wege zurück. Am neunten Tage also kam er nach Negrana, wo das Treffen geliefert worden war, und von da am elften zu den nach der Sache selbst benannten Sieben Brunnen. Von hier gelangte er schon durch friedliches Land zu dem Flecken Chaalla und wieder zu einem ande-

---

* Spelt, Spelz oder Dinkel: Hochblatt in Blütenständen der Gräser.

ren, an einem Flusse gelegenen, (namens) Malotha. Hernach führte der Weg durch eine nur wenige Stellen zum Wasserschöpfen enthaltende Wüste bis zum Flecken Egra (der Schwarzen Stadt). Diese aber gehört zum Lande des Obodas und liegt am Meere. Den ganzen Weg vollendete er auf dem Rückmarsche in sechzig Tagen, während er auf dem Hinzuge sechs Monate zugebracht hatte. Von da aber setzte er das Heer in elf Tagen nach Myoshormos über, und dann nach Koptos hinüber gezogen, schiffte er mit denen, die ihr Leben hatten retten können, nach Alexandria hinab. Die übrigen hatte er verloren, nicht durch Feinde, sondern durch Krankheiten, Drangsale, Hunger und schlechte Wege; denn im Kriege waren nur sieben (Römer) umgekommen.«

Leider fehlt uns eine Darstellung der Sabäer, um auch die Eindrücke und Erlebnisse des Gegners beurteilen zu können.

Noch einmal ziehen in der Antike bewaffnete Südaraber gegen die Römer in den Krieg: Eine Truppe sabäischer Söldner kämpfte für die ägyptische Königin Kleopatra an der Seite von Antonius gegen Caesar. Vergil berichtet darüber in der *Aeneis:*

»Hochher schaut und es spannt der aktische Phoebus den Bogen. Und es wandten die Inder in Angst und das ganze Ägypten, alle Araber auch und alle Sabäer den Rücken.«

Im 1. Jahrhundert verlor das katabanische Reich seine Unabhängigkeit. Um 275 n. Chr. eroberten die Sabäer das Hadramaut und nannten ihr Land fortan »Königreich von Saba, Dhū Raydan, Hadramaut und Yemnat«; mit Yemnat wurde das Gebiet der Nomaden bezeichnet. Dieses Reich expandierte im Laufe der nun folgenden Jahre mehr und mehr und erstreckte sich auf dem Höhepunkt seiner Macht bis nach Najran in Ostarabien. Einem gefürchteten Feind vermochte Saba jedoch auf die Dauer keinen Widerstand zu leisten – dem Reich von Aksum.

Seit der Zeit der frühesten Kolonialisierung hatten sich die Semiten Abessiniens vom arabischen Mutterland losgesagt und allmählich ein unabhängiges Reich aufgebaut; dabei folgten sie zwar gewissen arabischen Traditionen, entwickelten jedoch eine völlig neue und eigenständige Staatsform. Das Reich von Aksum hatte durch seine Handelsbeziehungen zu den Griechen und Römern den Südarabern bereits Konkurrenz gemacht. Nachdem Aksum seine politische Macht nun auch auf die Ureinwohner im Landesinneren sowie auf die Südägypter im eigenen Lande ausgedehnt hatte, wandten sich die Könige von Aksum erneut gegen ihr südarabisches Ursprungsland. Die Macht des im Jahre 325 n. Chr. auf den abessinischen Thron gelangten Königs Ezana veranschaulicht folgende Inschrift anläßlich seines Sieges über das Volk der Beja:

»Ezana, König von Aksum, König der Könige, Sohn des Gottes Mahrem, wurde niemals von einem Feinde besiegt. Als sich das Volk der Beja erhob, sandten wir unsere Brüder Shazan und Hadafa zu seiner Unterwerfung. Im Lande eingetroffen, nahmen sie sechs Fürsten mit ihrem Gefolge gefangen. Sie führten sie fort mit ihren Söhnen, ihren Frauen, ihren Untertanen und ihrem Vieh; die sechs Fürsten besaßen 4400 Leute, 3112 Rinder und 6221 Schafe ... Vom Tage ihres Auszugs aus ihrem Lande ernährten sie sich täglich von 22000 Broten und genügend Fleisch und verlangten vier Monate Wein und Bier in großer Menge zu trinken. Als sie hierher nach Aksum gelangten, bekleideten wir ihre Leute und schmückten die Fürsten aufs reichste; danach sandten wir sie in das Land Dawala Bairan. Dort ließen wir sie siedeln und gaben jedem Fürsten 4190 Rinder, zusammen 25140 Rinder. Wir opferten dem uns geneigten Gott Mahrem eine goldene und eine silberne Statue, zudem drei Bronzestatuen. Wir verfaßten diese Inschrift und meißelten sie in den aufgerichteten Stein. Er wurde der Göttin Astar, der Göttin Meder und dem uns wohlgesonnenen Gotte Mahrem geweiht. Wird dieser Stein, den wir den Göttern geweiht, gestürzt, zerstört oder aus seiner Erde genommen, so soll der Frevler sterben, sein Geschlecht aber wird vernichtet werden und aus dem Lande vertrieben. Wer ihn jedoch ehrt, der sei gesegnet. So wie wir diesen Stein gesetzt haben, sei er uns und unserem Reiche zum Gedenken für alle Zeit.«

In Europa hatten die Römer mittlerweile die Gallier und die Germanen unterworfen.

Die »Barbaren« rissen die Macht jedoch später wieder an sich, und das Römische Weltreich zerfiel in mehrere Teilstaaten.

Von 335 bis 378 n. Chr. hielten die Abessinier ganz Südarabien besetzt; mit ihnen gelangte das Christentum nach Arabien. Im Jahre 356 wurde eine von Kaiser Konstantin ausgeschickte Gesandtschaft unter dem arianischen Erzbischof Theophilos in Südarabien angesiedelt; der Bischof gründete eine Kirche in Aden und zwei weitere im Himjaritischen Reich (s. dazu S. 145 ff.). Zur gleichen Zeit gelangten zahlreiche Hebräer nach Südarabien, die dort auf Volksgruppen stießen, die bereits seit der von Kaiser Titus im Jahre 70 n. Chr. verursachten Zerstörung Jerusalems in Südarabien in der Diaspora lebten.

Um 400 erlangte Südarabien seine Unabhängigkeit, wahrscheinlich dank der Unterstützung der Nomadenstämme. Etwa hundert Jahre später erhoben sich die Beduinen jedoch gegen die südarabischen Reiche, und der Stammesverband von Kinda aus Zentralarabien, der bisher unter der Herrschaft des Königreichs von Saba gestanden hatte, eroberte nun das Hadramaut.

Der vorletzte himjaritische König, Dhù Nuwas, der zum jüdischen Glauben übergetreten war, ließ im Jahre 523 alle Christen von Najran umbringen, um den fortgesetzten Kämpfen zwischen Juden und Christen ein Ende zu bereiten und dem abessinischen Herrschaftsanspruch einen Riegel vorzuschieben. Die Abessinier hatten sich nämlich im politischen Machtkampf der Unterstützung der Christen zur systematischen Aushöhlung der autochthonen Macht Südarabiens bedient. Ein überlebender Fürst von Najran, Dawas Dhù Thaluban, bat den als Beschützer aller Christen geltenden Kaiser Justinian I. in Byzanz um Hilfe und Unterstützung. Justinian schrieb daraufhin dem Negus von Abessinien, Kaleb Ela Esbeha, der alsbald siebzigtausend Soldaten unter dem Kommando des Generals Aryat nach Südarabien entsandte. Im Jahre 523 errangen die Abessinier einen triumphalen Sieg über die Himjariten und legten das ganze Land in Schutt und Asche. Zwei Jahre später unternahmen die Abessinier erneut einen Feldzug gegen Südarabien, angeführt von ihrem Vizekönig Abraha, der sich in Sanaa niederließ und dort gleich zu Beginn seiner Herrschaft eine große Kirche baute, die Qalis, die auf den Überresten des alten Marib errichtet wurde. Zehn Jahre lang saßen sabäische Fürsten als Vasallen Abessiniens – unter der Oberaufsicht Abrahas – auf dem Thron; danach wurden die südarabischen Reiche endgültig von abessinischen Vizekönigen verwaltet.

Während der Regierungszeit des Vizekönigs Abraha brach der große Damm von Marib im Jahre 542 zum ersten Mal und wurde wiederaufgebaut; 570 ereignete sich dann jene Katastrophe, die das gesamte Wadi und die weite Talebene von Marib verwüstete.

Ein himjaritischer Stammesfürst war inzwischen als Abgesandter des arabischen Königs al Hira bei dem persischen Sassaniden-Herrscher Kosro Anusharwan vorstellig geworden und hatte den Perser um Hilfe gegen die christlichen Abessinier ersucht. Durch den Machtkampf zwischen Byzanz und Persien ermutigt, hofften sowohl die Südaraber als auch die Juden (deren religiöses Zentrum in Arabien Medina war) auf Unterstützung der sassanidischen Perser im Kampf gegen die Christen. Schon lange hatten die Perser die Unabhängigkeitsbestrebungen der Himjariten gefördert, um in diesem Volksstamm nun ihrerseits einen Verbündeten gegen den alten Feind Byzanz zu gewinnen. So überrannten die Perser unter dem Kommando ihres Anführers Wahraz im Jahre 575 mit achthundert Mann das Land und verjagten die Abessinier aus Südarabien. Kurze Zeit später, um 598, wurden die südarabischen Reiche persische Satrapie. Vom alten Glanz dieser früheren Reiche war nur noch wenig übriggeblieben. Durch Kriege und zahllose feindliche Überfälle waren die Tempelanlagen zerstört, den fortwährenden Glaubenskämpfen zwischen Arabern, Christen und Juden die meisten Altäre und die schönsten religiösen und profanen Kunstwerke zum Opfer gefallen. Sechs Jahre nach der Flucht des Propheten Mohammed nach Medina, im Jahre 628, trat der fünfte Satrap (Statthalter) des Jemen, Badhan, zum Islam über; und von nun an breitete sich diese Religion in Südarabien weiter aus.

So endete im Grunde die »Geschichte« der alten südarabischen Reiche – falls man die mehr oder weniger genaue Chronologie einiger historischer Ereignisse so nennen will.

Die wirkliche Größe und Ausdehnung dieser Reiche ist uns nach wie vor unbekannt. Wir wissen noch nicht mal mit Sicherheit, ob die Sabäer je bis nach Nordarabien gelangten; wir können es nur annehmen. Die an die Landesgrenzen der Nabatäer, der Hebräer und der Syrer stoßenden Oasen waren aber in ihrem Besitz, hier fand man auch sabäische Inschriften.

Zwei Völker, deren ursprüngliche Abstammung und Entwicklung ebenfalls noch weitgehend im Dunkel liegen, sind die Nabatäer und die marokkanischen Berber.

Zu Beginn des 7. Jahrhunderts v. Chr. siedelte sich der aus Transjordanien stammende Nomadenstamm der Nabatäer in Jordanien an; zu ihrer Hauptstadt machten sie Petra. Sie vertrieben die bereits dort ansässigen Hurriten und dehnten ihren Machtbereich allmählich bis nach Damaskus aus. An der Großen Karawanenstraße errichteten sie Vorposten und Handelsniederlassungen und verbanden so das Königreich von Saba mit den Ländern des Mittelmeeres.

Die durchziehenden Karawanen erhielten von den Nabatäern Unterkunft und Beistand gegen feindliche Überfälle durch bewaffneten Schutz auf den Karawanenstraßen und von den mächtigen Festungsanlagen Petras aus. Dafür erhoben die Nabatäer von den Besitzern der Karawanen Zölle und Schutztribute; und so kamen sie schon bald zu Macht und Reichtum.

Ihre Häuser und Paläste, ihre Grabkammern und Tempel bauten sie direkt in den Fels der Stadt Petra: In der Frühzeit krönten sie die Fassaden der Häuser mit reichverzierten Giebeln und Fenstersimsen, die an die dekorative Architektur der marokkanischen Berber erinnern sowie an die Dachgiebel jemenitischer Bauwerke. Später wiesen die nabatäischen Bauten auch hellenistische – aus dem benachbarten ptolemäischen Reich »eingeführt« – und römische Stilelemente auf. Durch die unmittelbaren Kontakte der Nabatäer, der Herren der arabischen Felsenlandschaften, mit den Städten der klassischen Antike sind wir über ihr Leben, ihre Herrscherhäuser, ihren Glauben sowie ihre Sitten und Gebräuche ganz gut informiert.

Ihr Reich bestand vom 7. Jahrhundert v. Chr. bis zum Jahre 105 n. Chr., als Kaiser Trajan ihre Unabhängigkeit beendete und das nabatäische Reich

dem Römischen Weltreich angliederte. Vor ihrer Niederlassung in Petra
sollen die Nabatäer Nomaden gewesen sein, die durch die Wüsten Arabiens zogen. Es erscheint jedoch wenig glaubhaft, daß einfache Nomadenstämme ohne die Kenntnis der Schrift oder anderer Künste, ohne einen
organisierten Handel und ein Gewerbe unvermittelt eine große Stadt errichten konnten, künstlerischen Geschmack und große handwerkliche
Geschicklichkeit entwickelten und darüber hinaus auch noch imstande
waren, die Route der Großen Karawanenstraße durch ihr Gebiet festzule-
gen und zu kontrollieren.
Besonders charakteristisch für die Nabatäer sind ihre Grotten oder Höhlen, die sie, den verschiedenen Bedürfnissen entsprechend, aus dem Fels
gehauen haben. Diese Höhlen hatten einen quadratischen Grundriß und
wurden von drei ungleichen schiefwinklig gekreuzten Achsen gebildet;
im Hintergrund befand sich häufig eine ebenfalls quadratische Altar- oder
Gebetsnische. Einige dieser Grotten waren riesengroß, wie zum Beispiel
das »Urnengrabmal« in Petra, das die Römer in späterer Zeit als Gerichts-
stätte benutzten. Und das »Königsgrabmal«, das später in ein Kloster um-
gewandelt wurde, besaß eine dreiundvierzig Meter hohe und sechsund-
vierzig Meter breite Fassade. Der Eingang zu diesen Höhlenbauten war
zumeist klein; ihr Inneres, das oft aus zahlreichen, ineinander verschach-
telten kleineren Kammern bestand, erinnert an jemenitische Behausungen.
Um einen Altar anzulegen, pflegten die Nabatäer die Kuppe eines Hügels
oder höheren Berges einzuebnen, aus dessen Gestein sie dann die Opferstätte herausarbeiteten. Zu diesen Altären gehörte meist auch noch ein
Abflußgraben für das Opferblut, eine Opferbank sowie eine Zisterne für
das geweihte Wasser.
Ein bedeutendes Beispiel dieser Bauweise ist der sogenannte »Hohe Ort«
der Stadt Petra; hier meißelten die Nabatäer direkt aus dem gewachsenen
Felsen zwei riesige Obelisken – Sonne und Mond darstellend – und nicht
weit davon entfernt einen der Göttin Ishtihar, der Planetengöttin Venus,
geweihten Tempel.
Als ich im Jemen ein in der Nähe von Sanaa gelegenes Tal besuchte, erin-
nerte mich die Felsenbildung dieser Gegend sofort an die Hauptstadt der
Nabatäer, nur waren die Farben des Gesteins nicht so leuchtend wie jene
des Felsens von Petra. Inmitten einer flachen, von Felsblöcken umschlos-
senen Lichtung, die zweifellos einmal künstlich begradigt worden war,
entdeckte ich ein steinernes Opferbecken, den Abflußgraben für das Opferblut sowie die ursprüngliche Opferbank. Nicht weit von der Lichtung
entfernt führte eine aus einer Doppelreihe steinerner Blöcke gebildete Li-

nie zu einer Bergkuppe, auf der sich eine jahrhundertealte Grabkammer befand. Der quadratische Eingang und das kubisch geformte Innere dieses Grabes wiesen eine verblüffende Ähnlichkeit mit nabatäischen Gräbern auf. An einem gegenüberliegenden Bergabhang fanden sich die Überreste einer weiteren Grabstätte. Dr. Costa, der mich zu dieser Hügelgruppe begleitet hatte, erklärte, daß es in diesem Gebiet noch mehrere ähnliche Gräber gäbe. Systematische Untersuchungen und Grabungen könnten hier sehr aufschlußreich sein, denn alle archäologischen Funde aus diesem Gebiet sind eindeutig nabatäischen Ursprungs, auch die Art und Weise der Steinbearbeitung weist auf eine frühere Technik hin, als sie in Petra gebräuchlich war.

Ich neige daher zu der Auffassung, daß die Nabatäer einst nicht als versprengte Nomaden in dieses Gebiet kamen, sondern ein Volksstamm des sabäischen Reiches waren, der ganz bewußt hier angesiedelt wurde, um einen starken und sicheren Vorposten zum Schutz für die durchziehenden Karawanen zu errichten. Zahlreiche nabatäische Gräber aus der Frühzeit – der stilistisch reinsten Periode – wie in Hijr (heute Mada in Salib), einer sabäisch-thamudischen Kolonie, sowie die lihjanitische Grabstätte von Hereibe bei Dedan (heute al Ula) zeigen deutlich die Entwicklung der nabatäischen Kunst, die sich ganz allmählich von der ursprünglichen südarabischen Kunst entfernte.

Die Beduinen von Petra erzählen heute noch eine Legende, nach der ein ovaler rosa Kieselstein, »der sich in dem weichen und brüchigen Fels von Petra findet«, Glück bringe. Die heutigen Bewohner von Petra tragen diesen Stein häufig an einer Schnur um den Hals, er soll böse Geister abwehren und gegen den bösen Blick helfen. In Jordanien wurden diese rosa Glückssteine jedoch noch nie »im weichen und brüchigen Fels« gefunden – in der Nähe des nabatäischen Grabes im Wadi Dahr im Jemen dagegen gibt es acht Gesteinsadern aus prähistorischer Zeit, in denen zahlreiche wunderschöne, ovale, rosa Kieselsteine eingeschlossen sind, die aufs Haar den rosa Steinen in den Amulettketten der Beduinen von Petra gleichen. Die Beduinen von Petra, die Abkömmlinge der Nabatäer der Antike, müssen ihre rosa Glückssteine also schon eine sehr lange Zeit besitzen, und die Legende weist uns den Weg zurück in das alte sabäische Reich.

Und was sagen Geschichte und Legende über die ursprüngliche Abstammung der marokkanischen Berber? In den Schriften des griechischen Reisenden und Geographen Scylax werden die Berber als »Äthiopier mit schönen Haaren und Bärten« bezeichnet, als tapfere Reiter und geschickte Weinanbauer. Im 14. Jahrhundert schrieb der Geograph Ibn Khaldun:

»Seit den ältesten Zeiten der Menschheit bewohnte diese Rasse den Maghreb und bevölkerte seine Täler und Berge, die Hochebene und die Küstenstreifen, das Land und die Städte. Sie erbauten ihre Häuser aus Ton und Kalkstein oder aus Schilfrohr und Binsen; sie bauten auch Hütten aus Kamelhaar und Häuten... Ihre Sprache ist ein fremdes Idiom, das von allen anderen verschieden ist; diesem Umstand verdanken sie ihren Namen ›Berber‹ (von ›barbarah‹, fremd, barbarisch). So erzählen sie ihre Geschichte und Abstammung: Ifrikos, der Sohn des Cais ibn Saifi, einer der Tubba-Könige des Jemen, eroberte den Maghreb und das Land Ifrikaya, dort tötete er ihren König Djerdjis und gründete Städte und Dörfer. Von ihm, so heißt es, habe Afrika seinen Namen erhalten.«

Für die Mehrzahl der islamischen Genealogen stammen die Berber von zwei primitiven Wüstenvölkern ab, den Bernes und den Madghig. Die Bernes setzten sich aus sieben großen Stämmen zusammen, von denen zwei eindeutig aus dem himjaritischen Reich kamen: die Sanhadja und die Ketama, vielleicht jemenitische Stämme, die nach dem Bruch des großen Dammes aus Marib auswanderten.

Ibn Khaldun schreibt dazu:

»Einige sagen, dies seien die Stämme, die Abraha Dhù al Menar (ein eindeutig sabäischer Name) in Maghreb zurückgelassen habe. Andere behaupten, sie gehörten zu den Stämmen von Lakhmi und Djodan, die von einem persischen König aus Palästina vertrieben wurden. In Ägypten durften sie nicht bleiben, so überquerten sie denn den Nil und zogen nach Afrika.«

Nach dem Bericht eines arabischen Chronisten soll ein gewisser Abrahah Zul Menal bis zur Meerenge von Gibraltar gelangt sein und dort drei Statuen errichtet haben – eine gelbe, eine grüne und eine schwarze –; danach verschwand er für immer. Auf der Brust einer dieser Statuen war angeblich eine Inschrift aus der arabischen Legende eingemeißelt: Errichtet von Abrahah Zul Menal, dem Himjariten, zur Ehre seiner Herrin, der Sonnengöttin, um sich ihrer Gunst zu versichern.

Und der islamische Historiker Malek ibn Marahbet behauptete im 14. Jahrhundert: »...Die Berber setzen sich aus zahlreichen verschiedenen Volksstämmen zusammen; Himjariten, Moderiten, Kopten, Amalekiter, Vaananäer und Koreishiten.«

Die Lieder und Gesänge der Berber und der Jemeniten ähneln einander auffallend. Beide Völker kannten die Stimmgabel, große melodische Intervalle sowie die Quart und die Quint der Tonleiter. Die Wurzeln der etwa dreitausend Jahre alten Volksmusik, sowohl der marokkanischen Berber als auch der Jemeniten, scheinen jedoch in der tibetisch-mongolischen Musik zu liegen, deren melodischem Aufbau beide Volksmusikarten entsprechen. Auf diese Weise ergibt sich eine Verbindung zwischen Zentralasien und Marokko am Atlantischen Ozean.

Die marokkanischen Berber und die Jemeniten, die Abkömmlinge der Himjariten, teilen noch eine andere Besonderheit: Beide Völker lieben es, sich in Gewänder von leuchtendem Blau zu kleiden – vor allem die jemenitischen Bani Garni, die blaue Schleier nach hadramitischer Mode tragen. Außerdem zeigt die Architektur jemenitischer Häuser eine auffallende Ähnlichkeit mit nordafrikanischen Bauten; die Häuser in den Tälern der nördlichen Sahara, zum Beispiel in Dadès, Draa und Ziz, könnte man sich ebensogut in der Umgebung von Sanaa oder Taiz vorstellen. Auf der Großen Karawanenstraße gelangten die Kaufleute mit ihren Dromedaren und Lastkamelen vom Jemen bis nach Jordanien und weiter nach Marokko; von dort aus dann durch ganz Nordafrika nach Siwa, Djerma und Ghadames. Neben der Großen Karawanenstraße gab es aber auch noch einen bequemeren Weg: zu Schiff durch die Meerenge von Bab el Mandeb nach Äthiopien, am Tschad-See entlang, über Gad und Tumbuktu bis nach Draa, Dadès und Tafilalet.

Sollten die Südaraber des Altertums wirklich bis nach Nordafrika gekommen sein, so hätten damit zahlreiche historische Rätsel ihre Lösung gefunden, dann ließen sich die Ursprünge der Architektur von Zimbabwe erklären und auch der Beginn des blühenden Bronzehandwerks in Ife und Benin.

Weihrauch und Myrrhe

»Das ganze Glückliche Arabien wird in fünf Königreiche aufgeteilt, von welchen das eine die Krieger und Vorkämpfer aller, ein zweites die Ackerbauer, von denen das Getreide den übrigen zugeführt wird, ein drittes die Handwerker enthält; dazu noch das Myrrhen- und das Weihrauchland. Diese (beiden) tragen auch die Kasia, den Zimt und die Narde. Die Beschäftigungen aber gehen nicht von dem einen zum anderen über, sondern ein jeder bleibt bei der des Vaters. Der meiste Wein kommt von Palmen. Brüder sind geehrter als Kinder. Nach der Erstgeburt erbt sowohl die Königswürde als die übrigen Ehrenstellen fort. Das Vermögen gehört allen Verwandten gemeinsam, der älteste aber ist der Verwalter desselben. Alle haben *eine* Frau. Der zuerst Eintretende begattet sich mit ihr, nachdem er seinen Stock vor die Tür gestellt hat (denn es ist Sitte, daß jeder einen Stock trägt); bei dem ältesten aber übernachtet sie. Daher sind denn alle Brüder Kinder von allen. Sie begatten sich auch mit den Müttern. Ein Ehebrecher wird mit dem Tode bestraft; Ehebrecher aber ist jeder aus einem anderen Geschlechte. Die Tochter eines der Könige, ein Wunder an Schönheit, welche fünfzehn Brüder hatte, die sie alle liebten und unaufhörlich einer nach dem anderen zu ihr gingen, soll, schon erschöpft, sich folgender List bedient haben. Sie machte Stöcke, die denen ihrer Brüder glichen, und sooft nun einer von ihr wegging, stellte sie immer einen seinem Stocke gleichen vor die Tür und bald darauf einen anderen, jedoch darauf achtend, daß der zu ihr kommende nicht einen dem seinigen gleichen finde. Als nun einst alle auf dem Markte waren, einer aber an ihre Türe kam und den Stock sah, so schloß er daraus, daß einer bei ihr sei; da er aber wußte, daß er alle Brüder auf dem Markte zurückgelassen hatte, vermutete er einen Ehebrecher, lief also zum Vater und wurde, als er ihn herbeigeführt brachte, überführt, seine Schwester fälschlich beschuldigt zu haben.

Die Nabatäer sind mäßig und erwerbsam, so daß selbst von Staats wegen dem, der sein Vermögen vermindert, Strafen, dem aber, der es vermehrt, Belohnungen bestimmt sind. Da sie wenige Sklaven haben, werden sie meist von Verwandten bedient oder gegenseitig voneinander, oder sie bedienen sich selbst; und sogar bis zu den Königen erstreckt sich diese Sitte. Sie veranstalten Gastmähler (immer) für dreizehn Personen, und bei jedem Gastmahl sind zwei Musiker zugegen. Der König aber hält in einem großen Saale fortwährend viele Trinkgelage. Niemand jedoch trinkt mehr als elf Becher und immer aus einem anderen goldenen Trinkgefäß. Der König ist auch so herablassend, daß er neben der Selbstbedienung sogar auch den übrigen gegenseitige Bedienung leistet. Oft legt er auch vor dem Volke Rechenschaft ab; bisweilen wird selbst sein Lebenswandel untersucht. Die Wohnungen sind von kostbarem Gestein und die Städte des Friedens wegen nicht ummauert. Das Land ist größtenteils fruchtbar, mit Ausnahme des Olivenöles; man bedient sich aber des Sesamöles. Die Schafe sind weißwollig, die Rinder groß; der Pferde ermangelt das Land, Kamele aber ersetzen ihren Dienst. Die Leute gehen einher ohne Leibröcke in Schürzen und Pantoffeln, selbst die Könige, diese jedoch in Purpur. Einige Waren dürfen ganz frei eingeführt werden, andere aber gar nicht, sowohl aus anderen Gründen, als besonders weil sie einheimisch sind, wie Gold, Silber und die meisten Gewürze. Kupfer aber und Eisen, ferner Purpurgewänder, Storax, Safran und weißer Zimt, erhobene Bildwerke, Gemälde und plastische Kunstwerke sind nicht einheimisch. Die Leichname achten sie dem Miste gleich, wie Heraklit sagt: Leichname sind verwerflicher als Mist. Deshalb verscharren sie sogar die Könige neben den Miststätten. Sie verehren die Sonne, indem sie auf dem Hause einen Altar errichten, auf welchem sie am Tage Trank- und Rauchopfer darbringen.«

So schildert Strabo den Alltag im alten Arabien, und Diodor von Sizilien weiß Merkwürdiges über das Leben der sabäischen Könige zu erzählen: »...Die Hauptstadt dieses Volkes aber, welche Sabä heißt, ist auf einem Berge erbaut. Ihre Könige sind in einem bestimmten Geschlecht erblich; in den Ehrenbezeigungen aber, die ihnen das Volk erweist, ist das Gute mit dem Schlimmen gemischt. Wohl ist ihr Leben glücklich zu preisen, daß sie allen gebieten und keinem verantwortlich sind für ihr Tun; für unglücklich aber muß man sie deshalb erachten, weil es ihnen nicht erlaubt ist, jemals die Königsburg zu verlassen; geschähe es aber dennoch, so befiehlt ein alter Götterspruch, daß das Volk sie steinige.«

Wieviel Glauben können wir diesen alten Zeugnissen schenken? Beruhen sie nur auf Legende, oder mischen sich hier Phantasie und Wirklichkeit? So ist zum Beispiel sabäischen Inschriften zu entnehmen, daß die Herrscher des Altertums nicht nur an den Einweihungsfeierlichkeiten der Tempel teilnahmen, sondern auch in den Krieg zogen und sich manch kühner heldenhafter Tat auf dem Feld der Ehre rühmen konnten. Und der *Koran* behauptet sogar, sie hätten das Recht gehabt, ihre Söhne zu töten und ihre Töchter bei lebendigem Leibe begraben zu lassen. Ihr Lebensraum war also keineswegs so »beschränkt«, wie Diodor berichtet.

Doch geopfert wurde in der Antike offensichtlich wirklich so viel, wie Strabo überliefert: Im Nationalmuseum von Sanaa kann man eine ganze Menge großer und kleiner Opferaltäre bewundern. Und verschiedene Inschriften auf Opferstelen bestätigen Strabos Aussage, daß – außer Weihrauch und Tieren – auch Trankopfer dargebracht wurden. Im Museum von Sanaa zeigt ein marmornes Basrelief einen Opfernden mit dem erhobenen Kelch in der einen und einer Weihrauchkapsel in der anderen Hand. Sogar noch heute besteht im Jemen die Sitte, Opfer darzubringen: Um Vergebung für ein begangenes Unrecht oder eine Beleidigung zu erlangen, opfert der Übeltäter vor dem Hause des Beleidigten einen Ochsen und verteilt das Fleisch anschließend an die Armen. Ich selbst war in Sanaa, eingekeilt in eine große Volksmenge, Zeuge bei dem rituellen Opfer eines Büffels, der vor dem Hause eines Ministers geschlachtet wurde, da dieser von einem benachbarten Familienclan beleidigt worden war – sie hatten ihm ihre Stimmen vor der Abgeordnetenkammer verweigert.

In der Antike stand aber weder das Tier- noch das Trankopfer im Mittelpunkt der rituellen Handlungen, sondern das Rauchopfer: Im Museum zu Sanaa ist eine Bronzefigur zu sehen, die zwischen Daumen und Zeigefinger der rechten Hand ein Weihrauchkorn und auf der linken Handfläche einen Feuerstein hält.

Bei der großen Bedeutung, die dem Weihrauch in den alten Reichen zukam, ist das auch nicht weiter verwunderlich. »Jeder baut seinen eigenen Weihrauch und die Myrrhe an«, berichtet Theophrast, »und überläßt die Aufsicht darüber den Wachen, nachdem er an seinem Anteil ein Verzeichnis der Maße und der für jedes Maß zu zahlenden Summe angebracht hat. Die Händler kommen, um diese Verzeichnisse zu prüfen, und finden sie ein Angebot, das ihnen zusagt, so vermessen und berechnen sie den Anteil Weihrauchs noch an dem Orte des Handels, wo sie auch die Kaufsumme zurücklassen. Der Priester nimmt ein Drittel ihres Geldes für den Gott und läßt den Rest am Orte, der dort in Sicherheit verbleibt, bis der Besitzer der Stauden es an sich nimmt.«

Dieser Weihrauch machte auch den Reichtum der Minäer aus, denn nur sie kannten, wie Plinius d. Ä. überliefert, »den Weihrauchbaum, die anderen Araber kennen ihn von Ansehen nicht; es sollen nicht mehr als dreihundert Familien sein, die sich durch Vererbung das Recht darauf zueignen und deshalb Heilige genannt würden. Beim Einschneiden der

Bäume und beim Einsammeln des Harzes sollen sie sich weder durch Umgang mit Frauen noch durch Beteiligung an Leichenzügen verunreinigen und dadurch ihrer Ware eine noch größere Weihe geben. Manche sagen, der Weihrauch in den Wäldern gehöre jenen Völkern gemeinschaftlich, nach anderen wird er jährlich umschichtig verteilt.

Der gesammelte Weihrauch wird auf Kamelen nach Sabota zusammengebracht, zu welchem Zwecke nur ein Tor offensteht; von diesem vorgeschriebenen Wege abzuweichen machen Gesetze zu einem Verbrechen. Hier nehmen die Priester den Zehnten, nicht dem Gewichte, sondern dem Maße nach, für den Gott Sabis; vorher darf nichts verkauft werden, und damit werden die öffentlichen Ausgaben bestritten. Dafür unterhält aber auch der Gott die Fremden auf einer gewissen Zahl Tagereisen freundlich. Ausgeführt werden kann er nur durch das Gebiet der Gebaniter, deren König dafür eine Abgabe erhält. Die Hauptstadt derselben, Thomna, liegt von der Stadt Gaza an unserer Küste in Judäa, 4 436 000 Schritt entfernt, welcher Raum in fünfundsechzig Kamel-Tagereisen geteilt wird. Auch erhalten die Priester und die Schreiber der Könige gewisse Anteile, und außerdem raffen auch noch die Wächter, Trabanten, Türhüter und Diener manches an sich. Ferner wird auf der ganzen Straße, da für Wasser, dort für Futter oder auch für die Herbergen und mancherlei Durchgänge, noch bezahlt, so daß die Abgaben für jedes Kamel bis an unsere Küste 688 Denare betragen, und hier wird eine neue Abgabe an die Zollpächter unseres Reiches entrichtet. Daher kostet denn auch das Pfund des besten Weihrauches sechs Denare, das der zweiten Sorte fünf, das der dritten drei. Bei uns wird er verfälscht mit weißen, ihm ganz ähnlichen Harztropfen; aber das entdeckt man auf die angegebene Weise. Man prüft ihn nach seinem Glanze, seiner Größe, seiner Zerbrechlichkeit und auf Kohlen, wo er sogleich brennt. Auch darf er keinen Eindruck von einem Zahn annehmen, ohne sogleich in Stückchen zu zerspringen...

Sie (die Minäer) haben eine große Leidenschaft für wohlriechende Salben und Essenzen, auffallenderweise (suchen sie) noch fremdes Räucherwerk in der Ferne auf. So wenig befriedigt den Sterblichen das Seine, und so begierig ist er nach Fremdem...

Aus Syria nehmen sie Storax zurück, um mit dessen starkem Geruche das Widerwärtige ihrer eigenen Holzarten auf ihren Herden zu beseitigen. Überhaupt sind (in Arabia) keine anderen als starkriechende Hölzer in Gebrauch, und die Sabäer kochen mit Holz vom Weihrauchbaume, andere mit Myrrhenholz; und in den Dörfern und Städten riecht es ebenso, wie der Dampf und Duft von Altären. Um nun dies zu beseitigen, verbrennen sie Storax in Bockhäuten und räuchern damit ihre Wohnungen.

So gibt es denn keinen Genuß, der nicht durch beständige Wiederholung Widerwillen erzeugte. Auch um die Schlangen zu verjagen, von denen es in den Wohlgerüche tragenden Wäldern viele gibt, räuchert man damit.«

Im Periplus des Erythräischen Meeres erfahren wir genau, welchen Weg entlang der arabischen Küstenstädte die Waren auf der Indienroute nahmen. Auch über die begehrtesten Ein- und Ausfuhrgüter werden wir umfassend informiert:

»...Drei Tagereisen landeinwärts... erreicht man eine Stadt, deren Name Sanaa lautet, im Inneren der Region Mapharis (Maafir), und in dieser Stadt lebt ein Vasallenfürst namens Cholaibos (Kulaib).

Und nach neun weiteren Tagereisen gelangt man nach der Hauptstadt Saphar (Zafar), wo Charibael (Karibil) als rechtmäßiger König zweier Stämme residiert: der Homeriten (Himjariten) und der ihnen benachbarten Sabaiten (Sabäer); durch beständige Gesandtschaften und Geschenke hat er die Freundschaft der Kaiser erworben.

Die Marktstadt Muza ist ohne eigentlichen Hafen. Sie verfügt jedoch über eine gute Reede und wegen des dortigen Sandgrunds über vorzügliche Ankerplätze, wo der Anker fest greift. (Muza) liegt in einer Bucht am Fuß der Küste an der linken Seite dieses Golfes, eine Stadt, die Marktrecht hat... und der ganze Ort ist bevölkert von arabischen Schiffseigentümern und Seeleuten, und überall treibt man Handel... Die eingeführten Waren sind: Purpurstoffe, von einfacher und erlesener Qualität; Gewänder in arabischem Stil, mit Ärmeln, bescheiden, von mittlerer Qualität oder goldbestickt; Safran, süßen Kalmus, Musselin, Schleier, Wolldecken (nur wenige), einige einfach, andere in der Landesart gewebt; Schals verschiedener Farben und Muster; eine reiche Auswahl duftender Salben und Öle; nur wenig Korn und Wein, denn das Land produziert eine große Menge Korns und sehr viel Wein. Dem König und dem Obersten Aufseher schenken sie Pferde und Lastmaultiere, leuchtend polierte goldene, silberne und kupferne Vasen und Becher, aufs feinste gewebte und bestickte Gewänder. Am gleichen Orte Muza führen sie ihre eigenen Güter aus: auserlesene Myrrhe, den gabanitisch-minäischen Weihrauch, Aloe, Alabaster und viele andere Güter ihrer Küstenstädte und aus dem Lande der Avaliter, wie Schildpatt, Drachenblut (indischer Zinnober) und Weihrauch verschiedener anderer Qualitäten. Die Reise in dieses Land gerät am besten im September, dem Monat Thoth, aber nichts hält den Seefahrer davon ab, auch früher aufzubrechen... Arabia Eudaimon, ein Küstenort, gehört gleichfalls zum Reich Charibaels und hat guten Ackergrund und gute Wasserstellen... der Ort erhielt die Bezeichnung ›eudai-

mon‹, glücklich, weil in seinen früheren Tagen, als noch kein unmittelbarer Schiffsverkehr zwischen Indien und Ägypten bestand und man von Ägypten aus noch nicht nach den Häfen jenseits des Ozeans zu segeln wagte, sich alles an diesem reichen Platze traf, um Waren aus beiden Richtungen aufzunehmen... Hinter Arabia Eudaimon erstreckt sich die Küste ununterbrochen weiter, und es dehnt sich eine 2000 Stadien weite, wenn nicht noch größere Bucht aus, an deren Ufer die Nomaden und Fischesser ihre Dörfer haben. Unmittelbar hinter dem in diese Bucht vorspringenden Kap befindet sich an der Küste ein weiterer Marktort, Kane (Qana, Hisn al Ghorab), er gehört zum Königreich des Elezaos, dem Weihrauchland... Landeinwärts von diesem Platz liegt die Hauptstadt Sabbatha (Shabwa), hier residiert der König. Aller Weihrauch, den das Land hervorbringt, wird auf Kamelen dorthin transportiert, um dort eingelagert zu werden. Nach Kane bringt man ihn, wie es dort üblich ist, auf Flößen aus aufgeblasenen Tierhäuten, desgleichen aber auch in Booten. Auch diese Hafenstadt treibt Handel mit den weiter entfernten Küstenstädten, mit Barygaza und Scythia und Ommana und der nahe gelegenen persischen Küste.
Aus Ägypten führen sie Korn und Wein ein, so wie in Muza; Gewänder in arabischem Stil, bescheiden und von mittlerer Qualität, zum großen Teile aber Nachahmungen; auch Kupfer und Zinn und Korallen und Storax und noch andere Güter wie in Muza; für den König auch in dieser Stadt nur feingearbeitete silberne und goldene Gerätschaften, und Pferde, Götterbilder sowie Gewänder aus den feinsten und kostbarsten Stoffen und Geweben. Von diesem Orte führen sie ihre einheimischen Güter aus, Weihrauch, Aloe und Alabaster und alle sonstigen Handelswaren wie in den anderen arabischen Küstenstädten...«

Für ein Volk von Kaufleuten wie die Südaraber waren Münzen als Zahlungsmittel natürlich von großer Bedeutung. Die ältesten, heute bekannten, südarabischen Münzen stammen aus dem 4. Jahrhundert v. Chr. Arabische Goldmünzen sind außerordentlich selten, Silber- und Bronzemünzen wurden jedoch hin und wieder ausgegraben. Da bisher aber nur wenige systematische Grabungen in großem Umfang und entsprechend tiefen Bodenschichten vorgenommen werden konnten, haben wir auch keine numismatischen Schätze wie aus dem antiken Griechenland oder Rom; außerdem pflegten die Araber jahrhundertelang alle präislamischen Münzen, auf die sie stießen, um des reinen Metallwertes willen einzuschmelzen.
Die arabischen Münzen – besonders häufig wurden Silbermünzen gefun-

den – zeigen deutlich den Einfluß attischer Prägungen der Zeit. Die Motive des 4. und 3. Jahrhunderts v. Chr. zeigen auf der Vorderseite meist den Kopf der Göttin Athene oder einen griechischen Kopf mit den auf der Wange eingeprägten südarabischen Buchstaben »S A« (Saba?); auf der Rückseite die charakteristische Athener Eule, oft mit einem Olivenzweig. Diese Münzen haben große Ähnlichkeit mit den griechischen Tetradrachmen oder den noch selteneren Dekadrachmen, die in Griechenland nur zu besonders feierlichen Anlässen geprägt wurden. Aus dieser Zeit gibt es auch südarabische Münzen mit einem männlichen Lockenkopf, der charakteristischen Manneszierde der Sabäer, sowie genaue Kopien der alexandrinischen Tetradrachmen.

Aus der zweiten numismatischen Periode stammen Münzen mit dem Kopf des Herkules auf der Vorderseite, während die Rückseite einen mit einem langen Mantel bekleideten König mit gelocktem Haar auf einem Thron sitzend zeigt; in der rechten Hand hält die Figur einen Zweig und in der linken das Zepter; auf beiden Seiten der Münze sind die Buchstaben »S« und »A« eingeprägt.

Einige Forscher betrachten diese Geldstücke als die frühesten sabäischen und minäischen Denare; beide Münzentypen sind aus Silber und haben einen Durchmesser von vierundzwanzig Millimetern.

Die dritte Periode der südarabischen Numismatik wird von der Kopierung früher griechischer Münzen bestimmt, vor allem der attischen Drachmen des 3. und 2. Jahrhunderts v. Chr. Auch diese Münzen zeigen die Athener Eule auf einer Amphore, einen männlichen Kopf und das Monogramm »SA«.

In der vierten Periode schließlich erfolgt ein Stilwandel in der Münzprägung. Der bisherige attische Einfluß weicht mehr und mehr eindeutig arabischen Stilelementen. Die zumeist kleineren Silbermünzen mit einem Durchmesser von zehn bis fünfzehn Millimetern zeigen nun einen arabischen Männerkopf mit langen Locken oder auch Darstellungen des Mondgottes in linearer Umrahmung. Auf einigen Münzen steht der Name des sabäischen Königs Karibil Yuhanim.

Die fünfte numismatische Periode zeichnet sich durch besondere Einfachheit und starke Stilisierung in der Darstellung aus. In dieser Periode wurden außer – zumeist männlichen – Köpfen auch Antilopenschädel, Stierkopfmotive sowie die Symbole von Sonne und Mond mit der Mondsichel darüber geprägt.

Angaben über den genauen Wert und die exakte Entstehungszeit der südarabischen Münzen fehlen leider immer noch so gut wie ganz. Man nimmt an, daß sich die größte Silbermünzstätte in Harib befand, und zwar im Königspalast von Hajar ibn Humaid in Beihan, der im Altertum höchstwahrscheinlich ebenfalls den Namen Harib trug. Aus dieser Münzwerkstatt kam bis zum 2. Jahrhundert n. Chr. die Mehrzahl der Silbermünzen. Auch in Zafar, der Hauptstadt des himjaritischen Königreiches von Saba und Dhù Raydan, war eine größere Prägestätte.

Die meisten der südarabischen Bronzemünzen – die zum Teil außergewöhnlich groß sind – stammen aus Hadramaut. Sie zeigen auch Darstellungen, die auf eine starke Verbreitung des persischen Mithras-Kultes schließen lassen.

Über die Münzfertigung schreibt Brian Doe:

»Wie es scheint, stellte man die südarabischen Silbermünzen mit bronzenen Schlagstempeln her. Man legte die gegossenen ›Schrötlinge‹ (die ungeprägten Metall-Rohstücke), die das richtige Gewicht haben mußten, noch heiß – und daher noch leicht verformbar – auf den konkaven Vorderseitenstempel, der in einem Amboß befestigt war. Auf den ›Schrötling‹ kam der Rückseitenstempel. Die Prägung erfolgte mittels eines kräftigen Hammerschlags auf den Rückseitenstempel, und sofort wurde die frisch geschlagene Münze in Wasser gekühlt. Typisch für die Prägungen der späteren Zeit ist die konkave Form der Silbermünzen. Auch kleine Bronzegeldstücke scheint man auf diese Art gemünzt zu haben. Größeres Bronzegeld dagegen – besonders die großen Stücke aus dem Hadramaut – wurden wohl im Gußverfahren angefertigt.«

Etwa um 300 n. Chr. wurden in Südarabien keine eigenen Münzen mehr geprägt – wahrscheinlich bereits ein Zeichen des rückgängigen Handels mit Rom und Ägypten sowie des allgemeinen Zerfalls der südarabischen Reiche.

Das magische Quadrat

Die südarabischen Völker der vorislamischen Zeit waren Polytheisten. Aus den alten Inschriften, die bei den antiken Tempelanlagen gefunden wurden, geht eindeutig hervor, daß vor allem das astrale Dreigestirn Sonne, Mond und Venus verehrt wurde, zu dem bereits die Assyrer beteten. An der Spitze ihres Pantheons von Planetengöttern – deren Bedeutung uns heute nur in den seltensten Fällen bekannt ist – stand der Mondgott, der in den einzelnen alten Reichen verschieden genannt wurde: Ilumquh bei den Sabäern, Amm und Anbay bei den Katabanern, Wadd bei den Minäern und Sin im Hadramaut.

Die männliche Mondgottheit galt in Südarabien als absolut oberstes und dominierendes Astralwesen; die weibliche Sonnengöttin sowie beider Sohn (oder Tochter), die männliche (oder weibliche) Venus, sind ihm zugeordnet. Aus der Verehrung des Mondes läßt sich auf die Existenz eines Sternkalenders schließen – der vor allem von den Bauern des Hadramaut verwendet wurde – und damit auf eine frühe Verehrung des Sternenhimmels. Ebenso sicher ist, daß auch der religiöse Kalender der Südaraber vom Mond abhängig war und ihre Jahreszählung sich nach der Stellung des Mondes richtete. In der arabischen Wüste wurde die unbarmherzig vom Himmel brennende Sonne als der Feind von Mensch und Tier empfunden; der nächtliche Mond dagegen leuchtete mit mildem Schein und brachte den Wüsten und Steppen kostbaren Tau und regelmäßige Feuchtigkeit. Die Verehrung der Venus mag auf den Glanz dieses unter allen Sternen der Wüste am hellsten funkelnden Gestirns zurückzuführen sein.

Alle südarabischen Völker bezeichneten die Sonnengöttin in ihren Inschriften mit dem Begriff »shms«. Und nur im Königreich von Saba erhielt sie außerdem noch spezielle Beinamen, die ihre besonderen Eigenschaften apostrophierten (zum Beispiel Dhat Himyàn, »die die starken Strahlen der Güte sendet«).

Die Göttin Venus hatte ebenfalls bei allen südarabischen Völkern den gleichen Namen, doch besaß sie noch lokale und schmückende Benennungen. Der Venus waren außerdem mehrere zu ihrem Gestirn gehörende Götter untergeordnet. Ihre Stellung erinnert im übrigen an den mesopotamischen Gott Ishtiar und an die in Phönizien und Griechenland als Göttin der Fruchtbarkeit und des Wachstums bekannte Astarte.

Außerdem wurden noch zahlreiche, verschiedene, lokale Stammes- und Ortsgötter verehrt, auch Fluß- und Meeresgottheiten. Der Name des Gottes Il, den man besonders in sabäischen Inschriften findet, war allen semitischen Völkern gemeinsam: *ilum*, babylonisch-syrisch; *el*, syrisch-palästinensisch; *eloha*, *elohim*, hebräisch. Dieses Wort ist allerdings häufig auch nur als Gattungsappellativ zur Bezeichnung des Begriffes »Absoluter Gott« zu verstehen.

Dargestellt wurde Ilumquh meist mit einer Keule oder der hethitischen Astarte (Stern, Kreis und Hand) als Symbol. Hin und wieder findet sich auch ein mit einem Kreis gekrönter Halbmond als Zeichen des Mondgottes Wadd. Symboltiere des Mondes sind die Ziege, der Stier, der Löwe und der Sphinx, während die Sonne durch einige kleine Kreise symbolisiert wird.

Im alten Südarabien gab es den Göttern geweihte Tempel in Hülle und Fülle. Der Bau dieser Heiligtümer sowie fast alle zum täglichen Leben gehörenden Ereignisse und Verrichtungen geschahen ausschließlich unter dem Schutz der Götter. Jeder Stamm, jede Siedlung und jede Familie wandte sich um Beistand im Kampf gegen übelwollende Geister oder die Unbilden des Schicksals an eine bestimmte Gottheit oder auch an ihre Inkarnation in einem der Verstorbenen oder dem Stammvater der Familie.

In einigen Museen und wenigen Privatsammlungen finden sich heute noch kleine Ahnenfiguren, die Gegenstand des religiösen Kults waren. Wir wissen nicht, ob sie minäischen, sabäischen oder himjaritischen Ursprungs sind; die bescheidenen Dimensionen und die anspruchslose künstlerische Form lassen jedoch darauf schließen, daß die Besitzer dieser Figuren Nomaden waren, die in der Folgezeit eines der alten Reiche mit seßhaften Bewohnern Südarabiens eroberten und dort siedelten. Aus diesem Grunde könnte eine himjaritische Herkunft angenommen werden. Außer diesen Ahnenfiguren fanden sich bei Ausgrabungen auch über Türnischen in Stein gehauene Gesichter von Verstorbenen, die kunstvoll herausgemeißelt und mit Ornamenten aus blauer Glaspaste verziert waren.

So war das Leben bis ins kleinste von der Gunst oder auch Mißgunst der Götter abhängig und wurde völlig durch religiöse Gebote und Tabus bestimmt.

In einem Kalkstein-Epigraph heißt es zum Beispiel:

»Karibathat... weihte dem Mondgott Illumquh Thahwan, dem Herrn von Aw-wam, zum Dank diese Statue, da ihm Ilumquh das Leben gerettet und ihn von übler Krankheit befreit, die ihn geschlagen hatte... gemäß dem Befehl, nach seinem Orakel. Möge Ilumquh fortfahren, seinem Diener Karibathat allen Schutz zu ge-währen, um den er fleht, möge er ihm gegen alle Krankheiten beistehen sowie vor Bosheit und Tücke seiner Feinde bewahren.«

Und eine andere Inschrift lautet:

»Harim, der Sohn des Thabwan, hat vor Dhù Samawi Bekenntnis abgelegt und Reue gezeigt, da er sich einer Frau in der verbotenen Zeit genähert hat... er ist in den Tempel eingedrungen, ohne sich vorher zu reinigen und hat die heiligen Gewänder ohne reinigende Vorbereitungen angelegt .. Er hat sich gedemütigt, hat bekannt und bereut, möge ihm vergeben werden.«

Diese Epigraphe sind sehr aufschlußreich, sie verraten uns, daß es im al-ten Südarabien Orakelsprüche und magische Weissagungen gab, eine große Zahl zeremonieller Regeln und Vorschriften beachtet werden mußten, wenn man sich dem Tempel nähern wollte, sowie Reinigungsge-bote und feste Regeln im Hinblick auf erlaubte und verbotene Handlun-gen während bestimmter religiöser Zeitabschnitte existierten.
Die Priester übten einen großen Einfluß aus; sie waren nicht nur die Ver-treter der göttlichen Mächte, sondern manipulierten auch die weltliche Macht. Gesetze und Verordnungen wurden im Namen der Götter ver-kündet, und natürlich besaßen diese Götter auch reichen weltlichen Be-sitz, Ländereien und Viehherden, der von den Tempelpriestern verwaltet wurde. Die den Stammesangehörigen auferlegten Steuern und Abgaben waren Eigentum des Tempels als dem Mittelpunkt des gemeinsamen Le-bens.
Zu jedem Tempelkomplex gehörte eine große Zahl von Priestern, deren Funktionen streng geregelt und voneinander abgegrenzt waren: Es gab Beschwörungspriester und Orakeldeuter, Reinigungs- und Salbungs-priester, Vorsänger und Wehklagende, rein sakrale Tempeldiener sowie geheiligte Prostituierte. Der höchste Würdenträger war der kollektive Opferpriester – das war im allgemeinen der König. Den Priestern oblag es, den Göttern zu dienen, sie zu ernähren, zu schmücken und zu beklei-den, die Statuen zu reinigen und ihnen mehrmals täglich Rauch- und Trankopfer darzubringen, also Weihrauch und Myrrhe sowie Wein, Bier, Milch, Honig und Öl, aber auch Tieropfer waren nicht selten.
Eine dem Gott Anu ad Uruk geweihte Gabe bestand aus folgenden Opfer-tieren:

».. .sechs fette zweijährige Hammel reinen Blutes, mit Gerste genährt; ein fetter Hammel, mit Milch aufgezogen, als normale Opfergabe; fünf fette Hammel, nicht mit Gerste genährt, von zweiter Qualität; ein großer Ochse; acht Schafe; fünf Enten, mit Weizen aufgezogen; zwei Enten mittlerer Qualität; drei mit Mehl aufgezogene Hühner; vier Wildschweine; dreißig Vögel *(marrau)*; dreißig Vögel *(tukil)*; drei Straußeneier; drei Enteneier.«

Der Kult selbst bestand in Mesopotamien zumeist in Gebeten; der Gläubige verneigte sich und warf sich zu Boden, berührte den Saum des Gewandes, mit dem die Statue des Gottes bekleidet war, küßte die Füße der Statue, hob die Handflächen zu dem Götterbild empor und begann mit der vorgeschriebenen Rezitation des Gebetes.
Jeder Tag des Jahres war einem bestimmten Gott geweiht; außerdem fanden regelmäßig besondere Feierlichkeiten und religiöse Zeremonien statt. Es spricht viel dafür, daß das Tempelritual in Südarabien auf ähnliche Weise zelebriert wurde; außerdem besuchten die Araber der alten Reiche des Südens regelmäßig die von ihnen verehrten heiligen Stätten und unternahmen Wallfahrten zu den größten und bedeutendsten Tempeln.
Den in Ma'in aufgefundenen Epigraphen können wir entnehmen, daß es zwischen 320 und 150 v. Chr. üblich war, dem Tempel ein junges Mädchen zum Geschenk zu machen – wahrscheinlich eine Parallele zu der Tempelprostitution in Mesopotamien. Das dem Tempel geopferte Mädchen stammte im allgemeinen nicht aus dem minäischen Reich, sondern aus der nördlichen Kolonie Dedan oder aus den an der Großen Karawanenstraße gelegenen Städten Sidon, Moab, Amman, Yatrib oder aus Gaza, der Hafenstadt am Mittelmeer, bei der die Große Karawanenstraße endete.

Doch nicht nur Götterkult und Ahnenverehrung nahmen im Leben der Südaraber einen zentralen Platz ein, auch die außersinnliche Wahrnehmung, die Kunst der Magie und die Anfertigung von Amuletten und Talismanen spielte eine große Rolle (das Wort Talisman kommt ja vom arabischen *tilasma, tilsama).*
Bereits die Sabäer der frühesten Periode stellten eine Wechselbeziehung zwischen den Planeten und den magischen Quadraten her. Das magische Quadrat (s. Abb.) besteht aus drei Zahlenreihen, deren Summe in horizontaler, vertikaler und diagonaler Richtung stets das gleiche Resultat ergibt, also eine »fixe Zahl«. Jede Ziffer darf dabei nur einmal erscheinen. Das Basisquadrat hat als fixe Zahl die 15 und umfaßt alle Zahlen von 1 bis 9. Fügt man jeder dieser Zahlenreihen die gleiche Ziffer hinzu, so werden neue Quadrate gebildet.

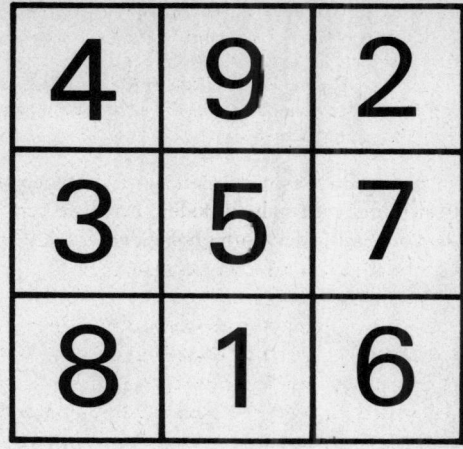

Die Südaraber bezeichneten das Quadrat mit der Fixzahl 81 als das magische Quadrat des Mondes, das in Silber graviert wurde; das magische Quadrat mit der Fixzahl 36 war das Sonnen-Quadrat, das man in Gold stach; das Quadrat der Venus besaß die Fixzahl 49 und wurde in Kupfer graviert. Wer eines dieser Quadrate als Talisman trug, zog damit die positiven und schützenden Einflüsse des jeweiligen Planeten auf sich.

Nach eingehenden vergleichenden Untersuchungen der Skizzen und Lagepläne alter südarabischer Tempelanlagen bin ich außerdem zu der Überzeugung gelangt, daß ein enger Zusammenhang zwischen dem magischen Quadrat eines Planeten und dem Gebiet besteht, auf dem der Tempel zu Ehren dieser Planetergottheit errichtet wurde.

Die »Vierte Macht« der alten Welt

Wahrscheinlich, vielleicht, vermutlich – immer wieder müssen wir unsere Berichte über das alte Südarabien mit diesen wenig befriedigenden Beiwörtern versehen. Hätte die Archäologie heute die Möglichkeit, ohne Beschränkungen finanzieller oder politischer Art im Jemen Ausgrabungen in großem Stil vorzunehmen, würden wir bestimmt Genaueres über die Minäer, Sabäer und Himjariten erfahren – oder wird die Wüste allen weiteren Forschungen ein Ende setzen und die Geheimnisse der versunkenen Kulturen nie mehr preisgeben?

Um diesen Problemen und Fragen auf den Grund zu gehen, habe ich mich mit dem Mann unterhalten, der wohl im Hinblick auf alles, was mit »jemenitischer Archäologie« zusammenhängt, als eine Kapazität zu bezeichnen ist: mit dem italienischen Archäologen Dr. Paolo Costa, offizieller Berater der Regierung der Arabischen Republik Jemen und Leiter des Nationalmuseums in Sanaa. Viele Jemeniten, so sagte er mir, seien sich der großen Vergangenheit ihres Landes sehr wohl bewußt, was ihm beim Aufbau und der Einrichtung des Museums sehr geholfen habe.

»Es stimmt nicht«, fuhr er fort, »daß die Moslems die vorislamische Geschichte in Bausch und Bogen ablehnen. Islamische Autoren pflegen diese Epoche zwar gewöhnlich als die ›Zeit der Unwissenheit‹ zu bezeichnen, das ist jedoch nur vom religiösen Standpunkt aus zu verstehen. Die Jemeniten sind sogar stolz darauf, die Nachkommen der Himjariten zu sein, und sie wollen mehr über ihre Herkunft, ihre Vorfahren wissen.

Bisher ist im Jemen so gut wie gar keine systematische archäologische Arbeit geleistet worden. Und es stimmt leider, daß auch heute noch steinerne Überreste antiker Monumente zum Bau neuer Häuser und Ställe verwendet werden. Die Suche nach diesen eingemauerten Steinen mit alten Inschriften und Ornamenten erfolgte bisher nur auf höchst unvollkommene Art und Weise. Und das archäologische Material, das wir in den Dörfern finden und den Bauern zum Teil abkaufen können, ist wild durcheinandergewürfelt und stammt aus den verschiedensten Epochen und Bodenschichten. Bei diesen Stücken ist oft eine auch nur annähernde

Datierung völlig unmöglich. Eine Gesamt-Bestandsaufnahme aller Ruinenstätten des Landes ist unbedingt erforderlich – und zwar sowohl von antiken Überresten wie von noch erhaltenen Bauwerken, zu denen ich auch die ältesten Moscheen des Jemen zähle. Für die Ruinenstätten der Antike habe ich bereits 1972 ein entsprechendes Verzeichnis angelegt.

Erschwerend kommt bei unserer Arbeit noch hinzu, daß die von den Bauern wiederverwendeten Steine meistens keineswegs gut erhalten sind. Ich habe jedoch in Privatsammlungen Einheimischer manch gut erhaltenes Stück gefunden. Im Hause eines Scheichs von Yarim habe ich achtzig Fragmente mit alten Inschriften entdeckt. Nach und nach ist es mir gelungen, zweihundertneunzehn Mauersteine und andere Stücke zu katalogisieren, die alle aus der Umgebung von Zafar stammen – einer ruhigen Provinz ohne Stammesfehden oder andere politische Machtkämpfe, die ich mir deshalb für mein ›Inventurmodell‹ ausgesucht habe. Außerdem ist die frühere himjaritische Hauptstadt, die seit 115 n. Chr. unter persischer Oberherrschaft stand, natürlich auch von historischem Gesichtspunkt aus sehr interessant.

Vor allem sollten die Kunstschätze dieses Landes besser bekannt gemacht werden, denn alle Welt spricht von den hier gefundenen Altertümern, aber kaum jemand hat sie je gesehen. Die Übertragungen der Epigraphe und das bisher unveröffentlichte Material müßten, soweit dies möglich ist, publiziert und Interessenten zugänglich gemacht werden.

Bei diesen Plänen ist die Hilfe des Auslandes dringend erforderlich, da der Jemen nicht imstande ist, alle Projekte – Ausgrabungen, Aufbereitung des Materials, Publizierung, Ausstellungen usw. – allein durchzuführen; hiervon müssen aber wiederum die Behörden des Landes erst überzeugt werden.

Uns sind zwar gewisse Zuschüsse zur Verfügung gestellt worden, aber Sie wissen selbst, daß archäologische Ruinenstätten, die sich noch in tieferen Bodenschichten befinden, wenig überzeugend wirken. Erfolglose Grabungen können die Mäzene enttäuschen und die Geldquellen versiegen lassen. Grabungen, die vom historischen Standpunkt aus äußerst wichtig sind, aber keine unmittelbaren und spektakulären Ergebnisse zutage fördern, sind nicht populär, auch wenn sie fehlende Glieder für die archäologische Beweiskette liefern. Umgekehrt können anfänglich zu reinen Studienzwecken vorgenommene Grabungen aber auch ganz unverhofft zu aufsehenerregenden Entdeckungen führen.

Der Jemen ist zweifellos eines der interessantesten Länder der Arabischen Halbinsel, in dem sich außerdem die meisten Ruinenstätten des Altertums befinden. Doch leider ist es fast unmöglich, vor allem auch aufgrund der dichten Besiedlung des Landes, einen nur halbwegs gut erhaltenen antiken Fundort auszumachen. Nur im Gebiet des Djof sind einige Ruinenfelder noch gut erhalten. Ich bin selbst dort gewesen und habe vom Flugzeug aus mindestens elf präislamische Ruinenstätten gesehen, von denen acht über bemerkenswerte Überreste und Befestigungsmauern verfügen. In einer Stadt entdeckte ich einen fast vollständig erhaltenen Tempel, dem nur das Dach fehlte. Leider ist dieses Gebiet, besonders aus politischen Gründen, nur sehr schwer zugänglich, doch in der Zukunft liegt dort ein weites archäologisches Betätigungsfeld.

Ein großes Gebiet nordöstlich von Sanaa ist bis heute noch nicht von der Regierung erfaßt worden – elf präislamische Städte, die zur Zeit praktisch unbewohnt sind und damit die letzte Möglichkeit bilden, alte Stätten zu untersuchen, die nicht durch spätere Siedlungen überlagert worden sind. Vermutlich könnten Grabungen an diesen Plätzen einige der letzten Geheimnisse der Welt des klassischen Altertums lösen helfen und Legenden als Wirklichkeit erweisen, die sich zum Beispiel um das alte Königreich von Saba ranken.

In der Umgebung von Sanaa befinden sich Dutzende von Dörfern, die unmittelbar auf den Überresten antiker Stadtanlagen erbaut wurden; und diese Städte waren sicher ebenso bedeutend wie Marib. Es ist keineswegs bewiesen, daß die Bauten von Marib und die des Djof auch im Altertum schon eine große Bedeutung besaßen; nur sind diese Anlagen über Jahrhunderte hinweg am besten erhalten geblieben, da sie von Halbnomadenstämmen bewohnt wurden, die nicht an einer Ansiedlung und am Bau von Häusern interessiert waren.

Vielleicht vermag die Archäologie auch einen Beitrag zur Lösung des Ursprungs-Rätsels der semitischen Völker zu leisten, denn zweifellos könnte hier, ›im tiefen Süden‹ Arabiens, die Wiege der Semiten gestanden haben. Sind doch sogar schon vor der Gründung der alten südarabischen Reiche – deren Anfänge ja ebenfalls im Dunkel liegen – jemenitische Völkerstämme gen Norden gezogen, zum Beispiel die Ghassaniden, die Lakhmiten und die Kabb. Und nicht zu vergessen die Nabatäer, die in Petra einen Stützpunkt der Großen Karawanenstraße Südarabiens einrichteten. Sollten die Nabatäer wirklich ein Nomadenstamm aus der Wüste gewesen sein, wie die Forschung annimmt, warum haben die südarabischen Kolonien im Norden ihnen dann die Ansiedlung in einem so wichtigen Gebiet gestattet? Und wie konnten sich die Nabatäer so unvermittelt zu einem mächtigen, reichen und wohlorganisierten Volk entwickeln? Vor allem Grabungen in Gebieten, die seit Urzeiten besiedelt sind, könnten unser Wissen in dieser Hinsicht vergrößern. Denn man weiß auch heute noch sehr wenig über die prähistorische Zeit des Jemen, obwohl zahlreiche Faustkeile gefunden wurden sowie Feuersteine, Schaber, Angelhaken und Messer aus paläolithischer Zeit. Es gibt auch einige datierbare Schmucksteine, die jedoch nicht bei systematischen Ausgrabungen entdeckt wurden, sondern von Beduinen stammen, die in Silber gefaßte Steine dieser Art gern als Talisman oder Amulett tragen.

Ebenso ungeklärt wie der Ursprung der semitischen Völker ist übrigens die Herkunft der heutigen Jemeniten. Falls die Ureinwohner des Landes ausstarben oder auswanderten, ließe sich ihre Abstammung auf neu eingewanderte Nomaden- und Halbnomadenstämme zurückführen. Auf jeden Fall hatten die Sabäer, ob sie nun die Ahnen der heutigen Jemeniten sind oder nicht, direkten Kontakt zu fast allen Kulturvölkern ihrer Epoche.

Vor einigen Monaten haben wir wieder eine interessante Entdeckung gemacht: Neben mehreren anderen Funden, die wir einem Bauern aus dem Gebiet östlich von Sanaa abgekauft haben, war auch eine Grabinschrift in lateinischer Sprache, die kleine Grabplatte eines römischen Kaufmanns, dessen Name unter den lateinischen Buchstaben in halb so großen griechischen Lettern in den Stein gemeißelt war. Ich vermute, daß der Tote einer der oströmischen Kolonien Südarabiens angehört hat, in denen häufig griechisch gesprochen wurde. Diese bei Sanaa gefundene Inschrift bildet die erste Parallele zu den berühmt gewordenen südarabischen Inschriften, die in Warka, Mesopotamien und den Mittelmeerländern Ägypten und Libanon sowie auf den griechischen Inseln ausgegraben wurden.

Doch nicht nur mit Griechenland und Rom, die zweifellos auch ihre Niederlassungen in Südarabien hatten, unterhielten die sabäischen Kaufleute Handelsbeziehungen, sondern auch mit den Sassaniden; doch dieses Volk hat in Südarabien praktisch keine Spuren hinterlassen, wenn man von einigen mesopotamischen Einflüssen in der Architektur – zum Beispiel bei den Umfriedungsmauern der Tempelanlagen – einmal absieht.

Überhaupt scheint die südarabische Architektur und Bildhauerkunst Einflüsse der verschiedensten Stilrichtungen in sich aufgenommen zu haben. Wirklich autochthon entwickelt hat man auf kulturellem Gebiet in den alten südarabischen Reichen wohl nur die Schrift. Die Lettern und Symbole der differenzierten sabäischen Monumentalschrift unterscheiden sich nicht nur in bezug auf ihre besondere Größe und dekorative Gestaltung von den viel kleineren griechischen und römischen Buchstaben, sondern auch durch die sorgfältige Steinmetzarbeit dieser Schriftzeichen und Monogramme.«

Die Ausführungen Dr. Costas hatten mich sehr nachdenklich gemacht, und wieder kamen mir die alten Legenden in den Sinn, die ich bereits zu Beginn dieses Buches erwähnte – waren »die Alten« wirklich so groß, so stark, so klug und mächtig, wie die Sage es wissen will? Besaß das geheimnisvolle Volk der Djinn jemals so geniale Baumeister, wie die Überlieferung behauptet?

»...Die alte Festung von Kawkaban, die heute ein Ruinenfeld ist, hatte eine äußere Umfassungsmauer aus reinen Silberplatten, über denen weiße Kalksteinblöcke emporragten. Im Inneren der Festung sah man reiche Täfelungen aus Aloeholz, Mosaiken, mit Onyxplatten und kostbarem Marmor der verschiedensten Farben verkleidete Wände. Es heißt, die *geni*, Djinn, hätten einst diese Festung erbaut. Das Volk erzählt, die Djinn hätten vor Zeiten auch die jemenitischen Festungen und Burgen erbaut, aber das mag Phantasie und Übertreibung sein. Ein Beispiel dieser starken Einbildungskraft sind die Schriften des Muhammad ibn Khalid über das Geschenk mehrerer Djinn, die König Davids Sohn Salomo der Tochter des Ili Sharha als Sklaven geschenkt habe, Bilqis, der Königin von Saba. Diese Djinn sollen der Königin ihre Burgen erbaut haben. Als König Salomo starb und die im Sabäischen Reich als Baumeister wirkenden Djinn die Todesnachricht erhielten, soll ihr Anführer ausgerufen haben: Schüttelt den Staub der Knechtschaft von euren Füßen und zieht davon! Einer dieser Djinn soll ein Buch mit einem Verzeichnis aller um Bawn errichteten Bauwerke verfaßt haben: Wir erbauten Salhin in fortgesetzter Arbeit von siebenundsiebzig Sommern. Wir erbauten Ghumdan als Ort der Freude, Hind, Hunaydah, Tukfum, Raymah und sieben weitere Festungen am gleichen Orte. Hätte uns nicht eine Stimme angerufen und uns davon abgehalten, so hätten wir hier ein Zeichen hinterlassen.«

Was für eine »Stimme« hat da gerufen? Im *Koran* wird immer wieder auf das Strafgericht hingewiesen, das Gott über die in ihrem Glanz und ihrer Macht hochmütig gewordenen Völker verhängt hat. Eine furchtbare Katastrophe vernichtete alle ihre Werke, und kein Zeichen ihrer einstigen Größe sollte sie überdauern.

Es heißt:

»Und da sie eine Wolke zu ihren Tälern herankommen sahen, sprachen sie: Das ist eine Wolke, die uns Regen geben wird. – Nein (sprach er), es ist das, was ihr herbeiwünschtet, ein Wind, in dem eine schmerzliche Strafe ist. Vernichten wird sie alle Dinge auf deines Herrn Geheiß. – Und am Morgen sah man nichts als ihre (verlassenen) Wohnungen. Also belohnen wir das sündige Volk. Und wahrlich, wir hatten ihnen eine feste Stätte gegeben wie euch und hatten ihnen Gehör und Gesicht und Herzen gegeben. Aber nichts nützte ihnen ihr Gehör, ihr Gesicht und

ihre Herzen, da sie die Zeichen Allahs leugneten, und es umgab sie, was sie verspottet hatten.« (Sure 46, 23–25.)
Ein »Donnerschlag« und ein »pfeifender Wind« erfaßte sie. »Und nicht vermochten sie aufrecht zu stehen und wurden nicht errettet« (Sure 51, 44–45) und »nichts von allem« blieb zurück »als Asche« (Sure 51, 41–42).

In Hiram, »der Säulenreichen, der nichts gleich erschaffen ward im Land« (Sure 89, 6–7), im Gebiet von Ahqâf ar Raml, sind heute nur noch ausgedehnte Geröllfelder und fortwährend erosierende, schwarz verbrannte Felsbrocken zu sehen. An den in einer weiten Talmulde liegenden steinernen Blöcken sind noch deutlich sichtbare Spuren einer Bearbeitung zu erkennen. Nur Luqmàn, der legendäre Stammvater des Volkes der Aditi, soll sich bei dem plötzlichen Einbruch der Katastrophe gerettet haben. In den Legenden wird er auch als der Erbauer des großen Dammes von Marib bezeichnet; außerdem soll er der Begründer des Volkes der Mandal gewesen sein, einer grauhäutigen Menschenrasse, die am See von Mandalum lebte und von der noch Plinius d. Ä. berichtet. Der *Koran* überliefert, daß Gott dem Stammvater Luqmàn große Weisheit verliehen habe und ihn zum Verkünder des Monotheismus erwählte.
Und auch die steinernen Zeugen Südarabiens weisen zum Teil bis in eine sehr frühe »Geschichte« zurück:
So konnte man bis zum Jahre 1925 in Gedda die sogenannte »Grabstätte Evas« besuchen, ein Bauwerk, das auf einer Erdaufschüttung von einhundertfünfzig Meter Länge, vier Meter Breite und einem Meter Höhe stand – das Grab einer Riesin! Die Mauern des Grabmals beherbergten im Inneren eine kleine Moschee. König Ibn Saud ließ die »Grabstätte Evas« zerstören, da er »das Herz des islamischen Monotheismus nicht durch heidnische Schatten gestört« sehen wollte.
Ob die »verschwundenen« Völker nun Riesen waren oder nicht – über ihren Verbleib können wir auch heute nur mehr oder weniger wahrscheinliche Hypothesen aufstellen. Es liegt nahe, sie mit jenen Völkern zu identifizieren, die von Südarabien aus nach Ägypten, Mesopotamien und Nordarabien auswanderten wie die Ägypter, Babylonier, Amorrhäer, Kanaanäer, Phönizier, Hebräer, Aramäer und Nabatäer. Die südarabische Abstammung und Herkunft dieser Völker wird von der Wissenschaft jedoch durchaus nicht einhellig akzeptiert, vor allem gilt es als wenig glaubhaft, daß die Stämme ganz Arabien durchquert haben. Wir wissen aber mit Sicherheit aus der Geschichte, besonders aus den ersten Jahrhunderten nach Christi Geburt, daß große jemenitische Völkerstämme gen Norden gezogen sind, wie etwa die Lakhmiten und die Ghassaniden. Sie lebten als Kaufleute oder als Begleiter der Karawanen in Marib. Als der große

Damm brach, waren die wenigen Überlebenden nicht mehr in der Lage, das gewaltige Bauwerk wiederaufzubauen; so verließen denn die zugewanderten Bewohner Maribs das Wadi und zogen weiter nach Syrien und Jordanien, während die einheimischen Bewohner des Flußtales dazu bestimmt waren, in den Ruinen ihrer großen Vergangenheit eine sehr anders geartete Kultur zu entwickeln – wie es ähnlich auch in Hellas und in Rom geschehen war.

Jede Entwicklung in der Geschichte der Menschheit kann auf den Urgegensatz Nomade – Siedler zurückgeführt werden. Alles läßt darauf schließen, daß es zunächst nur Nomaden gab, und daß sich der Mensch im Paläolithikum (Altsteinzeit) vom Nomaden zum Sammler und später dann, im Neolithikum (Jungsteinzeit), vom Jäger zum Bauern und Viehzüchter entwickelte. Danach erst begann die Evolution der großen Zivilisationen entlang den großen Flüssen Nil, Euphrat und Tigris, Indus und Huang Ho. Die entstandenen Kulturen wurden dann wiederum von noch nicht so weit entwickelten »Barbaren« überfallen, wurden ausgerottet oder in ein neues Reich integriert. Ganz ähnlich lief es in Südarabien: Ursprünglich gab es kleine, geteilte Reiche, dann ein großes Reich, das sich immer weiter ausdehnte, und schließlich kamen Niedergang und Zerstörung. Nur wurden in diesem besonderen Fall die erobernden Zivilisationen später zu versinkenden Kulturen, deren Spuren in nachfolgenden Neuansiedlungen heute kaum noch wahrzunehmen sind.

Ich vertrete die Auffassung, daß sich der ethnologische Kern Südarabiens bereits seit dem 8. Jahrhundert n. Chr. vollkommen zu wandeln begann; zu diesem Zeitpunkt setzte ein Niedergang ein, der während des ganzen Mittelalters bis in unsere Tage fortdauerte. Die heutigen Jemeniten bezeichnen sich voller Stolz als die Nachfahren der Himjariten. Doch selbst wenn sie sich ihrer großen Vergangenheit bewußt sind, so beweist das noch keineswegs ihre tatsächliche Abstammung von den Völkern der Antike: Die Italiener, die sich heute als die Erben der vergangenen Größe des Römischen Weltreiches fühlen, sind deshalb noch lange nicht die direkten Nachfahren der Römer des Altertums, da in ihren Adern mittlerweile mehr fränkisches, langobardisches, arabisches und auch germanisches als lateinisches Blut fließt. Und genauso ist es mit den heutigen Griechen im Hinblick auf die klassischen Hellenen.

Soll jedoch die These vertreten werden, daß keine Veränderung des ethnologischen Kerns stattgefunden hat, so könnten die alten südarabischen Reiche auch nach den mehrfachen Eroberungen durch die Abessinier, die Perser und die islamischen Saudi-Araber zerfallen sein: Vielleicht haben sie diesen Schock nie mehr ganz überwunden. Erst seit kurzem scheint der Jemen aus einem jahrhundertelangen Schlaf zu erwachen und sich an die moderne Zeit anzuschließen; wobei natürlich zu berücksichtigen ist, daß die Öffnung für die technischen und zivilisatorischen Errungenschaften der modernen westlichen Welt nicht Entwicklung im eigentlichen Sinne ist, sondern ein mehr oder weniger abrupter Sprung in eine neue Zeit.

Nach allem, was uns heute bekannt ist, scheint festzustehen, daß die alten südarabischen Reiche unvorstellbare Reichtümer besessen, daß sie Kunst und Kultur zu hoher Blüte gebracht haben, wodurch sie wiederum andere Völker beeinflussen und zivilisieren konnten. Es ist auch wahrscheinlich, daß die südarabischen Völker ihr Wissen und ihre Künste über die Landesgrenzen hinaus bis nach Ägypten und Marokko und weiter bis in ihre Kolonien und Handelsniederlassungen in Zentralafrika brachten – wenn wir dafür bis heute keine schlüssigen Beweise besitzen, so nicht, weil diese Beweise nicht existieren, sondern weil wir die entsprechenden Spuren und Zeugnisse bisher niemals richtig gesucht haben. Die alten Reiche Südarabiens kann man ohne weiteres als die »Vierte Macht« – neben Hellas, Rom und Ägypten – der Welt des klassischen Altertums bezeichnen. Die südarabischen Völker scheinen ihre Stellung eifersüchtig gegen potentielle Eroberer aus den Nachbarländern verteidigt zu haben – bereits zivilisierte Völker, die es nach Arabiens Reichtümern gelüstete. Rom versuchte das Königreich von Saba auf dem Höhepunkt seiner Herrschaft zu unterwerfen; die Niederlage der römischen Truppen wurde später auf den angeblichen Verrat der Nabatäer geschoben. Nur einer Kolonie, der die Minäer ihre Kultur gebracht haben, gelang es schließlich, Südarabien zu erobern: Äthiopien.

Der Glanz und die Herrlichkeit zerfielen, das Land geriet in Vergessenheit, die Zeugen einstiger Größe liegen begraben im Wüstensand. Und das Königreich der Sabäer ist auch für uns wieder und immer noch, was es schon für die Alten war: »Saba, das den Griechen Mysterion, Geheimnis, bedeutet...«

Anhang

Verzeichnis der südarabischen Könige der verschiedenen Dynastien

1. Verzeichnis nach jemenitischen Legenden

Sem
Arfakhshad
Qainan *es Shàer* (der Magier)
Shàlekh
Abir
Qahtan (der biblische Jochanaan), Erbauer von Sanaa
Yarub
Yashgiub
Saba *abd Shams* (der Sklave der Sonne), er lebte 570 Jahre, und sein Reich währte
    500 Jahre
Himyar, er regierte über 100 Jahre
el Humeisa
Aiman
Zoheir ben Aiman
Arib ben Zoheir
Qahtan ben Arib
Haidan ben Qahtan
el Glauth ben Haidan, zu Beginn seiner Regierungszeit Mitregent des Vaters
Dhù el Qarnein, Herrscher zur Zeit des Patriarchen Adam
Wàhil ben el Ghaut
Abd Shams ben Wàhil
es Sawwàr ben Abd Shams
Dhù Yaqdum ben es Sawwàr, Herrscher zur Zeit des Propheten Joseph
Dhù Anes Dhù Yaqdum
Amr ben Dhù Anes
el Miltàt ben Amr
Abu Shadad ben el Miltàt
Watar ben Abu Shadad, er wurde wegen seines ruchlosen Lebenswandels abge-
    setzt

Tobba ben Zeid saheb es Sirr es Sarir (der Bewahrer der Geheimnisse), gewählter
  König
Alhan und Lahfàn, seine Söhne; später regierte nur Alhan
Shahràn ben Lahfàn
Thàleb ben Shahràn
Tobba el Hàrith ben Abù Shadad ben Saifier Ràhis, regierte zur Zeit des Propheten
  Moses
Tobba Abrahah ben Tobba al Hàrith, Dhù el Manàr
el Omeid ben Tobba Abrahah
Ifriqis ben Tobba Abrahah
el Hadhàd ben Sarh
Bilqis benat el Hadhàd, die Königin von Saba
Yàsir Tanam ben Amr ben al Omeid ben Abrahah ben er Ràhish
Shammar ben Ifriqis ben Abrahah Dhù el Manàr, er Yurish
Tobba el Aqran ben Shammar, Dhù el Qarnein
Tobbaez Zàhid ben Tobba el Aqran
Malikikarb ben Tobba ez Zahid
Mauhibil ben Abd Raim, Regent
Tobba Asad el Kàmil, Dichter und Astrologe; er wurde 321 Jahre alt
Hassàn ben Tobba Asad el Kàmil
Amr ben Tobba Asad el Kàmil
Tobba Omar ben Hassàn; er trat zum Judentum über
Amr ben Tobba
Wakiah ben Marthad
Abrahah ben Sabbàh ben Wakiah ben Marthad
Amr ben Dhù Kiàn
Dhù esh Shanàtir, schändlicher Unterdrücker, der 30 Jahre regierte
Yùsuf Dhù Nuwàs ben Zurah ben Tobba el Asghar, der letzte himjaritische König

2. *Verzeichnis nach den islamischen Historikern des Altertums*
   das von einigen zeitgenössischen islamischen Historikern aufgrund der sogenannten »späten Datierung« anerkannt wird und von A. Ḥ. Sharafaddin transkribiert wurde.

Die Könige von Ma'in (1400–850 v. Chr.)

Al Yafa Yafis, *Dynastie Yafa*
al Yafa Yaser
Al Yafa Maytha
al Yafa Reyam
Wagah ell Yathia, *Dynastie Waqah*
Wagah ell Nabt
Wagah ell Sadiq
Wagah ell Reyam

Abb Yada Yathia, *Dynastie Abb Yada*
Hatan ben Abb Yada Reyam
Yatha ell Sadiq, *Dynastie Yatha*
Yatha ell Reyam
Khal Kareb Sadyq, *Dynastie Kareb*
Haufat ben al Yafa Reyam
Khal Kareb
Madi Kareb al Yafa Yathya
Bata Kareb ben ell Reyam
Abu Kareb
Am Yatha Abu Kareb
Yatha Kareb
Thaub ell

Die Könige des Hadramaut (1020 v. Chr.–65 n. Chr.)

Sadiq ell (1020 v. Chr.)
sein Sohn Shahr Alen (1000 v. Chr.)
Madi Kareb ben al Yafa Yatha (980 v. Chr.)
Minäische Besetzung des Hadramaut bis zum Jahre 650 v. Chr.
As Sma Thaiban (650–590 v. Chr.)
Yada ell Baeyn ben Smah Yafa (650–590 v. Chr.)
Minäische Besetzung des Hadramaut bis 180 v. Chr.
Yada ell Baeyn ben Rab Shams (180 v. Chr.)
sein Sohn al Yafa Reyam (160 v. Chr.)
sein Bruder Yada Abb Hkailan (140 v. Chr.)
sein Sohn Al Iz (120 v. Chr.)
Yada Abb Hkailan ben Amin (100 v. Chr.)
Ydda ell Baeyn ben Yada Abb (80 v. Chr.)
???? (60–35 v. Chr.)
Amm Kharban (35 v. Chr.)
sein Sohn Al Uzailet (15 v. Chr.)
Alhan ben Al Uzailet (5 v. Chr.)
Al Uzailet ben Alhan (25 v. Chr.–65 n. Chr.)
Abb Yaza (65 n. Chr.)
Yarush ben Yaza (85 n. Chr.)
Alhan ben Yarush (105–125 n. Chr.)

Königreich von Saba

Mukarrib – Priesterkönige (850–620 v. Chr.)
Samohali Yanuf ben Thamar Ali (850–820 v. Chr.)
Yada ell Tharah ben Samoh Ali Yanuf (820–800 v. Chr.)
Smoh Ali ben Yada ell Tharah (800–780 v. Chr.)

Yada ell Baeyn ben Yothamer (780–750 v. Chr.)
Yothamer ben Yada ell Baeyn (750–730 v. Chr.)
Thamar Ali ben Yada ell (730–720 v. Chr.)
Kareb ell Baeyn ben Yothamer (730–720 v. Chr.)
Yothamer ben Yothamer (730–720 v. Chr.)
Thamar Ali Watar ben Kareb ell Baeyn (700–680 v. Chr.)
Smoh Ali Yanuf ben Thamar Ali Watar (680–660 v. Chr.)
Kareb ell Watar ben Thamar Ali Watar (660–640 v. Chr.)
Yothamer Baeyn ben Smoh Ali Yanuf (640–620 v. Chr.)
Kareb ell Watar (620–610 v. Chr.)
König (620–115 v. Chr.)
Kareb ell Watar (610–600 v. Chr.)
Smoh Ali Tharah (600–580 v. Chr.)
Kareb ell Watar ben Smoh Ali Tharah (580–570 v. Chr.)
Ash Sharh ben Smoh Ali Tharah (570–560 v. Chr.)
Yada ell Baeyn ben Kareb ell Watar (560–540 v. Chr.)
Yakreb Malek Watar ben Yada ell Baeyn (540–520 v. Chr.)
Yothamer Baeyn ben Yakreb Malek Watar (620–550 v. Chr.)
Kareb ell Watar ben Yothamer Baeyn (500–480 v. Chr.)
Smoh Ali Yanuf (480–460 v. Chr.)
Ash Sharh ben Smoh Ali Yanuf (445–430 v. Chr.)
Yada ell Watar ben Thamar Ali Baeyn (430–410 v. Chr.)
Thamar Ali Baeyn ben Yada ell Watar (410– 390 v. Chr.)
Kareb ell Watar ben Thamar Ali Baeyn (390–350 v. Chr.)
Al Waber Yuhanem (350–330 v. Chr.)
Kareb ell Watar (330–310 v. Chr.)
Wahb ell (310–290 v. Chr.)
Anmar Yohanem ben Wahb ell (290–270 v. Chr.)
Thamar Ali Tharah ben Anmar Yohanem (270–250 v. Chr.)
Nasha Kareb ben Thamar Ali Tharah (250–200 v. Chr.)
Nasher Yohanem (200–180 v. Chr.)
Wahb ell Yahaz (180–160 v. Chr.)
Wareb ell Watar ben Wahb ell Yahaz (160–145 v. Chr.)
Yarem Ayman zusammen mit Alhan Nah Fan ben Yarem Ayman (145–130 v. Chr.)
Fara Yanheb (130–125 v. Chr.)
Ash Sharh Yahdhub ben Fara Yanheb (125–115 v. Chr.)

Könige von Kataba und Ausan (850–540 v. Chr.)

Smoh Ali (865 v. Chr.)
Hof Amm Yuhanem ben Smoh Ali (845 v. Chr.)
Shahr Yegel Yuhargeb ben Hof Amm Yuhanem (825 v. Chr.)
Werwal ben Shahr Yegel Yuhargeb (800 v. Chr.)
Fara Kareb Yaauhdo ben Shahr Yegel Yuhargeb (785 v. Chr.)

Shahr Halel ben Dra Kareb ben Shahr Yegel Yuharjeb (770 v. Chr.)
Yada Abb Thebien Yuhar Jeb ben Shahr Yegel Yuharjeb (750 v. Chr.)
??? ben Shahr Halel (735 v. Chr.)
Shahr Halel Yuhanim ben Yada Abb al Bian (720 v. Chr.)
Nabt Amm ben Shahr Halel Yukanin (700 v. Chr.)
Yada Abb Yanuf Yuhanem ben Thamar Ali (689 v. Chr.)
??? (660 v. Chr.)
??? (640 v. Chr.)
Werwal ben Smah Watar (620 v. Chr.)
Abb Shabem (590 v. Chr.)
Abb Amm ben Abb Shabem (570 v. Chr.)
Shahr Hkailan (540 v. Chr.)

Himjaritisches Reich

Könige von Saba und Dhù Raydan (115 v. Chr.–275 n. Chr.)
Alhan Nahfan ben Yarem Ayman (115–80 v. Chr.)
Sher Awatar ben Alhan Nahfan (80–50 v. Chr.)
Yarem Ayman ben Alhan Nahfan (80–50 v. Chr.)
Fari Yanhub (50–35 v. Chr.)
Ash Sharh Yahdub ben Fari Yanhub (35–15 v. Chr.)
Yazel Baeyn ben Fari Yanhub (35–15 v. Chr.)
Nasha Kareb Yahamen ben ash Sharh Yahdub (15–5 v. Chr.)
Watar Yuhamen ben ash Sharh Yahdub
Yaser Yuhasdeq ben Watar Yuhamen
Thamar Ali Yahbur ben Yaser Yuhasdeq
Tharen ben Yaser Yuhasdeq (5 v. Chr.–15 n. Chr.)
Kareb ell Watar Yuhamen ben Thamar Ali Yahber (35–70 n. Chr.)
Halak Athar ben Kareb ell (95–120)
Thamar Ali Tharah ben Kareb ell (120–145)
Yaser Yuhanem
Shemdar ben Yaser Yuhanem
Yuhagbedh ben Shemdar (250–270)

Könige von Saba, Dhù Raydan, Hadramaut und Yemnat (275–533 n. Chr.), die
sogenannten *Tubba-Könige*

Shammar Yarush ben Yaser Yuhanem (275–300)
Thù (oder Dhù) al Qarnein Tubba der Große (300–320)
Amr ben Thù al Qarnein Tubba (320–330)
Belqis bent al Hedhad (330–345)
Hedhad ben al Hedhad (345–374)
Malek Kareb Yuhanem (374–385)
Asad al Kamel ben Malek Kareb Yuhanem (385–415)
Hasan Asad ben Asad al Kamel (415–425)
Sherahbeil ben Yafur ben Asad (425–455)

Sherahbeil Yakuf (455–475)
Madi Kareb Yuhanem (470–495)
Merthed Alen Yanuf (495–515)
Dhù Nuwas (515–525)
Dhù Yazan (525–533)

3. Alphabetisches Verzeichnis der Könige, deren Namen in südarabischen Inschriften auftauchen

– die einzig mögliche Aufstellung, da die uns bis jetzt bekannten Daten für eine chronologische Anordnung nicht ausreichen.

Abkarib, minäischer König
Abkarib Yata, minäischer König
Abraha, sabäischer König
Absibàm, Vater von Sahr Gaylàn, katabanischer König
Abyada, Vater von Kalkarib Sadiq, minäischer König
Abyada, Mitregent von Ilyafa Yata, minäischer König
Abyada Yata, minäischer König
Abyada Yuhawada, katabanischer König (?)
Akkarib, König einer Provinz
ammamin, König von Arba
ammriyan, König einer Provinz
ammyata Nabit, Sohn des Abkarib, minäischer König
Biamm, Sohn des Sahr Gaylàn, katabanischer König
Biattar, König von Harim
Damaralay Watar, Sohn des Karibil, sabäischer Mukarrib
Damaralay Yanùf, Sohn von Yakrubmalik Watar, sabäischer Priesterkönig
Fari Yanhub, sabäischer König
Hawfamm Yuhanim, katabanischer König (?)
Hawiamm Yuhanim, Sohn von Sumhuwatar, katabanischer Mukarrib
Mawfatat, Sohn von Ilyafa Riyyàm, minäischer König
Hufn Darih, minäischer König
Rufn Riyyàm, Sohn des Ilyafa Yasur, minäischer König
Hufn Sadiq, Sohn von Waqahil Riyyàm, minäischer König
Kalkarib Sadiq, Sohn von Abyada, minäischer König
Ilra ???, König einer Provinz (?)
Ilkarib, König einer Provinz (?)
Ilsama Dubyan, hadramitischer König (ein König Ilasarus oder Ilsarah wird in den klassischen Texten erwähnt)
Ilsarah, Sohn von Sumhualay Darih, sabäischer König
Ilsarah Ahdub, Sohn von Fari Yanhub, König von Saba und Dhù Raydan
Ilyafa Riyyàm, minäischer König
Ilyafa Waqih, minäischer König

Ilyafa Yafus, Mitregent von Hufn Sadiq, minäischer König
Ilyafa Yasur, minäischer König
Ilyafa Yasur, Sohn von Waqahil Yata, minäischer König
Ilyafa Yata, Mitregent von Abyada, minäischer König
Karibil (ein Charibael oder Karibel wird in den Texten der Klassiker erwähnt;
    außerdem in den Annalen des assyrischen Königs Sennacherib)
Karibil Bayyin, Sohn von Sumhualay, sabäischer Mukarrib
Karibil Bayyin, Sohn von Yataamar, sabäischer Mukarrib
Karibil Watar, Sohn von Damaralay, sabäischer König
Karibil Watar Yuhanim, König von Saba und Dhù Raydan
Malikkarib, Vater von Ilsama Dubyàn, hadramitischer König
Martawum, König von Ausan
Nabatil, König von Arba
Nahana, minäischer König
Sumhuafiq, Vorfahr von Yuhain Dubyàn, König des uralten Reiches von Sumay
Sumhualay
Sumhualay, Sohn von Karibil
Sumhualay Darih, Sohn von Yataamar Bayyin, sabäischer König
Sumhualay Yanùf, Sohn von Damaralav, sabäischer Mukarrib
Sumhualay Yanùf, Sohn von Yadail Darih, sabäischer Mukarrib
Sumhualay Yanùf, Sohn von Yataamar, sabäischer Mukarrib
Sumhukarib, Vorfahr von Yuhàin Dubyàn, König von Sumay
Sumhuwatar, katabanischer König (?)
Sumhuyafa, Vorfahr von Yuhàin Dubyàn, König von Sumay
Sumhuyafa, Vater von Yadail Bayyin, hadramitischer König
Sumyafa Aswa, Tubba
Sahr alhàn, Sohn von Yadail, hadramitischer König
Sahr Gaylàn, Sohn von Absibàm, katabanischer König
Sahr Hilàl, Sohn von Yadaab, katabanischer König
Sahr Hilàl Yuhanim, Sohn von Yadaab
Sahr Yagul, katabanischer König (?)
Sahr Yagul, Sohn von Yadaab, katabanischer König
Sahr Yagul Yuhargib, katabanischer König
Sàmir Yuharis, König von Saba und Dhù Raydan
Sarahbiil, Tubba
Tubbakarib, Mitregent von Yarail Riyyàm, minäischer König
Waqahil Riyyàm, Sohn von Abbyada Yata, minäischer König
Waqahil Sadiq, Sohn von Ilyafa, Mitregent von Abkarib, minäischer König
Waqahil Yata, minäischer König
Warawil, katabanischer König (?)
Wataril, König von Harim
Yadaab Dubyàn, Mukarrib und katabanischer König
Yadaab Dubyàn Yuhanim, Sohn von Sahr, katabanischer Mukarrib
Yadaab Yagul, Sohn von Damaralay, katabanischer König
Yadail, Vater von Sahr alhàn, hadramitischer König
Yadail (Bayyin), Sohn von Damaralay, sabäischer Mukarrib

Yadail Bayyin, sabäischer Mukarrib
Yadail Bayyin, Sohn von Karibil Watar, sabäischer König
Yadail Bayyin, Sohn von Sumhuyafa, hadramitischer König
Yadail Bayyin, Sohn von Yataamar Watar
Yadail Darih, Sohn von Sumhualay, sabäischer Mukarrib
Yadail Yanùf, Sohn des Karibil, sabäischer Mukarrib
Yadmurmalik, König von Harim
Yadrahmalik, König einer Provinz
Yakrubmalik, Sohn des Yada il Bayyin, sabäischer König
Yakrubmalik Watar
Yarim Ayman, sabäischer König
Yasmail, Vater von Yuhain Dubyàn, König von Sumay
Yasr Yuhanim, Tubba
Yaskaril Yukaris, hadramitischer Mukarrib (ein Itamara oder Yataamar wird in den
   Annalen König Sargons II. erwähnt)
Yasmail, Vater von Yuhain Dubyàn, König von Sumay
Yasr Juhanim, Tubba
Yataamar Bayyin, Sohn von Sumhualay, sabäischer Mukarrib
Yataamar Bayyin, Sohn von Sumhualay Yanùf, sabäischer Mukarrib
Yataamar Bayyin, Sohn von Yakrubmalik Watar
Yataamar Watar, Sohn von Sumhualay, sabäischer Mukarrib
Yatail Bayyin, Sohn von Fari Yanhub, König von Saba und Dhù Raydan
Yatail Riyyà, Mitregent des Tubba Karib, minäischer König
Yatail Sadiq, minäischer König
Yatakarib, Sohn von amnamin, König von Arba
Yuhàin Dubyàn, Sohn von Yasmail, König von Sumay
Yùsufasar (eine andere Bezeichnung für Dhù Nuwas)

???y Darih, Sohn des Yadail
   ???h, Sohn von Sum???

Literaturverzeichnis

Albright, F. P., »Exvacations at Marib«, in *Archaeological Discoveries in South Arabia*, Bd. II, Baltimore 1958.

Ardrey, Robert, *Adam kam aus Afrika. Auf der Suche nach unseren Vorfahren*, München 1969.

Arnaud, T. J., »Relation d'un Voyage à Mæreb (Saba) dans l'arabie Méridionale«, in *Journal Asiatique*, Paris 1845.

Badger, George, *The Travels of Ludovico di Varthema, 1503–1508*, London 1863.

Botta, P. E., *Relation d'un Voyage dans l'Yemen, entrepris en 1837*, Paris 1880.

Carless, Th. G., *Gulf of Aden*, London 1888.

Diodor von Sizilien (Diodorus Siculus), *Geschichtsbibliothek*, übersetzt von Adolf Wahrmund, Berlin o. J.

Doe, Brian, *Südarabien. Antike Reiche am Indischen Ozean*, Bergisch Gladbach 1970 (mit umfangreicher Bibliographie).

Euting, Julius, *Tagebuch einer Reise in Inner-Arabien*, Leiden 1896–1914.

Fakhry, Ahmed, *Archaeological Journey to Yemen*, Kairo 1952.

Glaser, Eduard, *Altjemenische Nachrichten*, München 1908.

–, *Reise nach Marib*, Wien 1913.

Harris, W. B., *A Journey through the Yemen*, London 1893.

Helfritz, Hans, *Im Lande der Königin von Saba*, Wiesbaden 1953.

Herodot, *Historien*, 2 Bde., Griechisch-Deutsch, hrsg. von Josef Feix, München 1963.

Ingrams, Harold, *Befriedete Wüste. Durch Wadis und Städte von Hadhramaut*, Wiesbaden 1950.

Koran, Der, aus dem Arabischen übertragen von Max Henning, Stuttgart 1960.

Lehmann, P.-H., *Originalbeitrag* für dieses Buch.

Meulen, Daniel van der, *Hadramaut das Wunderland. Eine abenteuerliche Forschungsreise durch das unbekannte Süd-Arabien*, Zürich 1948.

Moscati, Sabatino, *Geschichte und Kultur der semitischen Völker*, Zürich und Köln 1961.

Niebuhr, Carsten, *Beschreibung von Arabien*, Kopenhagen 1772.
–, *Reisebeschreibung nach Arabien und andern umliegenden Ländern*, Kopenhagen 1774.

Pawelke, Günther, *Der Jemen. Das verbotene Land*, Düsseldorf 1959.
Periplus des Erythräischen Meeres, deutsche Übersetzung von B. Fabricius, Leipzig 1883.
Philby, Harry, *Das geheimnisvolle Arabien. Entdeckungen und Abenteuer*, 2 Bde., Leipzig 1925.
Philby, John, *The Empty Quarter*, London 1933.
Phillips, Wendell, *Kataba und Saba. Entdeckung der verschollenen Königreiche an den biblischen Gewürzstraßen Arabiens*, Frankfurt a. M. 1955.
Pirenne, Jacqueline, *La Grèce et Saba*, Paris 1955
–, *Le Royaume Sud-Arabe de Qataban et sa Datation ... avec Contribution de André Maricq*, Löwen 1961.
Plinius der Ältere (Cajus Plinius Secundus), *Naturgeschichte*, übersetzt und mit erläuterndem Register versehen von Christian Friedrich Lebrecht Strack, 3 Bde., Bremen 1854 (Nachdruck Darmstadt 1968).
Pritchard, James B. (Hrsg.), *Salomon & Sheba*, London 1974.

Rathjens, Carl, *Sabaeica*, 3 Bde., Hamburg 1953 ff.
–, und Hermann von Wissmann, *Südarabien-Reise*, Hamburg 1934 (Bd. 3 der Abhandlungen auf dem Gebiet der Auslandskunde. Hamburgische Universität).
Rosentahl, Hans, *Ibn Khalduns »Buch der philosophischen Erörterungen sowie des geschichtlichen Geschehens. Die großen Taten der Araber, Nicht-Araber und Berber und ihrer jeweils zeitgenössischen größeren Dynastien«*, Leipzig 1958.

Scott, Hugh, *In the High Yemen*, London 1942 (mit umfangreicher Bibliographie).
Simon, Heinrich, *Ibn Khalduns Wissenschaft von der menschlichen Kultur*, Leipzig 1959 (Beiträge zur Orientalistik II).
Strabos Erdbeschreibung, übersetzt und durch Anmerkungen erläutert von A. Forbiger, Berlin 1855 ff.

Varthema, Ludovico di, *The Itinerary of Ludovico di Varthema of Bologna from 1502 to 1508*, London 1928.
Vergil, *Aeneis*, Deutsch von Thassilo von Scheffer, Wiesbaden 1943.

Weber, Otto, »Arabien vor dem Islam«, in *Der Alte Orient*, Jg. III, Leipzig 1902.
–, »Forschungsreisen in Süd-Arabien bis zum Auftreten Eduard Glasers«, in *Der Alte Orient*, Jg. VIII, Leipzig 1907
–, »Eduard Glasers Forschungsreisen in Süd-Arabien«, in *Der Alte Orient*, Jg. X, Leipzig 1909.

Weiss-Sonnenburg, Hedwig, *Zur verbotenen Stadt Sanaa. Eine Reise von Abessi-nien nach Arabien*, Berlin 1928.

Wellsted, J. R., »Account of some Inscriptions in the Abessinian Character, found at Hassan Ghorab, near Aden, on the Arabian Coast«, in *Journal of the Asiatic Society of Bengal*, III, 1834.

–, *Reisen in Arabien*, deutsche Bearbeitung, hrsg. von Dr. Emil Rödiger, Halle 1842.

Wepf, Reinhold, *Yemen. Land der Königin von Saba*, Bern 1966.

Wissmann, Hermann von, *Zur Geschichte und Landeskunde von Alt-Südarabien*, Wien 1964.

–, *Zur Archäologie und antiken Geographie von Südarabien. Hadramaut, Qa-taban und das Aden-Gebiet in der Antike*, Istanbul 1968.

–, und Daniel van der Meulen, *Hadramaut. Some of its Mysteries Unveiled*, Ley-den 1932.

Wrede, Adolph von, *Reise in Hadhramaut*, hrsg. von Heinrich Freiherr von Malt-zahn, Braunschweig 1873.

Bildquellennachweis

Hans-Dieter Bollinger (Bildrechte beim *Stern*, Hamburg), Hamburg (S. 71 unten)
Paul Keel, Zürich (S. 139, 141).
Verlag Gustav Lübbe, Bergisch-Gladbach (aus: Brian Doe, *Südarabien*, B.-G.
   1970), (S. 142).
Die Abbildungen auf S. 65, 140, oben rechts und 143 stammen aus dem Buch *The
   Queen of Sheba's Land. Yemen (Arabia Felix)*, Beirut o. J. Die Rechtsinhaber
   dieser Bilder waren leider nicht zu ermitteln.
Alle hier nicht eigens angeführten Abbildungen dieses Buches sind der italie-
nischen Originalausgabe entnommen.

Personen- und Sachregister